신화로 읽는 류큐琉球 왕국

신화로 읽는 류큐 왕국

정진희 지음

푸른역사

일러두기

1. 자료의 인용과 번역

이 책에 번역, 소개한 신화 자료 원문의 출처는 주석에서 밝혔다. 문헌 명, 권 수, 조목·가사 명을 나열한 후, 괄호 안에 참고한 텍스트의 해당 면수를 적었다.

예)《中山世鑑》卷一,〈琉球開闢之事〉(6b)

이 책에서 대본으로 삼은 텍스트는 다음과 같다.

○《중산세감中山世鑑》
　沖繩縣教育廳文化課 編,《重新校正 中山世鑑》全六卷, 沖繩縣教育委員會, 1982(序, 卷一)/1983(卷二,
　卷三, 卷四, 卷五). (영인본)

○《중산세보中山世譜》(채탁본)
　沖繩縣教育委員會 編,《蔡鐸本 中山世譜》, 沖繩縣教育委員會, 1973. (영인본)

○《중산세보中山世譜》(채온본)
　沖繩縣教育廳文化課 編,《蔡溫本 中山世譜》(正卷), 沖繩縣教育委員會, 1986. (영인본)

○《구양球陽》
　球陽研究會 編,《球陽 原文編》(沖繩文化史料集成 5) 再版, 角川書店, 1978(初版 1974).

○《유로설전遺老說傳》
　嘉手納宗德 編譯,《球陽外卷 遺老說傳 原文 讀み下し》(沖繩文化史料集成 6), 角川書店, 1978.

○《류큐국유래기琉球國由來記》
　外間守善·波照間永吉,《定本 琉球國由來記》, 角川書店, 1997.

○《류큐국구기琉球國舊記》
　橫山重,《琉球史料叢書》第三卷, 東京美術, 1972.

2. 류큐어의 표기

(1) 류큐어를 발음 그대로 표기할 때에는 외래어 표기법에 준하여 한글로 적되, 처음 나올 때 한자나 가나를 병기했다. 류큐어의 독음은《오키나와대백과사전沖繩大百科事典》(沖繩タイムズ社, 1983)의 표제어를 기준으로 삼았다.

이 저서는 2015년 정부(교육부)의 재원으로 한국연구재단의 지원을 받아 수행된 연구임
(NRF-2015S1A6A4A01014759).

예) 구다카지마久高島 / 기코에오기미聞得大君

(2) 왕명王名을 포함한 중국식 인명은 한자의 한국어 독음으로 표기하되, 처음 나올 때 한자를 밝히고 괄호 안에 류큐어 독음을 한글로 병기했다. 여기에서도 류큐어 독음은《오키나와대백과사전沖繩大百科事典》(沖繩タイムズ社, 1983)의 표제어를 기준으로 삼았다. 왕명 뒤 괄호 안의 숫자는 재위 기간이다.
　　예) 영조英祖(에소 1260~1299) / 향상현向象賢(쇼조켄)

(3) 한문식 서명書名, 절이나 전각과 같은 건축물의 이름도 (2)와 같은 방식을 따랐다.
　　예)《중산세감中山世鑑(주잔세칸)》/ 원각사圓覺寺(엔가쿠지)

(4) 류큐 고유어와 한자어가 결합된 단어를 표기할 때에는 류큐어 독음과 한자의 한국어 독음을 나란히 쓰되, 처음 나올 때 가나 혹은 한자를 병기했다.
　　예) 이소공원伊祖公園

(5) 고유명사의 음절 수가 많아 자연스러운 독해를 방해한다고 여겨질 때에는 의미의 구성 단위나 문법적 요소를 기준으로 끊어서 표기했다.
　　예) 시마조에오자토→시마조에 오자토
　　　　미나모토노다메토모→미나모토노 다메토모

3. 이 책은 현재까지도 남아 있는 류큐 왕국 신화의 흔적을 더듬으며 류큐의 역사와 문화를 이해하려는 오키나와 여행자들을 위한 것이기도 하기에, 도판을 충분히 수록하려고 노력했다. 출처를 밝히지 않은 도판은 필자의 자료다.

4. 이 책의 내용 가운데 일부는 필자의 기존 연구 성과를 참고하거나 수정한 것임을 밝혀둔다. 구체적 목록은 참고문헌에 정리했다.

용어 풀이

가나시 지위가 높은 훌륭한 사람에 대한 경칭敬稱 접미어.

구스쿠 구시쿠, 스쿠라고도 한다. 오키나와 전역에 산포해 있는 석축石築 유적. 규모나 구조가 다양하나, 유명한 구스쿠들은 한국의 산성山城을 연상케 하는 석벽 구조를 지니고 있다. 구스쿠의 기원과 성격에 대해서는 여러 설들이 분분한 상황이지만, '아지'라고 하는 지역 세력가들의 등장과 밀접한 관계가 있는 것만큼은 틀림없다. 구스쿠 가운데에는 통일 류큐 왕국 때 지어진 것도 있지만 대부분의 구스쿠는 12세기 무렵 지역 세력가들이 축조했을 것으로 짐작되고 있다. 이 시기를 일컬어 흔히 '구스쿠 시대'라 한다. 이후 구스쿠를 기반으로 하는 여러 아지들의 세력이 규합되어 남산, 중산, 북산이 정립鼎立했고, 이러한 삼산三山 시대를 거쳐 통일 류큐 왕국이 들어섰다.

기코에오기미 류큐의 최고위最高位 국가 사제. 류큐 왕국은 피라미드 형태의 전국적 사제 조직을 두고 있었는데, 그 정점의 최고 사제가 기코에오기미다. '오기미大君'는 '기미君' 중에서 가장 높은 사람이라는 뜻이고, '기코에聞得'는 그 높은 명성을 사방에서 들을 수 있다는 축자적 뜻을 지닌 미칭사美稱辭다. 제2 상왕조 상진왕 때 제도화되었다. 노로, 오나리 가미 항목을 더 볼 것.

노로   한자로는 '축녀祝女'라고 표기한다. 지역에 따라서는 '쓰카사'라는 말이 더 일반적으로 쓰이기도 한다. 공동체의 공적 의례를 거행하는 여성 사제를 가리키는 말로, 노로 휘하에 또 다른 이름의 여성 사제들도 존재한다. 각 지역의 노로는 사회적 지위가 높은 집안에서 세습되었는데, 류큐 국왕의 사령서辭令書를 받아 기코에오기미를 정점으로 하는 국가 사제 조직의 일원으로 편제되기도 하였다. 한편 오키나와에는 민간 차원의 영매靈媒로서 점복이나 예언, 개인적인 영적 의례를 주관하는 '유타그夕'라는 무당이 있는데, 노로와 유타는 그 직능과 지위가 명확하게 구분된다.

니라이 카나이   인간 세상과 구분되는 바다 저편의 타계他界이자 초월적 신성 공간. 지역에 따라서는 바다 밑이나 땅 속에 있는 곳으로 생각되기도 한다. 풍요뿐만 아니라 인간 세상의 재앙도 이곳에서 기원한다고 여겨지기에, 이상향理想鄕과는 다소 차이가 있는 관념이다.

데다   '태양'이라는 뜻의 류큐어. 오늘날 오키나와어로는 '디다ティダ'. 물리적 태양만이 아니라 상징적인 의미로 태양신이나 국왕 등을 뜻하는 경우가 많다.

데다코   '데다+코(子)'. '데다'와 더불어 류큐의 국왕을 가리키는 상징적 단어로 많이 쓰인다. 데다의 상징적 관념이 분화, 발전하여 형성된 개념이라고 할 수 있다.

사키시마 류큐 왕국의 근거지인 오키나와섬 남쪽의 미야코제도와 야에야마제도를 함께 일컫는 말. 류큐 왕국은 오키나와섬을 기반으로 형성된 국가로, 주변의 여러 섬들을 복속하면서 판도를 넓혀 나갔다. 미야코제도와 야에야마제도는 각기 다른 문화권을 형성하고 있다가 뒤늦게 류큐 왕국에 복속되었는데, 통일 류큐 왕국은 이 지역을 차별적 지배 대상으로 삼았다.

세지 인간의 능력을 넘어서는 초월적이고 신이한 힘을 가리키는 류큐어. 오늘날 오키나와어로는 '시지'. 신앙이나 의례의 대상이 되는 초월적 존재나 초월적 공간이 발휘하는 영력靈力으로, 류큐 전통 신앙의 핵심적 관념 중 하나다.

신녀 기코에오기미를 비롯한 여러 노로를 포함하여 각 지역의 여성 사제들을 통틀어 말할 때 '신녀神女'라고 한다. 의례의 공간에서 신과 같은 존재로 여겨진다.

아지 류큐 구스쿠 시대의 주역이었던 여러 지역의 지배자들을 가리키는 보통명사. 통일 류큐 왕국의 확립 이후에는 조정 관료나 귀족, 지방 호족으로 편입되기도 했다. 후대에는 '가나시'처럼, 왕자나 왕비, 왕녀 등 신분이 높은 고귀한 이들을 지칭하는 경칭의 접미사로도 쓰였다.

오나리 가미 '오나리'는 '누이'라는 말로, 오라비를 뜻하는 '에케리'에 대응한다. '가미'는 신神. 류큐에서는 누이가 오라비보다 영적으로 우위에 있어서 누이의 영靈이 오라비를 수호한다는 관념이 있었다고 한다. 오나리 가미는 오라비를 보호하는 누이의 영을 일컫는 말이다. 오라비가 항해 등으로 먼 길을 떠날 때, 누이의 머리카락을 휴대하게 하는 습속은 이런 믿음에 기초한 것이라고 한다. 한편, 류큐 국왕이 임명한 최초의 기코에오기미는 상진왕의 누이였다고 알려져 있다. 기코에오기미도 넓게 보면 국왕의 오나리 가미인 셈이다.

오모로 류큐 왕조의 의례 가요 모음집 《오모로소시おもろさうし》에 그 가사가 수록되어 있는 노래. 우리나라의 향가처럼, 형식과 내용, 발생 시기가 다양한 여러 노래가 오모로라는 이름으로 통칭되고 있다. 류큐 왕국의 수도였던 슈리首里 고어古語로 되어 있어 의미를 분명히 알기가 쉽지 않다.

오보쓰 카구라 니라이 카나이와 더불어 류큐의 신화적 세계관을 구성하는 대표적 타계. 공간적으로는 이 세상의 위에 있는 수직적 타계로 형상화되어 수평적 타계인 니라이 카나이와 대조된다.

우타키 류큐 전통 신앙의 성소聖所. 산, 숲, 샘, 우물, 집, 구스쿠 등 다양한 형태가 있고, 우타키 신의 유형과 유래도 매우 다양하다. 오늘날의 오키나와 민속 사회에도 여전히 남아 민속 공동체의 구심적 역할을 하고 있다. 류큐 조정이 펴낸 《류큐국유래기》라는 책에는 각 지역의 우타키들이 정리되어 있는데, 민간에서 믿어지던 우타키를 국가적 우타키로 지정하고 정비한 것으로 생각된다.

류큐국 중산 왕조 연표

왕통·왕조	국왕(재위 기간)	류큐 왕국의 신화 관련 사항
순천 왕통	순천(1118~1237)	• 천손씨 왕통의 역신 리유를 토벌하고 왕위에 오르다
	순마순희(1238~1248)	
	의본(1249~1259)	• 영조에게 왕위를 선양하다
영조 왕통	영조(1260~1299)	• 전국을 돌며 밭의 경계를 정하다 • 왕릉 우라소에 요도레를 조성하다 • 구메지마, 게라마지마, 이헤야지마 등 주변 섬들과 북이北夷 아마미오시마 등이 중산에 입공하다. 여러 섬에서 드나들며 머물 수 있는 공관을 세우고 조공물을 수납할 공창을 만들다 • 원나라 세조의 침략이 수포로 돌아가다
	대성(1300~1308)	
	영자(1309~1313)	
	옥성(1314~1336)	
	서위(1337~1349)	
찰도 왕통	찰도(1350~1395)	• 사람들의 추대로 중산의 왕위에 오르다 • 명 태조가 사신을 보내니 이에 응답하여 조공하다 • 미야코·야에야마에서 처음으로 중산에 입공하다 • 조선에 사신을 보내다
	무녕(1396~1405)	

제1 상왕조	상사소(1406~1421)	
	상파지(1422~1439)	• 중산왕 무녕을 끌어내리고 아버지 사소를 중산왕의 자리에 오르게 하다 • 북산을 멸망시킨 후 중산왕에 즉위하고, 이후 남산을 멸망시켜 삼산을 통일하다.
	상충(1440~1444)	
	상사달(1445~1449)	
	상금복(1450~1453)	• 후리와 시로의 난으로 슈리성이 소실되다
	상태구(1454~1460)	• 고사마루·아마와리의 난을 제압하다 • 만국진량의 종을 주조하여 슈리성 정전에 두다 • 가나마루(훗날의 상원)를 등용하다
	상덕(1461~1469)	• 기카이지마 원정에 성공하여 개선하다 • 구다카지마에 행행하다
제2 상왕조	상원(1470~1476)	• 상덕 사후 중산왕으로 추대되다
	상진(1477~1526)	• 삼촌 선위의 즉위식 때 발생한 신탁에 따라 왕위에 오르다 • 원각사를 건립하고, 원각사에 종묘 어조당御照堂을 설치하다 • 아카하치, 혼가와라의 난을 제압하고, 야에야마와 미야코에 대한 지배를 강화하다 • 왕릉 다마우둔을 조영하다 • 슈리성에 모모우라소에 난간지명을 새기다 • 소노히얀 우타키 석문을 세우다 • 기코에오기미를 비롯한 여성 사제를 여관女官으로 임명하는 등 여성 사제 제도를 제정하다 • 지방의 여러 아지들을 수도 슈리에 모여 살게 하다
	상청(1527~1555)	• 《오모로소시》 제1권을 편집하다 • 군사를 보내어 아마미오시마를 침공하다 • 야에야마의 지방행정청 '구라모토'를 다케토미지마에서 이시가키지마로 옮기다 • 국왕송덕비(가타노하나노 비)를 세우다

상원(1556~1572)	• 아마미오시마를 지배하에 두다	
상영(1573~1588)		
상녕(1589~1620)	• 일본 승려 다이추가 류큐에 일본 정토종을 전하다 • 다이추, 《류큐신도기》의 원고를 쓰다 • 시마즈의 침공으로 슈리성이 함락되고 상녕이 포로로 잡혀가다 • 우라소에 요도레를 개축하고 석비를 세우다	
상풍(1621~1640)	• 미야코와 야에야마에 인두세를 부과하다	
상현(1641~1647)		
상질(1648~1668)	• 《중산세감》을 편찬하다 • 슈리성이 화마를 입다 • 수례문에 '수례지방' 현판을 늘 달아두게 되다 • 하네지 초슈, 섭정이 되다	
상정(1669~1709)	• 하네지 초슈, 구다카지마 행행을 금지하다 • 채탁, 《중산세보》를 편집하다	
상익(1710~1712)		
상경(1713~1751)	• 《류큐국유래기》를 편찬하다 • 채온, 《중산세보》를 다시 펴내다 • 《류큐국구기》를 편찬하다 • 《구양》, 《유로설전》이 완성되다	
상목(1752~1794)		
상온(1795~1802)		
상성(1803~1803)		
상호(1804~1834)		
상육(1835~1847)		
상태(1848~1879) *번왕(1872~1879)		

들머리에서

'스토리'의 시대다. 말과 글에 국한되지 않는 다양한 매체가 생산해낸 흥미로운 이야기들이 도처에 넘쳐난다. 한편에서는 이런 이야기들의 서사적 원천이라 말해지곤 하는 '오래된 이야기'들에 대한 관심도 뜨겁다. 그리스 로마 신화가 시리즈 만화로 나온 지는 이미 오래되었고, 게임이나 영화가 편애하는 북유럽 신화를 소개하는 책들이 적지 않다. 서구의 신화만 신화냐면서 아시아 신화를 소개하고 한국 신화를 알려주는 책들도 이따금씩 나오더니, 최근에는 한국 신화를 소재로 삼은 웹툰과 영화가 큰 인기를 끌기도 했다. 옛날 사람들이 만들어낸 이야기를 지금 여기에서 여러 방식으로 즐기는 이들이 많아졌다는 뜻이겠다.

이 책은, 이야기 신화가 유행하는 시류에 올라 타 '류큐에는 이렇게나 재미있는 이야기가 있답니다'라고 말하려 쓴 책이 아니다. 이야기에 대한 흥미 때문에 류큐의 신화는 어떨까 싶어 이 책을 집어든 독자라면, 아마도 이 책은 꽤나 실망스러울 터다. 이야기는 몇 편 되지 않고, 그 몇 편 안 되는 이야기마저 신화라고 할 때 흔히 기대하곤 하는 흥미로움과는 거리가 멀다. 개성 강한 신들이 서로 갈등하며 빚어내는 사건들도 없고, 듣도 보도 못했던 낯선 화소들이 얽혀 이루는 환상적 세계가 펼쳐지지도 않는다.

간단히 말하자면, 이 책은 신화의 서사가 아니라 신화의 힘에 관한 책이다. 신화를 향유하는 사람들에게 신화는 어떤 효용을 지닌 이야기일까? 신화의 담론적 기능은 뭘까? 이런 질문이, 이 책의 출발점에 놓여 있다. 예컨대 노래는 희로애락의 감정이 흘러넘칠 때 혼자, 또는 여럿이 함께 부르거나 들으면서 그 감정을 극대화하거나 정화한다. 그렇다면 신화는 어떤가? 신화는 누가, 언제, 무슨 효과를 기대하며 향유해 온 것일까?

사실 이런 질문은 새삼스럽다. '신화란 무엇인가'라는 정의의 문제와도 직결되어 있는 이 질문은, 종교학이나 인류학이 오래전부터 고민하고 해답을 모색해온 것이다. 여기에서 그 과정을 요약하고 시비를 가릴 생각은 없다. 지금 정작 필요한 것은, 왜 이 오래된 질문을 새삼 꺼내든 것인지, 또 왜 이런 질문에 대한 해답을 '류큐 왕국'이라는 시공간을 배경으로 삼아 찾으려 하는지 그 이유를 설명하는 것일 터다. 류큐 신화의 '이야기'에 대한 관심에서 이 책을 펼쳐든 독자에게 드리는 변명 또는 해명으로라도, 어떤 연유로 이 책을 쓰게 됐는지를 꼭 말해야할 것 같다.

이 책은 일종의 외전, 스핀오프spin-off다. 본편 격인 글은 동아시아 담론이 한창이던 때, 동아시아의 구도를 설명하는 중심-주변 틀에 입각하여, 한반도 왕조 국가의 주변부였던 제주도의 신화를 살펴본 나의 학위 논문이다. 제주의 신화는 '주변부화'라는 역사적 경험에 대한 전승 집단의 역동적 대응 담론이기도 했다고 주장하고, 그 역동적 대응

의 일반성과 특수성을 해명하기 위해 비슷한 주변부화의 역사를 지닌
또 다른 동아시아의 주변부를 비교 대상으로 삼아 그 신화를 제주 신
화와 비교했다. 비교 대상으로 선택한 것은 미야코지마宮古島였다. 중
세 왕조 국가 조선의 주변부가 되었던 제주처럼, 미야코지마는 류큐라
는 왕조 국가의 주변부가 된 역사적 경험을 지니고 있었다. 자연스레
'류큐 왕국'이라는 중세 왕조 국가에 대해서도 공부해야 했지만, 학위
논문의 초점이 주변부 신화에 맞추어져 있었기 때문에 실제 논문에서
는 류큐 왕국에 대한 많은 것을 생략해야 했다. 이어지는 의문을 대충
덮어두기도 했다. 그 생략과 의문을 실마리로 삼아 쓴 글이 바로 이 책
이다.

덮어둔 의문의 핵심은, 주변부의 신화가 주변부화라는 역사적 경험
에 대한 역동적 대응 담론이라면 주변부화를 일으킨 중심부 왕조 권
력의 신화는 어떤 의미와 기능을 지닌 담론이었을까 하는 것이었다.
왕권 신화의 대표적인 갈래인 건국 신화는 지배를 정당화하고 신성화
하는 이데올로기적 기능을 지닌다는 선행 연구가 있었지만 만족할 수
없었다. 중심부 왕조 권력의 신화가 지배를 정당화하는 이데올로기에
불과하다면, 그런 신화적 질서를 수용하는 사람들은 지배의 실체를 은
폐하는 이데올로기의 일방적 수용자이자 '이념적·인식적 사기'의 어
리석은 피해자일 뿐이란 말인가? 이 책의 5부에서 다시 보게 될, 주변
부 신화는 지배 권력의 신화가 일방적으로 이식된 것도 아니고 또 지
배 권력에 대한 '저항 담론'으로 한정지을 수만도 없다는 '본편'의 결론
은, 중심부 권력의 신화 역시 '이데올로기' 이외의 다른 의미와 기능이
있지 않을까 하는 가설적 의문으로 이어졌다.

이 책은 이런 의문을 해명할 시공간으로 류큐 왕국을 선택했다. 조

선과 거의 겹치는 역사적 시간 위에 존재했던 류큐 왕국은 동아시아 책봉-조공 체제의 일원이었고 동아시아 문명권의 공통적 문화 기반이었던 유교와 불교, 한자 문화를 공유했다. 동아시아 중세 왕조 국가로서의 일반적 특성을 지닌 듯 보이지만, 왕국을 지배한 류큐 왕권의 주요 기조 가운데 하나는 고유의 신화적 논리였다. 유교적 신권론이 왕권을 떠받치거나 때로 병립했던 조선의 경우와 다르고, 또 무너진 천황의 권위를 회복하기 위한 논리가 궁구되었던 막부 시대 일본의 경우와도 같지 않다. 류큐 왕국은 자연발생적인 마을 공동체를 전승 기반으로 하는 신화만이 아니라 왕조 권력의 신화도 살아 움직이는 국가였다. 권력과 신화의 관계, 신화의 담론적 기능에 대한 의문을 해명하기 위해 류큐 왕국의 신화를 선택한 이유가 여기에 있다. '류큐 왕국의 신화'라는 제목을 내걸고, 류큐 왕국을 사례로 권력과 신화의 관계, 신화의 담론적 기능에 대해 말해 보려 했다. 그러므로 이 책은 신화라는 특수한 언어 양식의 담론적 효용에 관한 책인 동시에, 신화를 매개로 '류큐 왕국'이라는 과거의 한 왕조 국가의 일면을 묘사하는 책이기도 하다.

오키나와 사람들의 삶 속에서 류큐는 잊힌 이름이 아니다. '오키나와 은행'이 있는가 하면 '류큐 은행'도 있고, '오키나와 타임즈'와 더불어 양대 일간지로 꼽을 수 있는 신문사로 '류큐신보'가 있다. 한국의 지역 거점 국립대학교에 해당하는 대학교는 '오키나와대학'이 아니라 '류큐대학'이다. 류큐라는 왕조는 사라지고 없지만 왕조를 증명하는 유적도 곳곳에 남아 기억되고 있다. 오키나와를 알기 위해서는 류큐를 모르면 곤란하다.

한국연구재단에 이 책을 쓰겠노라고 제안할 때, 나는 오키나와가 아닌 류큐에 관심 있는 독자들을 염두에 둔 교양서를 쓸 계획이었다. 친구와 함께 류큐 왕조의 유적지를 순례하는 역사 여행을 하다가, 공간의 시간을 거슬러 올라가 과거의 류큐 왕국과 그 신화에 대해 내가 아는 것을 시시콜콜 조곤조곤 이야기하는 방식의 글을 쓰고 싶었다. 독서가 곧 여행이기를 바랐기에, 장소에 얽힌 이야기를 풀어내는 방식으로 글을 쓰려고 했다. 독서의 흐름을 끊겠다 싶은 인용과 주석은 아예 없앴고, 주제에서 연상되는 잡담도 곳곳에 넣었다.

한국연구재단의 지원을 받은 원고는 완성된 원고가 출판에 적합한지를 심사받는다. 초고 심사 결과에 따라, 나는 원고를 크게 수정해야 했다. 아직 국내에는 류큐 왕국의 신화에 대한 전문적인 연구서가 없는 상황이니, 대중서로 기획되었다고는 하나 학술적 역할도 염두에 두라는 조언을 따라야 했기 때문이다. 자료 출처를 밝히는 각주를 넣었고, 잡담은 대부분 뺐다. 구성을 바꾸고, 글투도 손봤다. 계획과는 다르게 꽤 딱딱한 책이 되어버렸지만, 독서가 곧 가상의 역사 여행이었으면 하는 마음은 여전히 유효하다.

제주 신화를 연구하다가 오키나와라는 샛길로 빠져, 이 책을 내는 데까지 이르고 말았다. 나로서는 자연스러운 전개지만, 뒤늦게 배운 다른 언어의 세계로 걸어 들어가 역사와 신화를 넘나드는 것은 어느 선배의 말처럼 희유稀有한 일이기는 하다. 독자 여러분께 이 책이 의미 없는 돌출 행위나 만용이 아니라 '신화란 무엇인가'에 대한 고민의 결과로 이해되기를 바랄 뿐이다.

끝으로 개인적인 감사의 자리가 허락된다면, 오키나와로 향하는 길을 열어주신 조동일 선생님과 전경수 선생님께 감사 말씀을 올리고 싶다. 두 분이 아니었다면, 오키나와 신화를 연구한다는 생각조차 못 했을 터다. 책을 엮을 동기를 제공해준 한국연구재단에 대한 고마움과 함께, 푸른역사의 박혜숙 선생님께 드리는 감사도 잊을 수 없다. 난데 없는 투고인 데다 출판 기한이 촉박하기까지 한데, 선뜻 책을 내기로 결정해주셨다. 차 한 잔의 만남과 깊이 있는 대화로 원고를 완성할 수 있게 도와준 박현숙 선생에게도 새삼 감사의 말을 전한다.

날마다 내게 새로운 세상을 열어주는, 또 작가의 꿈을 이룰 수 있다고 응원해주는 해민偕旻에게는, 고맙다는 말과 함께 다음에는 꼭 재미 있는 이야기책을 써주마는 약속을 따로 남긴다.

프롤로그

오키나와沖繩, 류큐琉球

'오키나와'. 일본 열도의 남쪽에 자리한, 오키나와 본섬을 비롯한 여러 섬들을 아울러 가리키는 말이다. 일본이지만 일본 같지 않은 이국적 풍광의 휴양지로도 유명하지만, 역설적이게도 전쟁의 위험성을 내포한 미군 기지가 집중되어 있어 종종 뉴스의 초점이 되기도 한다. 오키나와는 왜 일본인데 일본 같지 않을까? 일본 내 미군 기지는 왜 오키나와에 몰려 있을까?

지금은 일본의 한 지방일 뿐이지만, 오키나와는 원래 독립적인 왕조 국가였다. 류큐琉球. 옛날 오키나와에 있었다는 나라다. 달리 중산中山이라고도 한다. 《조선왕조실록》에는 태조 1년(1392) 기록에 처음으로 류큐 관계 기사가 등장한다. "류큐국 중산왕이 사신을 보내어 조회하였다"라는 짧은 기록이다. 1372년 이미 명明 왕조에 조회하였던 류큐는 신생 왕조 조선에도 사신을 보냈던 것이다. 류큐는, 중국을 중심으로 하는 동아시아 책봉–조공 체제의 어엿한 일원이었다.

오키나와 섬에 국가가 등장한 것은 주변 지역에 비해 꽤 늦은 시기의 일이었다. '중산왕', '산남왕' 등 류큐의 군장君長을 가리키는 말이 외국 문서에 등장하는 것은 14세기 무렵의 일이다. '왕국'이라 할 만한 정체政體는 이즈음에 이르러서야 성립되었을 것으로 짐작된다. 그 이전, 오키나와 섬에는 오랫동안 '구스쿠'라고 하는 성채城寨를 기반으로 하는 지배자들이 병립하고 있었다. 그 지배자들을 '아지按司'라고 하는데, 몇몇 강력한 아지들을 중심으로 점차 중산, 남산, 북산의 세 세력으로 정립되어갔다는 것이 통설이다. 혹자는 북산 세력은 후대의 역사적 상상이며 사실은 남산이 양대 세력으로 나뉘어 있었을 거라고도 하는데,[1] 여하튼 삼산이 분립했던 '삼산 시대'는 역사적 진실로 널리 받아들여지고 있다.

삼산은 이후 중산으로 통일되었다. 1422년 산남의 신흥 아지 상파지尚巴志(쇼하시)가 중산왕의 지위를 차지한 것이다. 이를 제1 상왕조라 한다. 그러나 제1 상왕조도 얼마 못 가 1469년에 망하고, 상원尚圓을 시조로 하는 제2 상왕조가 1470년 시작되었다. 왕을 정점으로 하는 중앙집권적 정치 체제는 상원왕의 아들인 상진尚眞(쇼신 1477~1526) 대에 이르러서야 비로소 자리를 잡았다.

류큐국의 수도는 오키나와 본섬 중남부에 위치한 슈리首里였다. 왕이 거주하고 관료들이 정사를 돌보는 슈리성首里城이 있었고, 인접한 나하那覇항에는 외국 및 류큐국 판도 내의 여러 섬들을 오가는 배들이 드나들었다. 류큐국 중산 왕조는 오키나와 본섬 주변의 크고 작은 섬들을 지배한 것은 물론, 북으로는 아마미奄美 제도의 여러 섬들을, 남으로는 미야코宮古 제도와 야에야마八重山 제도에 이르는 여러 섬들을 복속시켜 나갔다. 말조차 달랐던 여러 문화권의 섬들이 류큐 왕국의 지배하에 놓이게 되었고, 17세기 초까지 이 판도는 지속된다.

제주도보다도 작은 섬 오키나와 본섬에서 일어난 류큐 왕국이 세력을 확장하고 동아시아 국제무대에서 활약할 수 있었던 힘의 원천은 해상 무역에서 비롯된 경제력의 축적이었다. 일찍부터 바닷길을 통한 교역에 능숙했던 류큐는, 명明의 해금海禁정책과 감합勘合 무역으로 통상이 원활하지 않았던 시기 아시아의 바닷길을 누비며 중계무역의 이점을 취한다. 류큐국 상선의 항로는 명과 조선은 물론, 샴(태국), 안남(베트남) 등의 동남아시아 국가에까지 뻗어 있었다.

책봉-조공을 기반으로 한 무역 체제의 수혜자였던 류큐국은, 그러나 16세기 중반 무렵부터 점차 예전의 영화를 잃어갔다. 해금정책이 유명무실해지면서 중국 상인들의 활동도 활발해졌고, 일본과 포르투갈 상인들이 아시아 무역에 진출했다. 이른바 '대항해 시대'라는 세계사적 움직임의 여파가 류큐에까지 이른 것이다. 이러한 국제 정세의 변화로 인해 류큐국은 책봉-조공 체제에 근거한 무역의 이점을 더 이상 취할 수 없었다.

그러던 중, 류큐 역사의 일대 전환점이 된 사건이 일어난다. 1609년 일본 사쓰마薩摩의 번주藩主 시마즈島津 가문이 류큐를 침략한 것이다. 이는 동아시아 역사상의 일대 사건인 임진왜란王辰倭亂과 밀접한 관계가 있다. 왜란을 준비하던 도요토미 히데요시豊臣秀吉는 시마즈를 통해 류큐에 협조를 요구한다. 그러나 류큐가 이에 기꺼이 응할 리는 만무했다. 류큐로서는 책봉-조공 체제를 위협하는 국제전에 말려들 이유가 없었다. 이를 핑계로, 임란 이후 새로 성립한 도쿠가와 막부德川幕府 체제하에서 새로운 활로를 모색하던 사쓰마의 번주 시마즈 가문은 류큐국을 침략하기에 이른다.

그 결과, 류큐국은 일본의 조공국이 되었다. 일본의 영향력은 강해졌지만, 왕조 체제는 그대로 유지된다. 당시 명과의 국교가 단절되어 있던 막부로서는 대중국 창구로서 활용도가 높은 류큐국 체제를 와해시킬 필요가 없었다. 류큐국은 여전히 왕국의 체제를 유지하면서 명을 이은 청淸이 주도하는 책봉-조공 체제의 일원으로 기능했고, 동시에 일본의 조공국이기도 했다. 이 애매한 시기를 '양속기兩屬期'라는 이름으로 지칭하기도 하는데, 중국과 일본을 동시에 상국上國으로 두었던 류큐국의 외교적 사정을 가리키는 말이다.

류큐사는 사쓰마의 침략을 분기점으로 그 이전의 '고류큐古琉球', 이후의 '근세 류큐'로 나뉜다. 근세 류큐는 국제 정세뿐만 아니라 많은 것이 고류큐와 달랐다. 사쓰마 침략 직후에는 일본화 경향이 두드러지기도 했고, 이후에는 그 반동으로 이전보다 더 강한 중국 지향이 나타나기도 했다. 향상현向象賢, 채온蔡溫, 정순칙程順則 등의 학자 관료들이 차례로 등장하면서 변화의 흐름을 주도했는데, 각기 다른 방법론을 취하긴 했지만 그들의 목표는 일관되게 류큐국의 더 나은 미래에 있었다.

그러나 근세 류큐 역시, 고류큐 시대의 종식을 야기했던 일본에 의해 종말을 맞이했다. 종말의 시작은 '류큐번琉球藩'의 설치였다. 메이지 유신 이후 새로운 일본 정부는 류큐의 입조를 요구한다. 이에 1872년 류큐 왕조는 유신 경하사慶賀使를 파견하는데, 메이지 정부는 류큐의 사절을 입회시킨 가운데 류큐 국왕 상태尙泰(쇼타이)를 류큐 번왕藩王으로 삼는다는 취지의 조문詔文을 내렸다. 이른바 '류큐 처분'이라 지칭되는, 일련의 류큐 흡수 과정의 개막이었다.

이후 메이지 정부는 사쓰마번의 관할하에 있던 류큐를 정부 직할로 두고, 류큐의 번왕 및 최고위 관료인 섭정攝政과 삼사관三司官의 임면

권을 장악했다. 그러다가 1879년, 마침내 일본 정부는 류큐번을 폐하고 오키나와현을 설치한다. 일본의 내치정책이었던 '폐번치현廢藩置縣'의 일환이었다. 류큐의 의지와는 상관없이, 류큐를 '처리'한다는 모욕적 의미를 지닌 소위 '류큐 처분'은 이렇게 마무리되었다. 이로써 번왕으로나마 명맥을 유지했던, 류큐 상왕조는 역사의 뒤안길로 사라지고 말았다.

류큐라는 역사를 지닌 채 일본의 일부가 된 오키나와는 일개 지방이 아니라 제국 일본의 내부 식민지였다. 제국 정부는 오키나와를 때로는 동화, 때로는 차별의 대상으로 삼았고, 종국에는 태평양전쟁 때 일본 국토 내의 유일한 전장戰場이었던 오키나와를 버렸다. 일본제국의 패전 이후 오키나와는 미군정하에 놓였다가, 미국과 일본의 군사적 이해관계에 따라 1972년 다시 일본의 일부가 되었다. '조국 복귀'라는 미명하에, 일본 열도에 있던 미군 기지의 대거 이전과 함께.

오키나와는 일본인데 일본 같지 않다. 일본 내 미군 기지의 태반이 그 작은 섬에 몰려 있다. 그 이유는, 오키나와가 품은 이런 역사 때문이다. 오키나와를 이해하기 위해서는, 한때 그 역사의 주연이었던 류큐 왕국, 류큐 왕조를 도외시할 수 없다.

조선과 류큐

류큐의 시대는 조선의 시대와 거의 겹친다. 작은 섬나라이기는 했으되, 류큐는 조선의 인국隣國 가운데 하나였다. 《조선왕조실록》에는 류큐의 사신이 오간 기록이며 류큐국이 대장경을 청했는데 주었다거나 주지 못했다는 기록들도 종종 보인다. 책봉-조공 체제하에서 있었음직한 교린交隣의 흔적들이다. 조선과 류큐의 외교 사절들이 중국에서 만나는 일도 드물지 않았다. 세종조 신숙주는 자신의 외교 경험을 바탕으로 쓴 《해동제국기海東諸國記》에 〈류큐국기琉球國紀〉를 남기기도 했다.

조선 세종 때 사람들은 류큐가 해상 무역에 능한 국가였음을 알았던 듯하다. 류큐국 사람이 모형 배를 만들어 바쳤다는 세종 15년의 실록 기사, 류큐국 사람에게 명하여 전함戰艦을 만들게 하고 어느 것이 더 빠른지 조선의 배와 견주게 했다는 세종 16년의 기사가 눈에 띈다. 아마도 이때 '조선造船과 항해에 능한 류큐국'이라는 인식이 있었던 모양이다. 한편으로는, 류큐국을 낮추어 보는 인식도 있었던 듯하다. 류큐의 배 만드는 장인이 조선 여인에게 장가들게 되자, 천하가 다 아는 예의지국 여인에게 '토인土人'이 장가들게 할 수는 없다는 상소가 득달같이 올라온다(세종 15년 윤8월).

조선과 류큐 사이에 국가 차원의 공적 교류만 있었던 것은 아니다. 표류라는 우발적 사건에 의한 민간인들의 왕래도 드물지 않았다.《조선왕조실록》에는 표류하여 류큐에 닿았다가 살아서 돌아온 사람들에 대한 기록이 실려 있는데, 특히 제주 사람 양성梁成, 김비의金非衣의 견문이 상세하다. 실록에는 표류해온 류큐 사람들의 송환 이야기도 있다. 그렇게 오고간 민간인들의 경험은 집단적 경험으로 차곡차곡 쌓였을 터다.

비극적 사건도 없지 않았다. 실록에는 제주목사가 표류해온 류큐 사람의 재물을 빼앗고 죽였다는 사실이 기록되어 있기도 하다.《인조실록》(인조 3년 1월)은 함경북도 절도사 이기빈이라는 자의 죽음을 전하면서, 뇌물을 써서 제주목사로 부임하더니 표류한 류큐 왕자를 죽이고 그 보물을 빼앗은 전력이 있는 자라고 기록했다. 광해군 때의 기록(광해 4년 2월, 5년 1월)을 보면 이기빈은 표류한 외국 상선의 재물을 탐하여 뺏고는, 선원들을 죽이고 배를 불태워 증거를 없앤 후 조정에는 침략한 왜적을 처단했다고 보고했다. 그 배에는 중국, 일본 사람들과 함께 류큐 사람들도 타고 있었고, 류큐 사람 가운데 문사文辭가 능숙한 젊은 사신도 있었다고 한다. 이 비극은 제주도의 구비 전승에도 그 흔적을 남기고 있다. 제주 사람들은 해외에 나가면 제주 출신인 것을 숨기는데, 그 까닭은 일찍이 제주도에 표류해온 류큐의 왕자, 즉 '류큐국 태자'에게서 보물을 빼앗고 살해한 사실이 있기 때문이라는 구비 설화가 전해지고 있다.

제주도 이야기가 나온 김에 〈오돌또기〉라는 제주 민요의 유래담도 끌어와 보자. 여기에도 류큐, 즉 '유구국'이 등장한다. 〈오돌또기〉는 김복수라는 제주 남자가 아내 춘향을 그리워하며 불렀다는 노래인데, 그 춘향이 바로 류큐 사람이었다. 김복수는 과거를 보러 가다가 안남에 표류하여, 역시 표류민이었던 류큐 사람 춘향을 아내로 맞는다. 일본 사신의 배를 만나 고향으로 돌아갈 기회를 얻었으나, 처자식과 함께 배에 오를 수는 없었다. 꼭 다시 돌아오기로 하고 길을 떠난 김복수는 도중에 또 다른 류큐 사람 임춘영을 만난다. 참으로 기이하게도, 그는 아내 춘향의 오라비였다! 임춘영과 함께 아내를 데리고 와 행복하게 살았다면 참 좋았으련만, 김복수는 항해 길에 고향 제주에 잠시 들렀다가 그곳에서 지체하는 바람에 임춘영과 함께 타고 온 배를 그만 놓치고 만다. 홀로 남은 김복수는 달 밝은 밤이면 바닷가에 나가 앉아 아내를 그리는 노래를 불렀다. "오돌또기/ 저기 춘향 나온다/ 달도 밝은데/ 내가 머리로 갈까나" 하는 노랫말의 〈오돌또기〉다. 제주도 사람들의 상상계 속에서 류큐는 전혀 낯설기만 한 곳이 아니었다.

시선의 욕망, 류큐의 이미지

조선 왕조의 교린 상대였고 또 민간의 기억에도 그 흔적이 남아 있는 나라이건만, 우리는 류큐라는 나라에 대해서 사실 잘 모른다. 중국이나 조선, 일본과의 관계를 통해 드러나는 류큐의 외면이 아니라 그 내부의 실상에 대해서는 특히 더 그렇다. 시간이 장막이 짙게 드리워져 있는 고류큐에 대해서라면, 사실 우리만 잘 모르는 것도 아니기는 하다. 당대의 실상을 알 수 있는 역사 기록이 매우 드문 편이기 때문이다. 그래서 종종, 류큐는 그 실제의 모습은 가려진 채 특정한 이미지로 상상되거나 소비되곤 해 왔다.

예컨대 제국 시기 일본 민속학의 비조鼻祖라 할 수 있는 야나기다 구니오柳田國男는 류큐를 당대의 일본이 잊었거나 잃어버린 '오래전 일본'으로 발견했다. 일본과는 다른 오키나와의 특수성이, 과거 일본과 그 뿌리를 같이 했던 류큐 문화가 보존되어 왔기 때문인 것으로 설명된 것이다. 오키나와다움, 류큐다움은 곧 일본다움으로 포섭되었고, 동시에 그것이 일본 문화의 고형古形으로 자리매김됨으로써 자동적으로 그 후진성이 전제되었다. 식민주의를 기반으로 하는 제국 일본의 민속학은 과거의 류큐를 제국주의적 향수의 대상으로 신비화했던 것이다.

오키나와 출신으로, 도쿄제국대학에서 익힌 언어학이라는 학문적 토대 위에서 오키나와에 대한 전방위적 글들을 발표함으로써 이른바

'오키나와학'을 탄생시킨, '오키나와학의 아버지' 이하 후유伊波普猷는 그 신비화의 초점을 특히 '고류큐'에 맞췄다. 류큐 왕국의 문제를 사쓰마의 영향하에 있었던 근세 류큐의 책임으로 떠넘기고, 그 이전 시기의 고류큐를 이상화한 것이다. 대학을 졸업하고 오키나와로 돌아와 현립도서관의 촉탁 관장으로 일하면서 연구자이자 강연가, 저술가로 활발하게 활동했던 이하 후유의 초기 저술이 《고류큐》였음은, 또 그의 초기 학문이 그가 일본의 《만엽집》과 같은 층위의 것이라 생각했던 류큐 노래집 《오모로소시おもろさうし》에 집중되었던 것은 우연이 아니다. 류큐와 일본이 그 근원을 같이 한다는 '일류동조론日琉同祖論'에 동조하면서 '류큐 처분'은 헤어졌던 동기가 부모의 슬하에 다시 돌아온 것과 같다고 했던 이하 후유에게, 고류큐는 그 동조성同祖性을 확인할 수 있는 자부심의 뿌리였을 터다.

그러나 '고류큐'라는 이름으로 신비화되곤 했던 중세 류큐 왕국은, 사쓰마 침입 이후의 어려운 상황을 극복해나가야 할 처지에 있었던 류큐 왕조의 충실한 관료들에게는 오히려 극복의 대상이었다. 새로운 질서를 모색해가야 할 그들의 일차적 과제는 고류큐 체제의 묵수墨守가 아니라 외부의 침략에 속수무책이었던 고류큐와의 결별이었기 때문이다. 야나기다 구니오와 이하 후유의 '류큐'는, 실제의 류큐라기보다 그렇게 보고자 하는 의도와 욕망이 만들어낸 이미지로서의 류큐였다.

오늘날 류큐 왕국은 현재의 '위험한' 오키나와와 대조적으로 '평화의 왕국'으로 기억되기도 한다. 류큐국의 번영을 말할 때 종종 상기되곤 하는 '만국진량萬國津梁의 종鐘'에 대해 그 종은 서로 투쟁하던 무사들이 전쟁에 쓰던 무기를 녹여 만든 것이라는 이야기가 붙고, 류큐 전통의 호신용 무술 가라테空手에 대해서는 류큐 왕국이 무기와 전쟁이 없는 평화로운 나라였기에 맨손으로 하는 무술이 발전했다는 이야기가 따라다닌다. 류큐가 사쓰마 군의 침략에 속수무책일 수밖에 없었던 까닭은 무력을 버린 평화국가였기 때문이라는 변명도 있다. 오키나와의 유명 인디 록밴드 몽골800(MONGOL800)은, 〈류큐 애가琉球 愛歌〉라는 노래에서 '무력을 쓰지 않고 자연을 사랑'하는 '류큐의 마음'을 잊지 말라고 노래하기도 한다.

하지만 '평화의 나라'로 환기되곤 하는 류큐도, 실제가 아닌 이미지에 가깝다. 류큐 왕국 역시 여느 왕국처럼 투쟁과 정복 위에 세워진 국가였고, 왕권을 둘러싼 피의 쟁투와 그로 인한 왕통의 변화도 겪었다. '평화왕국 류큐'라는 유토피아에 대한 상상은, 많은 민간인 희생자를 낸 오키나와 전투의 경험, 제국 일본의 패전 이후 실시된 미군정, 섬 곳곳에 설치된 미군 기지로 인해 상존해온 전쟁에 대한 공포 등 평화롭지 않은 현실에 대한 비판적 시각이 빚어낸 또 하나의 허상이다.

류큐는 어떤 나라였을까? 사쓰마 침입 이후의 근세 류큐는 침입 이전의 고류큐와 어느 만큼이나 달랐을까? 시선의 욕망에 따라 형성된 이미지의 허상 뒤에는, 어떤 모습의 류큐 왕국이 자리하고 있는 것일까?

류큐의 왕권

류큐 왕국의 실상에 접근하기 위해 많은 학자들이 노력해왔다. 중국이나 한국 등 주변국의 옛 기록에 남아 있는 류큐 관련 자료는 물론이고, 금석문이나 명문銘文, 류큐 조정의 사령서辭令書, 외교문서 모음집인《역대보안歷代寶案》, 류큐 왕실의 계보를 서술한《중산세감中山世鑑》,《중산세보中山世譜》, 류큐국의 정사正史라 할 수 있는 《구양球陽》, 지지地誌 격인 《류큐국유래기琉球國由來記》나 《류큐국구기流球國舊記》 등등 류큐 내부에서 산출된 문헌 자료가 연구 대상이 되었다.

지금까지 밝혀진 바에 따르면, 동아시아의 여느 왕조 국가처럼 류큐국 역시 국왕을 정점으로 하는 유교적 지배 체계를 기반으로 하는 나라였다. 위계적인 관료 체계가 성립해 있었고, 중앙 정부에서 지방관이 파견되는 지방 행정 조직이 갖추어져 있었다. 각지에 산재해 있던 아지 세력을 병합하여 성립한 류큐 왕권의 확립에 유교적 체제와 사상이 중요한 역할을 했음은 부인하기 어렵다.

불교 역시 왕권을 뒷받침하는 주요 사상 중 하나였다. 류큐 불교는 왕권의 비호 아래 성장했을 뿐 아니라 왕권의 강화를 위해 기능하는 국가불교적 성격이 강했다. 슈리성 지근의 원각사는 제2 상왕조 국왕의 위패를 모시는 절이었고, 원각사 주변의 변재천당은 원래 조선에서 입수한 대장경을 보존하는 곳이었다.

하지만 류큐 왕권을 떠받친 사상적 토대는 동아시아 문명권 공통의 것이라 할 수 있는 유교와 불교만이 아니었다. 특히 주목되는 것은 국가적 여성 사제司祭의 존재다. '노로'라는 이름의 여성 사제들은 남성 관리들이 그랬던 것처럼 국왕의 사령서를 받아 임명되었고, '우타키御嶽'라는 성소聖所에서 행해지는 왕조의 공적 의례를 주관했다. 그 의례에서 노로들이 불렀을 것으로 생각되는 노래들이 바로 '오모로'로서, 이하 후유의 오키나와학 성립에 중요한 단초가 된 《오모로소시》는 이 노래들을 모아서 기록한 것이다.

여성 사제들은 '신녀神女'라고도 불렸다. 여성 사제들은 그저 의례를 주관하는 사람이 아니라 의례의 공간에서는 그 자체가 신이기도 했기 때문이다. 시베리아 샤먼과 같은 빙의인지, 모방을 통한 가상적 재현인지, 그것도 아니면 신과의 소통 능력으로 인한 일시적 전화轉化인지는 더 따져보아야 할 문제이지만, 여성 사제가 참여한 의례가 사제의 영적 능력에 기반하는 것이었음은 분명하다. 이들이 국가 의례의 주축이었던 류큐 왕국은, 우리가 흔히 '무巫'라고 부르는 존재를 떠받치는 종교성, '샤머니즘'이라는 이름으로 뭉뚱그리곤 하는 종교성에 기반한 국가 제사 체계를 갖추고 있었던 것이다.

한국사의 경험에 따르면 이런 사제의 존재는 고대로나 거슬러 올라가야 확인된다. 신라 국왕 남해 차차웅의 여동생 아로가 신라 시조 박혁거세의 제사를 주관했다는 기록이 한 예다. 그러니, 14세기 이후에 성립하여 명·청, 조선 등과 시대를 같이 했던 왕조 국가에서 이런 사제 조직과 의례 체계가 운영되었다는 점은 자못 낯설다. 주변의 섬들을 복속하여 영토를 넓히고, 관리를 임명하고, 조세를 거두고, 외교의 한 주체로서 교린에 적극적이었던, 동아시아 문명권의 일원이었던 중세 왕조 류큐국에서 확인되는 이 낯선 모습을 어떻게 이해해야 할까?

개체 발생은 계통 발생을 반복한다는 진화론의 명제처럼, 늦은 시기에 성립한 왕조라 할지라도 고대 국가의 모습을 되풀이하면서 발전할 수밖에 없었던 것일까? 류큐 왕국은 동아시아의 중세와 근세를 시간적 배경으로 존재했던 미발전의 고대 왕국이었던 걸까? 그렇다면 류큐의 대외 활동에서 보이는 그 국제적인 모습은 무엇이란 말인가? 류큐 왕국은 국제무대에서의 표면적 모습과는 달리, 내적으로는 여성 사제와 의식요儀式謠와 의례들로 구성되는 '신비로운 힘'으로 충만한 사회였던 걸까? 외교와 내치의 주체였던 류큐의 왕권에게 그런 간극은 아무런 문제가 아니었던 걸까? 내치에 있어서 왕권은, 그런 '힘'과 어떤 관계에 놓여 있었던 걸까?

꼬리에 꼬리를 물고 이어지는 의문의 핵심은 요컨대 이런 것이다. '류큐국 중산왕'의 왕권은, 어떤 논리로 류큐라는 국가를 운영해나갔는가?

왕권과 신화

신화는 류큐 왕권론의 실상에 접근하기 위한 효과적인 경로다. 유교도 아니고 불교도 아닌, 여성 사제와 '오모로'라는 노래로 대표되는 류큐 왕권의 사상적이고 종교적인 한 측면은 신화, 혹은 신화적인 어떤 것이다.

왕국의 신화라 하면, 보통 건국 신화를 떠올린다. 왕국의 건립은 흔히 건국 신화의 형성을 동반하기 때문이다. 고조선, 고구려나 신라 같은 고대 국가뿐만 아니라, 중세 이후의 왕조인 고려나 조선도, 건국 시조를 신성화하고 절대화하는 신화를 동원했다. 범상치 않은, 신성하기조차 한 건국 시조가 신이神異한 과정을 거쳐 나라를 세웠다는 내용의 건국 신화는 시대에 따라, 국가에 따라 그 신화적 논리는 다양하지만 왕권을 절대화한다는 점에서 공통된다. 왕국을 다스리는 왕권의 절대성이 어디에서 기원하는가 하는 문제를 국가적 차원에서 거론하는 언술이 곧 건국 신화인 것이다.

여러 왕통이 교체되면서도 '류큐국' 또는 '중산'이라는 나라의 이름이 유지되었기 때문일까, 류큐의 경우 '건국'이라는 소재를 내세우는 신화는 분명하지 않다. 왕권의 절대성이 어디에서 기원하는가를 신이한 이야기를 통해 드러내면서 왕권의 절대성을 위해 복무하는 건국 신화의 기능은, 류큐국의 경우에 한해서라면 17세기 이후 기록된 창세 신화나 여러 왕통의 시조 신화, 또는 왕권을 신성화하는 여러 의례적 기제들에서 발견된다. 건국 신화는 아니지만, 다른 이름으로 범주화할 수 있는 신화들이 왕권의 절대화에 기여하는 것이다. 우리에게는 건국 신화가 익숙할지 몰라도, 건국 신화는 왕권을 위해 동원되는 여러 형태의 신화들 가운데 하나일 뿐이다.

이런 까닭에 이 책에서는 '왕권 신화'라는 이름으로 묶일 수 있는 류큐 왕국의 신화를 살펴보려 한다. 류큐 왕국에서 신화적 사유의 언어적 구현 양식은 원래 노래였으나, 시대와 사유의 변화에 따라 내적 합리성을 갖춘 서사로도 나타났다. 또 신화적 사유는 언어뿐만 아니라 다른 매체를 통해서도 드러나는 법이다. 그러므로 이 책에서는 신화라고 하면 흔히 떠올리는 이야기 형태의 신화뿐만 아니라, 건축물, 노래, 의례 체계 등도 살피게 될 것이다.

류큐의 왕권을 절대화하는 데 기여한 신화적 사유 혹은 신화적 관념의 실체에 접근하고 이를 경유지로 삼아 류큐 왕국이 어떠한 왕권 논리에 의해 지배되는 나라였는가를 이해하는 것. 다시 말해 류큐 왕국을 지배했던 어떤 왕권에 대해, 그리고 그 왕권을 위한 특별한 담론으로 기능했던 신화에 대해 말하는 것은 신화가 사라진 이 시대에 과연 어떤 의미가 있는가?

왕조 국가는 사라졌을지 몰라도 왕권 신화는 동아시아 근대의 민족 신화 혹은 민족 국가 신화로 이어졌고, 또 그러한 신화들은 오늘날에도 여전히 '국민'이나 '민족'의 일원으로 존재하는 집단 및 개인과 무관하지 않다. 한민족의 시조인 단군의 상징성은 여전히 유효하며, 중국 황제 신화의 영향력은 오히려 더 커졌다고 할 수 있고, 일본 천황의 퇴위와 즉위를 둘러싼 대중의 관심은 단순히 '셀럽'에 대한 흥미로 치부하고 말 성질의 것이 아니다. 류큐 왕권의 신화를 아는 것은, 더 정확히는 류큐 왕권 신화의 존재 방식과 논리, 작동 기제 등을 이해하는 일은, 이 탈신화의 시대에도 여전히 존재하는, 근대적 이성으로는 납득하기 어렵지만 여전히 존재하면서 그 위력을 발휘하고 있는 '신화적 현상'을 이해하기 위한 출발점이기도 하다.

구성과 내용

고류큐 왕권 신화의 우주

신화는 세계관이다. 모든 신화는 세계가 어떻게 구성되어 있는지, 어떤 질서에 따르는지를 보여준다. 세상은 이런 거라는 선언으로서의 신화는 하나의 세계, 하나의 우주를 형성하기 마련이다. 어떤 신화가 전제하는, 혹은 구성하는 그 세계를 흔히 신화적 우주, 신화적 코스몰로지cosmology(우주론)라고 명명하곤 한다.

이 책의 1부는 초창기 류큐, 즉 고류큐 왕권의 신화적 우주, 신화적 코스몰로지가 어떠했는가를 그려낼 것이다. 류큐의 국왕은 어떤 신화적 표상을 지니고 있었는지, 여성 사제와 그들이 주관하는 국가 의례는 국왕의 신화적 표상과 어떻게 관련되어 있었는지를 통해 고류큐를 지배했던 왕권이 어떤 신화적 논리에 의해 왕권의 절대성을 구축했는가를 보이려 한다.

고류큐는 기록과 문헌의 나라는 아니었다. 문자에 의한 기록 자체가 드물었던 것인지, 왕성王城인 슈리성이 여러 번 화마에 희생되어 기록이 소실된 탓인지는 분명치 않으나, 고류큐 당대의 자료라 할 수 있는 것들은 금석문이나 국왕의 사령서, 류큐의 외교문서집인《역대보안》의 초기 기록 정도가 남아 있을 따름이다.

그렇다면 고류큐 왕권 신화의 모습은 어디에서 찾을 수 있을까? 고류큐 시대의 산물이면서 동시에 후대의 시간적 더께가 쌓여 오늘에 이른 유적들에서, 고류큐 시대의 신화를 적은 그 후대의 기록에서, 시간의 장막 뒤에서 들려오는 고류큐로부터의 목소리에 귀를 기울이지 않을 수 없다. 이소伊祖 구스쿠, 우라소에浦添 요도레, 구다카지마久高島, 세화 우타키齋場御嶽 등등 낯선 이름의 장소를 찾아가, 고류큐의 왕권 신화를 주의 깊게 들을 참이다. 고류큐 왕권의 유적을 둘러보는 짧은 여행이 끝나고 나면, 류큐의 옛 왕성 슈리성을 더 자세히 보고 더 깊게 이해할 수 있을 것이다.

류큐 왕국의 창세신화

문헌 기록이 드문 고류큐와는 대조적으로 17세기 이후의 류큐 왕국은 적지 않은 관찬官撰 문헌을 속속 펴냈다. 왕가의 계보이면서 동시에 역사책이라고도 할 수 있는《중산세감》,《중산세보》를 비롯, 18세기에는 정사正史《구양》이 차례로 편찬되었다.《중산세감》은 한자와 가타가나를 표기 문자로 삼아 일본어로 쓴 문헌이기에 이를 한역한《중산세보》가 나왔고, 왕가의 계보 수준을 넘어서서 편년체 양식의 국사를 펴내기 위해 쓴 것이《구양》이라고 알려져 있다.

이들 문헌에는 공통적으로 이른바 '창세신화'라 할 만한 기사가 앞부분에 놓여 있다는 점이 유독 눈에 띈다. 류큐라는 섬이 어떻게 생겨났는지, 또 사람이며 계급은 어떻게 생겨났는지, 농경은 어떻게 시작되었는지 등을 말하는, '류큐'라는 세상이 처음 만들어진 내력을 전하는 창세신화다. 물론 창세신화가 사서史書의 앞부분에 놓이는 게 아주 드문 현상은 아니니 놀랍지는 않다. 가까운 일본만 해도,《고사기古事記》,《일본서기日本書紀》의 서두를 창세신화가 장식하고 있지 않은가?

흥미로운 점은 비슷한 시기에 연이어 등장한, 표기 방식이나 편찬의 목적이 달라 거듭 펴내야 했던 문헌들에 실린 창세신화가 서로 같지 않다는 것이다. 류큐의 기원, 인류의 기원, 곡물의 기원 등 창세신화가 다룰 만한 주제를 공통적으로 다루면서도, 그 구체적 내용은 문헌마다 다르다.《중산세감》과《중산세보》가 다른 것은 물론, 그《중산세보》를 다시 고쳐 쓴 또 다른《중산세보》의 창세신화도 앞의 두 문헌과 같지 않다. 그나마《구양》이 두 번째로 나온《중산세보》를 그대로 수용했을 뿐이다. 17세기 이후, 세 가지 버전의 서로 다른 창세신화가 비슷한 시기에 국사에 올랐다는 점이 예사롭지 않다.

창세신화는 세상의 태초를 이야기하는 신화다. 여기에서 '세상'의 범주는 창세신화를 신화로 믿는 집단의 범위와 겹친다. 국가의 창세신화는 '국가'라는 우주의 태초를 이야기하고, 마을의 창세신화는 '마을'이라는 우주의 태초를 이야기하는 법이다. 창세신화는 '시원始原'의 시간에 대해 말하지만, 창세신화 자체는 그 시원의 시간에 발생한 것은 아니다. 시원을 생각해야 하는 그 지점, 세상이 어떻게 처음 열렸는가를 고민할 필요성이 발생하는 그 순간에 창세신화는 생겨난다.

류큐라는 국가의 태초를 이야기하는 창세신화의 세 버전은 모두, 류큐라는 정체政體가 흔들리던 시기의 산물이다. 왕성이 함락되고 왕은 포로로 끌려갔다가 송환되었다. 각지에서 모은 산물은 일본에 바치면서도, 중국에서 책봉사가 오면 일본의 자취를 숨겨야 했다. 우리 왕조는 어떤 왕조인가? 우리나라는 어떤 나라인가? 현재의 고민에 대한 답이, 태초의 시간으로 거슬러 올라가 창세신화로 펼쳐졌다.

이 책의 2부는 신화의 시대로부터 이미 멀리 떨어진 시대에 신화를 소환하여 서두를 창세신화로 장식했던, 17세기 중반부터 18세기 초반에 걸쳐 간행된 류큐의 세 문헌을 다룬다. 정확히 말하면《중산세감》과《중산세보》, 그리고《구양》으로 계승된 또 다른《중산세보》가 다시 쓴 창세신화를 읽게 될 것이다.

신화의 문자화는 의도와 그에 따른 변이를 동반한다. 세 버전의 창세신화에서 류큐라는 우주가 어떻게 그려지고 있는가를 재편, 즉 지속과 변화의 차원에서 밀착하여 살펴보면, 한 자 한 자 또박또박 써내려간 창세신화의 행간과 이면에 놓인 기록자의 의도를 읽어낼 수 있다. 국가의 운명을 개척해나가려 했던 문인 관료들의 지향이 어디에 있었는가는 물론, 신화는 언제 어떤 효과의 발현을 노려 소환되는가 하는 신화의 갈래적 특질을 묻는 질문의 해답에도 가까이 다가갈 수 있을 터다.

류큐의 왕통 계보와 왕통 시조 신화

중산왕의 자리는 여러 왕통王統에 의해 계승되었다. 왕통이 바뀌면 이전의 나라가 망하고 새로운 왕조 혹은 국가가 들어서는 게 역사의 상례지만, '류큐국 중산왕'의 왕좌는 왕통이 바뀌더라도 변함없이 지속되었다. 류큐국 중산왕의 자리를 순천舜天 왕통, 영조英祖 왕통, 찰도察度 왕통이 잇고, 통일 왕조를 이룬 제1 상尙왕조와 제2 상尙왕조가 계승했다. 심지어 제1 상왕조와 제2 상왕조로의 교체는 역성혁명이자 쿠데타에 의한 결과라는 것이 역사적 진실에 가까운데도, '상尙'이라는 왕족의 성姓까지 지속되었다. 일본 천황의 혈통이 만세일계萬世一系로 한 번도 끊어진 일이 없었다고 한다면, 류큐의 경우는 여러 다른 혈통의 왕들이 류큐국 중산왕이라는 하나의 정통을 계승하여 '만수일통萬殊一統'을 이루었다고 할 수 있다.

류큐국 중산왕의 자리를 찰도 왕통 이전에는 영조 왕통이, 그 이전에는 순천 왕통이 차지했다는 생각은《중산세감》과 이후의 역사서에 사실처럼 정리되어 있다. 그리고《중산세감》이후의 역사서는 각 왕통의 시조에 대한 신화적인 이야기를 기록해두고 있는데, 이 책의 3부는 이 이야기들을 '왕통 시조 신화'로 묶어 다뤘다. 창세신화가 문헌마다 달랐던 데 반해 왕통 시조 신화는 그다지 큰 차이가 없으며, 차이가 있다 하더라도 각 시조 신화의 의미 지향에 영향을 미치지 않는다.

3부에서는 각각의 왕통 시조 신화가 그 시조를 어떤 존재로 그려내는지를 주목한다. 건국 시조를 '성스러운 피를 지닌 자', 그래서 '지고至高 존재의 의지를 지상에 실현하는 자'로 그려내곤 하는 일반적인 건국 신화와는 달리, 류큐의 왕통 시조 신화는 시조를 신화화하는 방식이 각기 다르다. 국왕의 절대성을 국왕이 신성한 혈통임을 보여주는 이야기로만 구현하지는 않는다는 류큐 왕권 신화의 특성이 여기에서 다시 한번 드러나는 한편, 류큐 국왕의 신화적 표상이 '태양'에 국한되지 않고 변화해가는 양상 또한 확인하게 될 것이다.

왕권, 농경, 의례, 신화

왕권은 의례를 수반한다. 왕권의 논리는 의례 체계, 즉 왕조의 사전祀典 체계를 통해 구현되곤 한다. 유교적 사전 체계도 예외가 아니다. '천명을 받은 자'로서 세상을 덕으로 감화시키고 백성을 돌보는 데 그 권위의 근거를 두는 유교적 왕권 논리를 구현하는 방식으로 국가적 사전 체계가 구축되었다.

류큐국 역시 그랬다.《류큐국유래기》와《류큐국구기》에는 왕조의 제사와 각 지역 제사에 대한 기록들이 여타 제반사의 '유래'와 함께 빼곡하다.《중산세감》등의 사서에 간혹 보이는 국가 의례에 대한 기사와 이들 문헌의 의례 관련 기사를 꼼꼼히 살피고 재구성하면 류큐국의 사전 체계와 그 논리를 보다 입체적으로 밝혀낼 수 있지만, 아쉽게도 이 책에서는 그 모두를 다루지는 못한다.

이 책의 4부에서 살피게 될 류큐의 의례는 특히 농경의례다. 농경의례에 주목하는 까닭은 여럿이다. 무엇보다,《중산세감》등의 문헌에 기록된 창세신화에 곡물의 기원과 그 의례가 기록되어 있다는 것이 크다. 극동의 왕권 의례에서 농경이 지니는 비중이 작지 않았다는 것도 이유 중의 하나다. 주몽에게 곡식 종자를 전해준 유화가 신으로 모셔졌던 고구려의 사례, 첫 수확한 벼이삭을 신에게 바치는 일본 천황의 신상제新嘗祭가 유명한 사례다. 농경을 기반으로 하는 사회였기에 농경의 풍요를 보장하는 것이 왕권의 중요한 역할 중의 하나였고, 왕권은 국가적 농경의례를 통해 그것을 실현하고자 했다고 알려져 있다. 류큐의 경우는 어땠을까?

오늘날 오키나와의 민속사회를 보면, 마을 단위에서 풍요를 기원하

거나 풍요에 감사하는 의례는 반드시 농경에만 국한되지는 않는다. '농경의 풍요'라기보다는 보다 포괄적인 풍요로서의 '유世'가 도래하기를 기원하거나 혹은 그것이 도래했음을 축하하는 의례가 많다. 오키나와 본섬 북쪽 지방의 민속 의례로 잘 알려져 있는 '운자미'나 '시누구' 같은 의례도, 바다 건너의 신성 공간 '니라이 카나이'에서 비롯하는 '유'를 받아들이고 풍요를 방해하는 이 땅의 부정한 것들을 바다로 띄워 보낸다는 의례적 구성을 지니고 있다. 야에야마 지역의 여러 마을에서 곡식이 익었음을 기념하여 행하는 '다니두이種取り' 같은 의례에서조차, 의례의 기본은 농경이나 곡물의 신화적 기원을 떠올리는 게 아니라 바다 건너로부터 오는 '유', 특히 민속화된 미륵신이 가져다준다는 '미루쿠 유'의 도래를 기원하고 감사하는 데 있다.

류큐국의 문헌 창세신화는 공통적으로 벼와 보리에 대한 농경의례가 왕조 의례로서 행해졌음을 기록했다. 《류큐국유래기》 등에서도 농경의례와 신화라 할 만한 배경 설화가 수록되어 있다. 이 책의 4부에서는 이런 의례들과 관련되는 신화들을 살펴, 류큐국의 국가적 농경의례가 왕권론의 변화와 함께 새롭게 형성되고 재편되었을 가능성을 타진해볼 참이다.

왕권과 농경의례는 불가분의 관계에 있는가? 왕권과 농경의례가 불가분의 관계에 놓이는 사례가 적지 않지만, 그것이 모든 왕권에 통용되지는 않는다. 왕권과 농경의례가 밀접하게 관련되어 있을 경우 그것은 그 사회의 사정과 나름의 신화적 논리에 의해 개별적으로 해명되어야 한다는 사실을, 류큐의 경우에서 확인할 수 있을 것이다.

왕권 신화의 자장과 민간 신화

'시마'는 '섬'이라는 뜻의 일본어다. 류큐어는 일본어 계통의 언어면서도 일본어와 사뭇 달라서 한국어의 한 방언 제주어에 종종 비견되곤하지만, 류큐어로도 섬은 '시마', '스마'다. 류큐어 '시마'는, 물리적인 섬만을 지시하는 것은 아니다. 기층의 마을 공동체, 그것 역시 '시마'라통칭된다.

시마 사회의 공동체성은 독특한 마을 구성 원리와 의례를 통해 구현되고 강화된다. 시마 사회에는 마을의 중추 역할을 하는 집안이 있어서마을을 관리 혹은 대표하고, 또 그 집안과 연관되는 여성이 중요한 역할을 하는 사제로서 의례를 수행한다. 마을 신앙은 '우타키御嶽'라고 하는 성소를 중심으로 하는 우타키 신앙이고 우타키는 마을마다 서로 다르기에, 시마 사회마다 다른 신앙과 다른 의례가 있다고 말할 수 있다.

한국에서 마을 공동체 의례로 유명한 지역이라면 역시 본향당本鄕堂을 중심으로 하는 제주도를 들 수 있을 텐데, 제주의 마을 의례와 시마 사회의 마을 의례는 겉으로 드러나는 의례의 양상이 다른 면이 많다. 무엇보다 시마 사회의 의례는 마을 여성 여럿이 사제로 참여하여진행하는 데 비해, 제주의 본향당 굿은 주로 마을 여성이 참여하여 기원을 올리기는 하되 '심방'이라는 전문 사제가 따로 있다. 시마 사회에서는 남성도 의례가 잘 진행될 수 있도록 제장祭場 주변에서 중요한 역할을 하지만, 제주도의 남성은 본향당 의례에 그다지 관여하지 않으며또 별도의 마을 의례인 유교적 포제를 지내기도 한다. 제주도에 비할때, 시마 사회의 공동체성이 더 강하다고 볼 수 있을 터다.

이렇게 강한 공동체성을 지닌 시마 사회는 그 자체로 완결된 신화적 우주를 구성하지만, 현실적으로는 외부 공동체와 여러 관계를 맺어왔다. 류큐 왕국은 이들 시마 공동체를 지배한 국가였기에, 시마 사회는 왕조 권력의 지배하에 놓일 수밖에 없었다. 왕국의 우주와, 시마 사회의 우주는 각기 자체적으로 완결적이면서 동시에 상호 관련될 수밖에 없었던 것이다.

이 책의 5부에서는 바로 이러한 관련성에 대해 말하려 한다. 왕권의 우주를 떠받친 신화적 논리와, 마을 우주를 떠받친 신화적 논리는 어떤 관계에 있었을까? 왕권 신화의 발화자가 왕권이라면 그 발화의 주 수신자는 왕권이 지배하는 사회일 터, 왕권 신화의 실상은 그 수신의 현장에서 확인되지 않을 수 없다. 류큐 왕조는 시마 사회의 여성 사제인 '노로'들 가운데 일부를 국가 사제로 임명하는 정책을 시행했기에, 왕조와 시마 사이의 의례적 통로는 제도적으로 확보되어 있었다. 이런 여건에서 왕권 신화는 시마 사회의 신화에 어떤 영향을 미쳤는가를 살피는 것이 이 책 5부의 과제다.

1

고류큐의
신화적
코스몰로지

1

태양왕의 신화

이소공원(伊祖公園)의 오모로 한 수

류큐의 옛 왕도는 슈리다. 현재의 행정구역으로는 오키나와의 현청 소 재지인 나하시那覇市에 속해 있다. 이곳의 북쪽으로 우라소에시浦添市 가 인접해 있는데, 슈리가 류큐 왕국의 왕도로 자리 잡기 이전에는 류 큐의 정치적 중심지였다고 전해진다.

우라소에의 작은 마을 이소伊祖에는 지명을 그대로 딴 '이소공원'이 라는 자그마한 공원이 있다. 어느 동네에나 있음직한, 아이들이 놀 만 한 놀이기구와 자그마한 광장이 있는, 모르는 사람이 보면 달리 특별 할 것도 없는 동네 공원이다. 이 공원을 특별한 것으로 만드는 것은 공 원 한 쪽에 놓인 노래비다.

공원 경관의 일부를 이루는 자연석 위에 너른 종이 한 장이 놓인 듯 평평하게 잘 다듬어진 석판이 자리해 있고, 그 위에 노래 한 수가 새겨져 있다. '오모로'다. 과거 류큐국 시절, 류큐 왕조는 《오모로소시》라는 책을 펴냈다. 아마도 왕조 의례에서 구연되었던 노래를 모은 듯한데, 총 22책 22권에 1,500여 수의 노래가 실려 있다. 여기에 수록된 노래들을 통칭하여 오모로라고 하는데, 이소공원의 노래비에 새겨진 노래는 바로 그 《오모로소시》에 있는 오모로들 중 한 편이다.

노래비의 문자는 중국 문자인 한자와 일본 문자인 히라가나가 섞여 있다. 일본어인가 싶어 읽어본들, 무슨 뜻인지 그 내용을 도통 알기 어렵다. 표기 방식만 빌렸을 뿐, 그 언어가 일본어는 아닌 탓이다. 오모로의 언어는 류큐 왕국의 수도였던 슈리 지방의 고어古語였다. 《오모로소시》는 16세기 중반 이후부터 여러 차례에 걸쳐 편찬되었는데, 편찬 당시에도 이미 주석을 달아야 할 정도였다고 한다.

다행스럽게도 오모로 해독에 열과 성을 다했던 연구자들의 노력으

이소공원의 오모로 노래비

로 그 대략의 의미는 밝혀져 있다. 노래의 맛을 그대로 살릴 수는 없겠지만, 뜻이나마 통하게 옮겨 보면 대략 이렇다.

> ― 에소의 이쿠사모이
>   달마다 놀이하며
>   수백 번 와카 데다 찬양하세
> 又 뛰어난 이쿠사모이
> 又 여름에는 니게치가 가득하네
> 又 겨울에는 오사케가 가득하네[2]

이 노래를 이해하려면, 표기된 오모로를 읽는 방법을 먼저 알아야 한다. 대부분의 오모로는 후렴이 있는 노래여서, 기록할 때에는 반복되는 후렴구를 한 번만 쓰는 방식이 주로 취해졌다. 후렴은 매 행 다음에 등장하나, 표기는 '―'이 표시된 행 다음에 한 번만 했던 것이다. 반복되는 후렴을 한 번만 쓰고 나머지는 생략하는 것은 요즘에도 흔히 볼 수 있는 표기 방식이다. 위와 같이 기록되었다면, '달마다 놀이하며/수백 번 와카 데다 찬양하세'가 이 오모로의 후렴에 해당하는 부분이다.

후렴을 제외한 행들, 즉 '―'과 '又'라는 말머리를 달고 있는 행들은 2행씩 대구를 이루어 같은 내용을 조금씩 다르게 표현하고 있다. 예외도 없지 않지만, 《오모로소시》에 수록된 대부분의 오모로가 이러한 반복적 대구 양식을 취한다. '귤은 맛있다/ 밀감은 맛있다'라거나 '귤은 맛있다/ 귤은 맛 좋다' 등으로 표현하는 식이다.

이제 이 노래가 어떤 의미를 지니는 노래인지 알아보자. 첫 대구는 서로 다른 수식어를 붙여 '이쿠사모이'라는 인물을 거명하고 있다. '이

쿠사모이'는 '이쿠사오모이戰き想い', 즉 전쟁이나 전투를 뜻하는 '이쿠사'에 존경의 뜻을 나타내는 말인 '오모이'가 결합된 형태의 단어다. '이쿠사모이'는, '전투에 뛰어난 분'이라는 뜻이다.

후렴구까지를 포함하면, 첫 대구(에소의 이쿠사모이/뛰어난 이쿠사모이)는 '이쿠사모이'라는 인물을 '와카 데다'로 찬양하는 내용이다. '와카 데다'란 무슨 뜻인가? '와카'는 젊다는 뜻이고, '데다'는 태양이라는 뜻이다. 그러니 이 오모로의 첫 대구를 이루는 두 행과 각 행마다 이어지는 후렴은, '이쿠사오모이'라는 군사 영웅을 젊은 태양으로 표상하며 찬양하고 있는 것이다.

두 번째 대구인 나머지 두 행(여름에는 니게치가 가득하네/겨울에는 오사케가 가득하네)의 뜻풀이는 '니게치'에서부터 시작해야 한다. 이 단어는 뜻이 명확하지 않지만, 오모로의 대구 형식을 감안할 때 대구를 이루는 '오사케'와 의미가 유사한 단어로 짐작된다. '오사케'는, 류큐어의 인접 언어인 일본어와 닮은꼴의 단어다. 술을 가리키는 말 '사케'에 접두사 '오御'가 붙었다. '오사케'도 '니게치'도, 모두 술이라는 뜻이다. 여름이든 겨울이든 술이 풍성하게 흘러넘치는 모습을 노래하는 두 번째 대구와 이어지는 후렴구는, 군사 영웅인 이쿠사오모이가 사람들을 불러모아 벌이는 잔치의 모습을 '가득한 술'로 표현하고 그 잔치를 있게 한 이쿠사모이를 와카 데다로 찬양하는 노랫말이다.

영웅 이쿠사모이를 와카 데다로 찬양하는 잔치의 자리는 단순한 유흥의 자리이지만은 않았다. 매월, 달마다 놀이한다는 후렴구가 가리키는 그 '놀이'는 개선凱旋의 피로연 이상의 의미가 있다. 키워드는 역시, '니게치'와 '오사케'라는 시어다. 많은 오모로 연구가들은 '니게치'와 '오사케'를 흔히 신주神酒라고 번역한다. 신에게 바치는 의례용 술이라

는 것이다. 그러므로 이때의 '놀이'란, 인간적 차원의 유흥이라기보다 신에게 술을 올리는 의례의 자리에서 이루어지는 연행일 것으로 보고 있다. 실제로 류큐의 왕조 의례에서 사제들이 춤을 추고 노래를 부를 때, 그것은 '가미아소비神遊び', 즉 '신 놀이'라고 명명되었다.

그러니, 이 오모로는 이런 장면을 노래하고 있는 셈이다.

다달이 행해지는 의례가 있다. 술이 가득한 가미아소비, 신 놀이의 자리다. 신에게 귀한 술을 바치고 신이 그것을 즐기고 나면, 의례에 참가했던 사람들이 그 술을 나누어 마시며 즐긴다. 신 놀이의 자리가 놀이의 자리로 변한다. 이 자리에서 사람들은 이 놀이가 가능케 한 한 영웅 '이쿠사모이'를, 젊은 태양이라는 의미의 '와카 데다'로 찬양한다.

'와카 데다'로 칭송되는 '이쿠사모이'는 단순한 군사 영웅이 아니었다. 그는 의례 공동체를 지배하는 최고 수장이었다. 이소공원의 오모로 비碑에 새겨진 노래는, '에소의 이쿠사모이'라는 군사 영웅적 지배자를 '와카 데다'라는 태양의 표상으로 찬양하는 노래다.

이런 내용을 담은 오모로가, 왜 하필 이소공원의 노래비로 세워진 것일까? 오모로에서 찬양하고 있는 '에소의 이쿠사모이'가 바로 이곳 '이소'의 지배자를 가리킨다고 여겨지기 때문이다. '에소ぇそ'라는 류큐어 표기는 '이소'와 음이 같고, 또 이는 한자로는 혜조惠祖, 혜조惠祚, 이조伊祖 등등으로 표기되어 왔다. 그러므로 '에소의 이쿠사모이/뛰어난 이쿠사모이'를 노래한 이 오모

이소공원에 있는 이소 성터 표지석

이소 성터의 우타키

로는 바로 이 이소의 군사 영웅이자 지배자에 대한 찬양의 노래인 것이다.

이소공원은 오래된 옛날 성터 자리에 조성되었다. 아마도 이곳에는 어떤 아지按司가 지배하는 '구스쿠グスク'라는 성이 있었을 터다. 공원 한 쪽에는 여기가 이소 성터였음을 말해주는 표지목이 있다. 수풀 속으로 나 있는 길을 따라 걷다 보면 성벽이었겠다 싶은 돌담 같은 석축

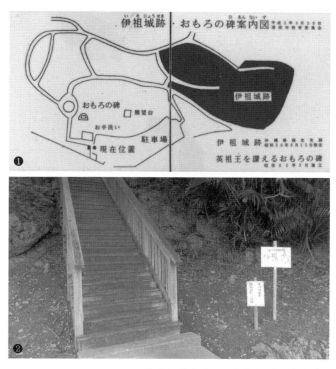

❶ 이소 성터 약도 표지판 ❷ 이소 성터 입구

공원 한 쪽에 놓인 나무 계단을 따라 올라가면 이소 구스쿠 유적 표지석,
우타키, 석축 흔적 등을 찾아볼 수 있다.

물이 덩굴 풀과 얽혀 있는 것이 곳곳에 보인다. 어느 구스쿠에나 있기 마련인, 의례의 공간 우타키도 언제부터 그곳에 있었는지는 모르지만 자리하고 있다. 시기를 명확하게 확정하기는 어렵지만 이소에는 성을 쌓을 만큼의 위세를 지니고 이곳을 다스리던 지배자가 있었던 것이다.

'이쿠사모이'라고 불렸던 아지, 이소의 지배자. '와카 데다'라는 이름의, '태양'이라는 상징적 표상을 지녔던 존재.《오모로소시》의 여러 이본 중 하나인 〈아니야본安仁屋本〉은 '에소의 이쿠사모이'라는 시어에 대해 '에소惠祖 데다의 어린 시절 이름'이라는 주석을 붙여 놓고 있다. 어린 시절 '이쿠사모이'라 불렸던 영웅이 이소(=에소)의 지배자 '데다'가 되었고, 그를 찬양하는 오모로가 있었다. 이소 성터와 한 편의 오모로를 통해, 군사 능력을 바탕으로 구스쿠를 세우고 이소 지역을 지배했던, '데다'라는 표상을 지닌 이소 아지의 존재가 드러난다.

에소의 이쿠사모이, 에소의 와카 데다, 에소 데다 등이 특정한 한 사람을 가리키는 여러 명칭이었는지, 아니면 어떤 직책이나 지위에 있는 사람을 일컫는 보통명사였는지는 확신할 수 없다.《오모로소시》에서 지역의 지배자를 '데다'로 호칭하는 경우는 드물지 않고, 또 류큐 왕국이 성립하기 이전 각 지역에서 발흥했던 지배자들은 다른 지배자들과 쟁투하는 군사적 영웅이었기에, '데다'나 '이쿠사모이'는 군사적 영웅성을 기반으로 하는 각처의 지배자에 대한 명칭이었다고 볼 수 있을 것이기 때문이다.

그런데 오늘날의 오키나와에는 이 이소 아지가 바로 영조英祖(에소) 왕이라는 인식이 널리 퍼져 있다. 이소공원의 이소 성터 유적 일대에 영조왕을 모시는 '영조궁英祖之宮'이라는 신전이 자리하고 있는 것이 대표적이다. 류큐 정사에 따르면 영조왕(1260~1299)은 류큐 개벽신화에 등장하는 천손씨의 후손으로, 이소 아지의 아들로 태어나 중산왕 의본왕의 선양에 의해 류큐국의 왕위에 올랐다고 한다.

영조왕의 흔적은 이곳 이소 성터에만 남아 있는 게 아니다. 우라소에에 남아 있는 또 다른 영조왕의 흔적을 찾아 발걸음을 옮긴다.

우라소에浦添의 영조왕릉, '요도레'

이소공원과 멀지 않은 곳에 우라소에 대공원이라는 곳이 있다. 이소공원이 이소 성터에 자리 잡고 있는 것처럼, 우라소에 대공원은 우라소에 성터를 중심으로 조성된 공원이다. 무엇보다 여기에는, 영조왕의 유택으로 알려져 있는 왕릉이 있다. '요도레'라는 곳이다. 보통은 지명을 같이 붙여 '우라소에 요도레'라고 부른다. 류큐의 역사서는 영조왕이 극락산極樂山이라는 왕릉을 만들어 조부와 부친을 모시고 사후에 자신도 그곳을 유택으로 삼았다고 하는데, 그 극락산이 바로 우라소에 요도레다.

류큐의 왕릉이라고 하면 보통 슈리성 가까이에 있는 '다마우둔玉陵·玉御殿'을 떠올린다. 하지만 엄밀히 말하면 다마우둔은 상원尚圓(쇼엔 1470~1476)을 시조로 하는 제2 상왕조의 왕릉으로, 상원왕의 아들 상진 尚眞(쇼신 1477~1526)이 선왕 상원을 모시기 위해 조영한 이래 많은 왕들과 왕가의 인물들이 모셔졌다.

그런데 제2 상왕조의 임금 가운데에도, 다마우둔이 아닌 우라소에 요도레에 안장된 왕이 있다. 바로 상녕尚寧(쇼네이 1589~1620)이다. 상녕 왕은 다마우둔이 있음에도 불구하고 요도레를 개축하여 자신의 유택을 미리 마련했다.

상녕왕은 원래 왕족이기는 했으나 왕가의 가계로 미루어 볼 때 애초에는 왕이 될 수 없었던 인물이었다. 그러나 선왕이 후사 없이 세상을 뜨는 바람에, 선왕의 사위였던 그가 왕위에 오르게 된다. 국왕으로서의 그의 인생은 평탄치 못했다. 한 나라의 국왕이었던 상녕왕은, 포로로 잡혀가는 치욕마저 맛본다. 1609년 류큐를 침략하여 슈리성을 함락시킨 사쓰마의 군대는, 류큐 국왕 상녕과 함께 개선길에 올랐다. 에도江戸에 머물다가 1611년 왕도 슈리로 돌아온 상녕왕은 여전히 류큐의 국왕이었지만, 그 류큐는 이미 예전의 왕국과 같지 않았다. 왕국의 모습을 유지했다고는 하나, 일본의 속국과 같은 처지에 놓이게 되었기 때문이다.

이렇게 되어버린 왕국의 현실에 선대 왕들을 만날 면목이 없었던 것일까? 왕이 되지 않아도 되었을 이가 왕위에 올라 파란만장한 오욕을 견딘 이후, 사후에나마 고향 우라소에서 편히 쉬고 싶었기 때문일까? 비운의 왕 상녕왕은 우라소에의 요도레를 개축하여 그곳에 안장되기를 선택한다.

오늘날 우리가 볼 수 있는 우라소에 요도레는 불행하게도 상녕왕 때 개축된 그대로의 모습은 아니다. 1945년 오키나와 전투 이후 류큐 왕국의 건축물들은 많은 손상을 입었는데, 우라소에 요도레도 예외는 아니었다. 현재의 우라소에 요도레는 복원 사업을 거친 결과물이다. 그나마 다른 건축물들에 비해서는 덜 파괴되기도 했고, 복원 상태도 좋은 편이라는 것이 다행이라면 다행이다.

영조왕이 처음 조영하고 상녕왕이 개축했다는 우라소에 요도레의 뒤쪽으로는, 우라소에 구스쿠浦添城라는 성이 있었다고 한다. 남아 있는 흔적을 통해 옛 모습을 재구해보면, 우라소에 구스쿠 북쪽 성벽의 절벽 아래에 우라소에 요도레가 자리하고 있는 셈이다. 우라소에 구스쿠와 우라소에 요도레가 인접해 있는 모습은 마치 류큐 왕국의 도성인 슈리성과 왕릉 다마우둔의 축약판인 듯하다. 왕도 슈리성 근처에 왕릉 다마우둔이 있는 것처럼, 우라소에 구스쿠 근처에 우라소에 요도레가 있었던 것이다.

왕릉이라는 사실을 모르고 보면, 보통 사람들 눈에는 우라소에 요도레가 무덤으로 보이지 않을지도 모르겠다. 우리가 연상하는 왕릉이라면 흙을 지면 위로 높이 쌓아올려 만든, 언덕과도 같은 둥그런 산 모양일 텐데, 우라소에 요도레는 그것과는 전혀 다른 모습이기 때문이다.

요도레의 두 번째 입구에 이르러 경사진 돌길을 걸어 올라가 아치형 문을 통과하면 요도레의 앞뜰에 이른다. 시선이 자연스레 향하는 곳은 오른쪽 석벽이다. 석벽은 마치 문이 달린 집의 앞면 같다. 자세히 보면 자연 절벽의 좌우 두 군데에 굴을 파 석실을 만들고, 그 전면에 돌을 쌓아 올려 벽으로 삼은 듯하다. 양쪽 석실 사이에는 다듬어지지 않은 자연 절벽이 그대로 노출되어 있다. 양쪽 석벽 모두 출입문처럼 생긴 문이 가운데 있고, 한쪽 문 좌우에는 마치 창문인 듯 작은 문이 나 있기도 하다.

이 낯선 건축물을 무덤으로 인식하려면 오키나와의 장제葬制에 대한 약간의 상식이 필요하다. 오키나와의 전통적 장례법은 일정 기간 동안 시신을 그대로 두어 뼈를 거두고, 항아리 같은 데에 뼈를 모아 가족묘에 안장하는 방식이 일반적이다. 가족묘는 자연 암굴인 경우가 많았고, 인공석을 다듬어 출입구를 만들기도 하였다. 귀갑묘龜甲墓라고 하는 묘의 형식은 이런 방식을 따른 후대의 대표적인 묘 양식이다. 석벽의 저

❶ 우라소에 요도레 ❷ 우라소에 요도레 동실 ❸ 우라소에 요도레 서실 ❹ 우라소에 요도레 입구

번호 순서대로 우라소에 요도레, 우라소에 요도레 동실, 우라소에 요도레 서실, 우라소에 요도레로 들어가는 첫 번째 문. 복원 이전 원래의 우라소에 요도레는 조용한 숲 한가운데 있었을 터다. '요도레'는 저녁 무렵 바람이 잔잔한 상태를 뜻하는 말이라고 하는데, 이곳에 묻힌 이들이 조용하고 편안하게 쉬기를 바라는 마음이 녹아 있는 명명이겠다. 유적지 입구 주차장 근처의 우라소에 구스쿠·요도레관이라는 작은 전시관에서 우라소에 요도레의 부장품들과 복원 경위를 알 수 있다.

문을 열고 들어가면, 왕의 뼈가 담긴 항아리가 자리하고 있으리라.

앞뜰에서 절벽을 향해 섰을 때 오른쪽의 석실이 왼쪽 석실에 비해 좀 더 크다. 오른쪽 석실이 서실西室, 왼쪽 석실이 동실東室인데, 영조왕은 서실에, 상녕왕은 동실에 안치되어 있다고 한다. 영조왕이 우라소에 요도레를 짓고 후일 상녕왕이 개축했다는 기록에 따른다면, 원래는 서실만 있다가 나중에 상녕왕 때 동실이 더 마련된 것이다.

류큐 왕국의 왕릉 다마우둔의 원형이라고 해도 무리가 아닐 우라소에 요도레를 처음 조영하고 스스로도 그 곳에 안장되었다는 영조왕을 통해, 사후의 왕릉을 계획하고 실행에 옮길 만큼 강력한 세력을 지녔던 우라소에 구스쿠의 성주, 우라소에 구스쿠를 근거지로 삼았던 군왕을 상상할 수 있다. 그리고 이 영조왕이 이소를 근거지로 했던 이소의 지배자, '에소의 이쿠사모이', '에소의 와카 데다', '에소 데다'가 맞다면, 예컨대 이런 상상도 가능할 것이다.

이소에 구스쿠를 축조할 만큼의 세력을 지녔던 이소의 지배자는 '데다'로 칭송되던 군사적 영웅이었다. 이소의 데다, 즉 이소의 지배자는 점차 주위로 세력을 확장해나갔다. 이소 구스쿠를 기반으로 발흥한 세력은 급기야 우라소에 구스쿠를 쌓아 왕성으로 삼고, 원근의 군소 구스쿠를 지배하는 아지들 위에 군림하게 되었다. 우라소에를 왕도로 삼은 국왕은 왕릉을 조영하여 조상들을 모시는 한편 자신도 그곳에 안장되었다.

어쩌면 이소에서 우라소에로 주요 근거지를 옮기고 세력을 확장한 데다는 영조왕 혼자가 아니라 여러 대에 걸친 여러 명의 이소 데다들일지도 모른다. 분명한 것은 이소를 근거지로 했던 군사 영웅적 지배자 아지가 세력을 확장하여 우라소에 구스쿠를 세웠고, 이를 근거지로 삼아 왕릉인 요도레까지 조영할 수 있는 군왕으로 성장해갔다는 점이다.

이소공원의 오모로 비는 이소의 아지가 '데다'로 추앙되었음을 알려준다. 그렇다면 왕이 된 아지, 우라소에의 군왕은 어땠을까? '데다'의 표상은, 우라소에의 중산왕 영조왕에게도 그대로 이어졌다.

한 기基의 비碑, 두 편의 비문碑文

우라소에 요도레의 동실과 서실 사이, 다듬어지지 않은 자연 절벽의 앞자리에는 비석 한 기가 놓여 있다. 1620년 상녕왕이 우라소에 요도레를 개축하고 나서 세웠다는 비석이다. 축조 이후 그것을 기념하는 비를 세우는 것은 흔한 일이니, 비석이 서 있다는 사실 자체는 그리 놀라울 게 없다. 주의 깊게 보아야 할 것은 그 비석에 새겨진 비문이다.

비문은 비석의 앞뒤 양면에 각각 새겨져 있다. 한 면에는 중국 문자

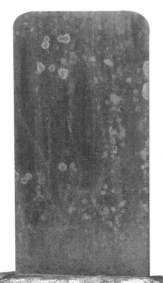

**우라소에 요도레의 동실과
서실 사이 앞뜰에 위치한 요도레 비**

전쟁 때 파괴되어 그 일부만이
오키나와 현립박물관에 보관되어 있었다.
현재 우라소에 요도레에 있는 비석은
탁본을 참고하여 복원한 것이라고 한다.

인 한자가, 다른 한 면에는 일본 문자인 가나가 사용되었다. 동아시아 한자문명권에 속한 국가들은 한자를 사용함은 물론 중국어와는 다른 자국의 언어를 표기하는 별도의 문자를 쓰는 이중 문자 체제를 운용하곤 했는데, 류큐 왕국도 예외가 아니었다. 류큐는 문명권의 공동 문어인 한문을 한자 표기로 활용하는 한편, 표음 문자인 가나를 자국어를 표기하는 데 활용했다.

이 비석의 두 비문은 같은 내용을 다른 방식으로 표기한 것이다. 하나는 한자를 이용한 한문으로, 다른 하나는 가나를 이용한 류큐어로 썼다. 예컨대 이 비석에 새겨진 비문의 제목을 보자. 한자 비문의 제목은 〈극락산 비문極樂山之碑文〉, 류큐어 비문의 제목은 〈요도레노 히노몬ようとれのひのもん〉이다. '비문'이라는 한자어에 해당하는 고유어가 없어서인지 한자를 음독하는 방법에 따라 '히노몬'이라 새기고, '극락산' 대신 류큐의 고유어인 '요도레'를 썼다.

영조왕은 어떻게 표기되었을까? 한자 비문에서 '영조지천자英祖之天子'로 표기된 영조왕은, 류큐어 비문에서는 '에소노 데다えそのてだ'로 표기되었다. 국왕이나 황제를 지칭하는 한자어 '천자'에 대응하는 단어가 바로 '데다'였던 것이다. 아지가 지녔던 지배자로서의 표상 '데다'가, 우라소에의 왕 영조에게도 이어졌음이 여기에서 확인된다.

'데다코'의 표상

《중산세감》, 《중산세보》 등 고류큐 왕들의 계보와 사적을 기록한 근세 류큐의 문헌에 따르면, 고류큐의 국왕에게는 '신호神號'라는 별칭이 따로 있었다. 영조왕의 신호는 '에소노 데다코惠祖日子'였다. 우라소에 요도레의 비문에서 영조왕이 '에소노 데다'였던 데 비하면, 글자 하나가 더해져 있다.

데다와 데다코. 한 글자 차이지만 뜻은 다르다. 데다는 말 그대로 태양을 가리키지만, 데다코는 태양의 아들이라는 뜻일 수 있다. 군왕이 태양이든 태양의 아들이든 그게 무슨 큰 차이가 있을까 싶기도 하다. 하지만 지배자가 데다가 아닌 데다코로 표상될 때, 데다코 지배자는 데다 지배자가 지니지 못하는 다른 의미를 지니게 된다.

데다코로 호명되는 왕은, 태양으로 형상화되는 초월적 존재의 후예로 의미화되었다. 태양이라는 절대적인 존재를 상정하고 국왕을 그 절대적 존재의 혈손으로 간주하는 것, 이것이 바로 '데다코'라는 신화적 형상에 자리한 사유의 핵심이었다. 이렇게 되면 태양의 신성성은 오직 그 자손인 국왕만이 지니게 된다. 국왕이 태양의 유일무이한 후손인 데다코로 자리하여 절대적이고 배타적인 신성성을 획득하게 되면, 국왕의 통치와 지배는 자동적으로 절대적인 정당성과 당위성을 얻는다. 혈통만으로 지배의 정당성을 절대적으로 확보하는 것, 이것의 바로 데다코 신화에 내재된 왕권 강화의 논리였던 것이다.

데다코로 대표되는 신화적 사유는 지배자를 데다로 간주하는 사유보다는 후대의 것이다. 데다코라는 표상은 여러 데다 지배자들이 경쟁하다가 영조왕과 같은 걸출한 왕이 등장하고 점차 통일 류큐 왕조의 모습이 갖추어지던 때를 배경으로 등장한 듯하다. 여러 지역의 데다 지배자들 위에 군림하는 왕이 등장하게 되면, 그 왕은 다른 데다들과는 변별되는 절대적 권위를 필요로 하지 않을 수 없게 된다. 데다 지배자와는 차별적인, 국왕의 특수한 권위를 뒷받침할 왕권론으로서 등장한 것이 바로 '데다코로서의 국왕'이라는 형상과 신화적 논리였던 것이다. '데다코'라는 단어는 《오모로소시》에도 종종 등장하며, 대부분 국왕을 가리키는 어휘로 쓰인다. 왕조 국가 체제가 성립된 이후 정비된 노래에서 등장하는 이러한 용례는, 고류큐 왕권의 대표적인 신화적 표상이 '데다코'였음을 알려주고 있다.

'데다코'로 표상되는 왕권 사상은 종래의 데다 관념을 주축으로 하여 중국에서 비롯한 왕권 사상인 천天과 천자天子 관념이 결합되고, 이것이 류큐 식으로 발현된 것일 가능성이 높다고들 한다. 류큐 왕국은 동아시아 전근대 왕조의 공통적 왕권 사상의 핵심이라 할 수 있는 천과 천자 개념을 수용하고 있었다.

그 근거 중의 하나는 제1 상왕조의 상태구尙泰久(쇼타이큐 1454~1460) 때 주조된 '만국진량의 종'에 새겨진 명문銘文이다. 명문은 상태구왕이 그 보위를 '고천高天에게서 받아 창생蒼生을 길렀다承寶位於高天, 育蒼生於厚地'고 기록하고 있다.[3] 하늘을 대신하여 백성들을 화육하는 왕, 즉 천명의 대리자로서의 '천자'의 개념이 상태구왕 시절에 이미 수용되어 있었던 것이다.

데다코의 신화적 논리—세지, 데다가아나, 오보쓰 카구라

류큐 왕국은 각 지역의 아지 지배자들이 산재하던 시기를 거쳐, 지역의 아지들을 병합한 영웅적 군장이 등장하고, 다시 이들 사이의 쟁투를 거쳐 슈리를 중심으로 하는 중앙집권적 왕조 국가로 확립된 나라였다. 영웅적 군장들의 병립 시기에는 우라소에 구스쿠를 중심으로 하

는 군장이 위세를 떨친 듯하며, 이후 남쪽 지방의 아지였던 상파지尚
巴志(쇼하시 1422~1439)가 세력을 점차 확장하고 슈리 지방을 거점으로
확보하면서 통일 류큐 왕국 상왕조가 시작되었다. 이 과정에서, 지배
자를 데다로 간주하는 전래의 관념은 왕권 독점적인 데다코 사상으로
발전해갔다. 지배자를 태양으로 인식하는 신화적 관념이 지속되는 한
편, 강력한 왕권의 필요성에 따라 아지들과 구분되는 국왕의 신화적
표상으로서 데다와 변별되는 데다코가 등장했던 것으로 보인다.

지배자를 태양과의 관련 속에서 이해하는 데다나 데다코의 신화적
상징 체계는 공통적으로 '세지セヂ·セジ(현대 오키나와에서는 보통 시지シジ
라고도 한다)'에 대한 믿음을 토대로 한다. 세지란, '세상을 사는 지혜'를
뜻하는 한자어 '세지世智'와는 무관한 오키나와의 고유어다. 《오키나와
고어 대사전沖縄古語大辭典》(角川書店, 1995)은 세지를 '신령神靈. 불가시不
可視의 영력靈力. 영적인 힘'으로 풀고 있다. 신성한 존재가 지니는 초월
적 힘, 그것이 세지다. 익숙한 말로 옮기자면 '마나'나 '영력'과 유사할
지도 모르겠다. 류큐는 물론이고 오늘날의 오키나와 민속사회에서도
매우 특징적이고 중요한 신화적 관념이기에, 그 뜻을 모두 담을 수 없
는 서툰 번역어 대신 이 책에서는 '세지'라는 말을 되도록 그대로 쓰려
한다.

데다나 데다코, 즉 태양 자체 혹은 태양의 아들인 지배자들은, 태양
의 세지를 사람들에게 발휘하는 존재였다. 빛을 비추어 온 세상을 밝
히고 따스한 볕으로 감싸 안는 태양, 그것이 바로 지배자들에 대한 신
화적 이미지였다. 세지를 발현하는 존재로서의 '태양왕'은, 류큐 국왕
들의 권위를 뒷받침한 신화적 표상이었던 것이다.

이상적인 태양왕은 세지가 충만한 상태여야만 했다. 에소의 이쿠사

모이를 예찬한 오모로에서 그가 아무 의미 없이 '와카 데다', 즉 '젊은 태양'으로 찬양되었을 리 없다. 갓 지상에 떠올라 세지가 충만한 젊은 태양, 이른바 '와카 데다'야말로 태양왕의 가장 이상적 형태였다. 와카 데다인 에소의 이쿠사모이는, 데다가 지니는 최상의 세지를 발현하는 존재이기에 예찬될 수밖에 없었던 것이다.

그런데 태양왕의 세지는 늘 충만하거나 늘 새로울 수는 없었다. 태양의 빛이나 볕은 시간이 지나면 사그라들기 마련이다. 그렇다면 어떻게 해야 할까? 류큐의 신화적 상상력은 약화된 세지가 강화되고 소진된 세지가 다시 차오르는 신화적 공간을 창안해냈다. '데다가아나テダガ穴', 우리말로 풀면 '태양의 굴'이 바로 그것이다.

'데다가아나テダガ穴'라는 단어는 《오모로소시》에 종종 등장한다. 동쪽을 가리키는 말로 쓰이는 경우가 많은데, 원래의 의미는 '태양이 솟아나는 굴穴'이라는 뜻이다. 섬나라 류큐에서 태양은 매일 아침 수평선 위로 떠오른다. 태양이 동쪽 바다에서 떠오르는 데에서 연상한 것일까? 바다 저 멀리에서 솟아오르는 태양을 보면서 태양이 이 세상에 모습을 나타내기 전에 밤새 쉬며 세지를 충전하는 공간, 세지로 충만한 공간으로 상상된 것이 아마도 데다가아나이리라. 이런 상상력은 태양이 동쪽 어딘가에 있는 뽕나무 부상扶桑에서 떠올라 서쪽의 연못 함지咸池로 진다는 동아시아 한자문명권의 신화적 관념과도 비슷한 부분이 있다.

와카 데다가 바다 저 멀리의 데다가아나에서 새롭게 솟아난다는 관념은 초월적 타계관과도 밀접한 관련이 있다. 데다가아나를 출입구로 하는 그 공간이 곧 신성한 힘의 공간, 초월적 타계일 것이기 때문이다. 오늘날까지도 오키나와 민속사회에서 널리 믿어지는 초월적 타계로, '니라이 카나이'라고 하는 것이 있다. 지역에 따라 조금씩 이름이나 관넘의 내용이 다르긴 하지만, 대체적으로 '바다 멀리 저편', 또는 '바다 저편의 그 깊은 곳'이라고 상상되는 초월계이다. 아마도 데다가아나에서 솟아오르는 와카 데다는, 그 니라이 카나이의 세지를 가지고 이 세상에 현현하는 존재로 여겨졌던 듯하다.

여러 아지가 병립하던 데다 아지의 시절, 데다가아나는 각 구스쿠의 동쪽 '어느 곳'이었을 터다. 그러나 아지들의 세력이 병합되고 그들 사이에서도 상대적으로 세력이 강한 패자覇者적 아지가 등장하면서, 상상의 데다가아나는 구체적인 장소로 실재화되었던 것으로 보인다. 알려져 있기로는 구다카지마久高島가 대표적이다. 구다카지마는 우라소에 구스쿠, 곧 아지왕 시대의 패자를 대표하는 에소 데다의 근거지였던 우라소에 구스쿠 동쪽에 위치한 작은 섬이다. 구다카지마는 류큐 왕국 내내 국가적 성지로 여겨졌지만 애초에는 우라소에 구스쿠의 데다가아나 섬이었던 듯하다. 우라소에 구스쿠를 기준으로 할 때 구다카지마는 동지冬至에 해가 떠오르는 방향에 놓인다. 이제부터 더 일찍 떠오를 일만 남은, 생명력 넘치는 태양이 솟아오르는 곳이 바로 구다카지마였다.

왕도王都가 슈리로 확정된 후에도, 구다카지마는 데다가아나의 섬이라는 위상을 잃지 않았다. 국왕이 직접 구다카지마에 건너가 의례를 행하기도 했고, 또 구다카지마에 직접 가지 못하더라도 멀리서 참배하기 위한 요배소遙拜所가 별도의 성소로 슈리성 주변에 마련되기도 하는 등, 구다카지마는 류큐 왕조의 의례 체계에서 매우 중요한 의미가 있는 섬이었다.

구다카지마는 태양왕의 세지를 충만하게 하는 근원적 공간이 바다 저편의 타계라는 사실을 보여주는 증거물인 동시에, 아지들의 데다로서의 신성성이 특정한 패자적 아지에게 독점되었음을 뜻하는 의례적 공간이기도 하다. 구다카지마를 동방의 데다가아나로 독점한 자, 그가 바로 구스쿠 시대의 패자적 아지왕이었고, 그러한 패자의 상징적 위상이 통일 류큐의 국왕으로 이어져갔다고 말할 수 있을 것이다.

이런 독점화 과정에서 새롭게 등장했으리라고 추정되는 신화적 관념이 있다. '오보쓰 카구라'라고 하는 타계가 그것이다. 오보쓰 카구라는 바다 저편의 타계인 니라이 카나이와 대조적으로, 바다 저편이 아닌 하늘 저 위에 자리하는 타계다. 수평적 타계가 아닌 천상의 수직적 타계라는 초월적 공간이 등장한 것이다.

수직적 타계 관념인 오보쓰 카구라는 절대적 신성 혹은 절대적 힘의 자리를 천상에 둔다. 이러한 타계 관념하에서 태양왕은, 오보쓰 카구라에 자리한 절대적 신성의 '아들'로 자리매김되었다. 오보쓰 카구라라는 수직적 타계는, 데다가 데다코로 특화될 수 있도록 하는 데 매우 중요한 역할을 한 타계 관념이었다.

아지들의 시대에는 모든 아지들이 태양일 수 있었지만, 그들을 지배하는 류큐왕의 시대가 되자 세지의 실현자로서의 태양-데다의 신화적 상징은 오로지 국왕만이 배타적으로 독점할 수 있었다. 태양왕의 배타적 신성성이 요구되면서, '오보쓰 카구라'와 '데다코'라는 표상으로 대표되는 신화적 관념이 구축되었다.

오보쓰 카구라와 데다코가 구현하는 함의는 이를테면 이런 것이다. 천상의 타계 공간 오보쓰 카구라에는 절대적 초월자 데다가 자리하고 있다. 류큐의 왕은 '데다코', 천상에 자리한 데다의 아들이다. 그 누구도 아닌, 오직 국왕만이 데다의 아들이다. 데다코는 천상의 데다로부터 세지를 부여받고, 부여받은 세지를 왕의 이름으로 나라 전체에 전한다.

세지가 지배자의 권위를 보장한다는 점에서 지배자를 데다로 상정하는 신화적 표상과 국왕을 데다코로 그려내는 신화적 표상은 서로 연속적이다. 그러나 그 세지의 연원을 수직적 초월계로 상정했다는 점에서 데다코의 신화적 우주는 이전의 우주와는 또 다른 모습을 보인다. 와카 데다의 출현처인 동방의 데다가아나는 구다카지마로 확정되었고, 데다가아나를 출입구로 하는 타계의 위치는 수평적 바다 저편이 아니라 수직적 천상에 놓이게 되었다.

수직적 타계로부터 비롯하는 세지를 독점하는 데다코 국왕을 중심으로 하는 신화적 코스몰로지에서, 그 타계와의 교류는 오로지 국왕만이 가능하다. 국왕은, 타계의 독점적 대리자로서 세지를 전파한다. 아지들의 병립으로부터 우라소에 구스쿠 시대를 거쳐 슈리를 기반으로 하는 류큐왕의 시대가 확립되면서, 데다의 신화는 데다코의 신화로서 이렇게 그 논리를 갖추어갔다.

물론, 사족을 달자면, 데다코의 신화적 관념만이 류큐 왕권 사상의 전부였던 것은 아니다. 유교를 중추로 하는 동아시아의 왕권 사상, 외래 승려를 통해 도입된 불교 역시 통일 류큐 왕국의 왕권을 강화하는 데 기여한 사상적 자산이었다.

데다코 신화의 현장을 찾아서—구다카지마, 세화 우타키, 슈리성

데다코 관념은 왕권을 신성화하여 절대화하고 강화하려는 정치적 목적과 밀접하게 관련되는 것이었다. 관념은 보이지 않으니, 그 목적을 달성하기 위해서는 보이는 것으로의 구체화를 통해 유포되고 발현될 필요가 있었다. 류큐 왕국은 왕성이자 왕궁인 슈리성, 왕의 순행을 비롯한 국가적 의례, 의례와 관련되는 여러 장소의 신성화를 통해 데다코의 왕권 사상을 가시화했다.

그러므로 류큐 왕국의 신화, 특히 왕권 신화의 전모에 접근하기 위해서는 문헌에 기록된 신화적 서사뿐만 아니라 신화적 관념이 구체화된 의례와 장소 등도 찬찬히 살펴볼 필요가 있다. 여기에서는 우선, 다음의 세 장소를 차례차례 둘러보기로 하자.

첫 번째 장소는 구다카지마다. 데다가아나의 섬이자, 오늘날의 오키나와 사람들이 '신들의 섬'이라 부르기를 주저하지 않는 곳. 두 번째 장소는 구다카지마의 대안對岸에 위치한 성소聖所 세화 우타키齋場御嶽다. 우타키란 제주도의 당堂이나 일본의 신사에 견줄 만한 오키나와의 전통적 성소를 가리키는 말인데, 세화 우타키는 류큐 왕국이 국가적 차원에서 중요시했던 여러 우타키들 가운데 하나다. 세화 우타키가 특히 중요한 까닭은 그곳이 류큐 왕국의 최고위 국가 사제 '기코에오기미聞得大君'의 즉위식이 거행된 곳이었기 때문이다. 세화 우타키와 기코에오기미를 통해, 우리는 데다코의 신화적 관념을 조금 더 구체적으로 엿볼 수 있을 것이다.

마지막 장소는, 지금은 오키나와 문화관광의 필수 코스처럼 되어버린 류큐 왕국의 궁성 슈리성이다. 많은 관광객들로 붐비는 통에 찬찬히 둘러보기보다는 앞선 사람을 따라 뒤에 오는 사람에 치이지 않게 줄을 지어 걷다가 끝나고 마는 게 슈리성 '관람'이지만, 슈리성은 그저 그렇게 지나치고 말 곳은 아니다. 슈리성이야말로, 류큐 왕권의 신화적 논리가 축약되어 공간적으로 구현되어 있는 신화적 소우주이기 때문이다.

2

신성의 원향原鄉 구다카지마

신들의 섬 구다카지마

구다카지마는 오키나와 본섬의 지넨知念, 다마구스쿠玉城 해안 건너편에 있는, 북동쪽에서 남서 방향에 걸쳐 좁고 기다랗게 펼쳐져 있는 작은 섬이다. 지넨의 아자마安座間 항구에서 구다카지마 행 배에 오르면, 배의 종류에 따라 15분이나 25분 정도면 구다카지마의 도쿠진德仁항에 도착한다. 폭 500미터, 길이 4킬로미터 정도로 그 둘레가 8킬로미터가 채 안 될 정도로 작은 섬이어서, 배를 타고 들어갔다가 천천히 섬을 둘러보고 나오는 데 하루 정도면 충분하다.

구다카지마는 관광지로 유명한 곳은 아니다. 그러나 오키나와의 민속에 관심이 있는 이라면, 한 번쯤은 그 이름을 들어보지 않았을까 싶다. 지금은 그 맥이 끊어지고 말았지만, '이자이호イザイホ―'라는 이름의 전통 의례가 매우 유명하다. 오키나와 각지의 민속 의례를 찍은 사

진집으로 유명한 히가 야스오比嘉康雄의 작품집에도 구다카지마가 나오고, 일본 현대미술의 대가 오카모토 타로岡本太郎가 1967년 1월《주간 아사히週刊朝日》에 발표한 '신들의 섬 구다카'라는 르포 기사도 그 뒷이야기와 함께 널리 알려져 있다.

이자이호 의례는 구다카지마의 여성들은 신녀라는 믿음, 또 바다 저편에 있는 타계 니르야 카나야(니라이 카나이)에서 신이 구다카지마를 찾아왔다가 다시 떠난다는, 이른바 내방신來訪神에 대한 믿음을 두 축으로 한다. 일정한 조건을 충족하여 신녀가 된 구다카지마의 여성들이 내방신을 맞이하여 신녀가 된 것을 확인받고, 내방신을 즐겁게 한 후 다시 니르야 카나야로 떠나보내는 구성으로 되어 있는 의례다. 오키나와의 여느 마을에도 내방신이 있고 마을 의례에서 신녀 역할을 하는 여성들이 있지만, 특히나 구다카지마에서 의례의 주역인 신녀 역할을 하는 여성들은 신에 가까운 신인으로 여겨진다.

그래서일까, 이자이호 의례가 중단된 오늘날에도 많은 오키나와 사람들에게 구다카지마는 신들의 섬이다. 구다카지마의 여자들은 모두 신이어서 남자들이 여성을 모신다든가, 구다카지마에 가서 돌멩이 하나라도 가지고 나오면 벌을 받는다든가 하는 이야기를 지금도 심심치 않게 들을 수 있다.

상덕왕과 상청왕의 행행 기록

하네지 초슈羽地朝秀.《중산세감》의 찬자 향상현向象賢의 일본식 이름이다. 류큐 왕족의 방계 사족이었던 그는, 류큐 왕국이 사쓰마의 침입을 받아 일본의 영향력에서 자유롭지 못한 상태일 때 섭정의 자리에 올라 류큐 왕국의 개혁과 안정을 위해 힘쓴 인물로 유명하다. 이때 하네지 초슈가 시행한 개혁정책은 《하네지 시오키羽地仕置》라는 법령 모음에 잘 정리되어 있다.

《하네지 시오키》에 보이는 하네지 초슈의 정책 가운데에는, 국왕이 직접 구다카지마에 가서 의례에 참여하던 것을 그만두게 했다는 내용이 있다. 왕이 궁궐을 떠나 밖으로 거둥하는 것을 '행행行幸'이라 하는데, 매년 2월에는 구다카지마 행행이 있었다. 하네지 초슈는 여러 이유를 들어 왕이 구다카지마에 행행할 필요가 없다고 주장했는데, 그중 하나가 구다카지마 행행이 역사가 오래 되지 않은, '근년'에 비롯된 행사라는 거였다. 하네지 초슈가 말한 그 '근년'이 어디까지를 가리키는지는 알 수 없지만, 사실 고류큐 국왕의 구다카지마 행행은 짧게 잡아도 제1 상왕조 시기로 거슬러 올라갈 수 있는 유서 깊은 행사였다. 류큐국의 정사 《구양》은 제1 상왕조의 국왕이 구다카지마에 행행한 기록을 엄연히 남기고 있다.

제1 상왕조는 통일 류큐 왕국의 시작을 알리기는 했으나 지속 기간도 얼마 되지 않았을 뿐만 아니라 안정적인 왕위 계승이 이루어지지 못해 왕권도 매우 불안정했다. 시조 상파지왕(1422~1439)의 사후 왕위에 오른 상충尙忠(1440~1444)은 상파지의 장자가 아니었고, 상충의 뒤를 이어 그의 아들 상사달尙思達(1445~1449)이 왕위에 올랐으나 그 다음에는 상파지의 아들이자 상사달의 숙부인 상금복尙金福(1450~1453)이 왕이 된다. 상금복 사후에는 상금복의 아들 시로志魯와 그의 숙부(상파지의 아들)인 후리布里 사이에 왕위 계승을 둘러싼 싸움이 일어났고, 슈리의 왕궁이 불에 타는 난리 끝에 결국 두 사람 모두 목숨을 잃고 말았다. 이 모두가, 상파지 사후 15년 정도의 기간에 발생한 일이었다.

　시로와 후리의 난 이후 왕위에 오른 이는 상태구尙泰久(쇼타이쿠 1454~1460)였다. 상태구왕은 그때까지도 세력을 유지하고 있던 여러 지역의 유력 아지들을 진압하면서 불안한 왕권을 안정시켜나갔다. 슈리성의 정전正殿에 걸려 있었다던 저 유명한 '만국진량의 종'이 상태구왕 때 주조된 것임을 상기하자. 상태구왕의 뒤를 이어, 그의 아들 상덕尙德(쇼토쿠 1461~1469)이 왕위에 올랐다.

　상덕왕은 중국의 책봉사에게 책봉을 받아 정통성을 대내외적으로 인정받았고, 조선에 사절을 보내어 대장경을 받는 등 외교에도 힘썼다. 오키나와와 일본 열도 사이에 위치한, 아마미제도의 기카이지마喜界島 원정에도 성공하여 류큐 왕국의 판도를 넓혔다. 열거되는 업적으로 판단하건대 상덕왕도 상태구왕 못지않게 유능했던 듯하다.

　그러나 상덕왕은 제1 상왕조의 마지막 왕이다. 상덕왕의 사후, 상덕왕의 태자 대신 은퇴했던 신하 가나마루金丸가 왕위에 올라 제2 상왕조의 시조 상원尙圓(쇼엔 1470~1476)이 된다. 사서는 상덕왕을 폭군으로 묘사하면서 상원왕은 군중의 추대에 의해 왕위에 올랐다고 설명하고 있지만, 아마도 이것은 승리자의 역사적 윤색일 가능성이 크다. 상태구왕 시절 유력한 가신이었던 가나마루가 상덕왕 등극 이후 세력을 잃고 은거했다가, 상덕왕 사후(또는 상덕왕을 죽이고) 쿠데타를 일으켜 왕위에 오른 것이 역사적 진실에 가깝다고 보는 이가 많다. 상원왕에 대한 미화가 노골적인 사서의 상원왕 조에는 그 직전의 왕이었던 상덕에 대한 '아름답지 않은' 서술이 등장하는데, 국왕의 구다카지마 행행은 이 기록에 나온다.

……왕이 구다카久高에 행행하여 전례에 따라 제를 지냈다. 돌아오는 길에 요나바루與那原에 이르렀다. 어가御駕를 따르는 이들 모두 배고픈 기색이 있었으나 왕은 길을 재촉하고 술과 음식을 내리지 않았다. 가나마루가 임금께 간언하였다.

"선왕先王은 예에 따라 구다카에 행행하실 때에는 신하들의 노고를 생각하시어 이곳에 이르면 꼭 술과 음식을 하사하셨습니다. 그런 후에라야 다시 어가를 일으키는 것이 전례입니다. 청컨대 잠시 어가를 멈추시고 술과 음식을 내려 주소서."

왕이 벌컥 성내는 기색을 보이자 여러 신하들은 두려워하여 아무 말도 하지 않았으나, 가나마루는 울면서 간언하며 물러서지 않았다.……[4]

상덕왕은 아랫사람을 보살피지 않는 부덕의 왕으로, 신하 가나마루는 왕의 부덕에 대비되는 인덕을 지녔을 뿐만 아니라 왕에게 충직하게 간언하기까지 하는 인물로 대비되어 있다. 이 에피소드가 상원왕조에 기록된 목적은 상덕의 부덕을 상원왕에 대비시켜 강조함으로써 상덕을 폭군으로 규정하는 데 있었을 것이다. 기록의 의도와는 별개로, 지금 이 지점에서 우리의 시선을 끄는 것은 제1 상왕조의 상덕왕이 구다카지마에 행행하고 있었고, 또 그것이 이전 왕대에도 시행되었다는 사실이다. 거기에 더하여 위의 기록은 구다카지마 행행의 목적이 제의祭儀를 거행하는 데 있었다는 사실 역시 말해준다.

제1 상왕조를 무너뜨린 후 발흥한 제2 상왕조에서도, 왕들은 구다카지마에 행행하고 있었다. 《구양》에 실린 상청왕尙淸王(1527~1555) 때의 기록이다.

슈리의 담 씨湛氏는 원래 미사토군美里郡 이하伊覇 마을 사람이다. 어려서부터 신가神歌를 좋아하여 아침저녁으로 노래하기를 게을리 하지 않더니, 나이가 들자 노래의 묘를 얻었다. 가정嘉靖 연간에 성왕聖王이 구다카지마에 행행할 때, 담 씨는 신주神酒를 담당하는 직분을 맡아 구다카지마에 갔었다. 성주聖主가 배에 타 배를 띄워 돌아올 준비를 하자 담 씨는 배에 올라 신주를 바쳤다. 배가 바다 한가운데에 이르렀는데 사방에 먹구름이 일어나고 풍우가 몰아치니, 동서 분간도 안 되고 파도가 높이 일어나 나아갈 수도 돌아갈 수도 없는 상황이었다. 이때 담 씨가 배의 선두에 서서 신가곡神歌曲을 두세 번 불렀더니 바람과 파도가 점점 잦아지고 하늘도 밝아져서 배가 무사히 요나바루에 도착하였다. 성주가 칭찬하여 '가래적두家來赤頭(게라헤아쿠가미)'라는 직책을 주고 신가를 책임지는 이로 삼았다.[5]

오모로가 신이한 힘을 가진 노래였음을 말할 때, 또 오모로를 담당하는 전문적인 남성 가창자가 있었다고 말할 때 흔히 제시되곤 하는 기록이다. 슈리의 담 씨가 좋아하여 익혔고, 바람과 파도를 가라앉히는 힘을 지녔다는 '신가'가 곧 오모로다. 물론 우리의 눈길을 잡아끄는 것은 그게 아니라 가정 연간, 즉 16세기 초 제2 상왕조의 상청왕이 구다카지마에 행행했다는 사실이다. 신에게 바치는 신주를 담당하는 관리가 동행했을 정도이니, 왕의 구다카지마 행행이 상례적인 국가행사였을 뿐만 아니라 그 행행의 목적이 신을 모시는 의례에 있었음을 짐작케 한다. 제1 상왕조 때처럼, 제2 상왕조의 왕 역시 구다카지마에 제를 올리기 위해 행행하고 있었던 것이다. 기록상으로야 몇몇 왕의 행행 사실만 전해지지만, 1673년 하네지 초슈의 주도하에 폐지되기 전까지 고류큐의 왕들은 구다카지마에 직접 행차하여 의례에 참여한 듯하다.

왕이 궁성 밖으로 행차하는 것은 보통 일이 아니다. 왕을 보위하는 일군의 사람들이 함께 움직여야 하는 큰 행사다. 배를 타고 바다를 건너야 한다면 더더욱 예삿일이 아니다. 상청왕의 기록에서 보듯, 풍랑을 만나 조난을 당할지도 모르는 위험한 일이다. 그럼에도 불구하고, 류큐의 왕들은 구다카지마로 건너갔다. 의례를 위해서.

어떤 의례이기에 고류큐의 왕들은 굳이 구다카지마로 가야 했던 걸까? 왕들은 어떤 연유로 구다카지마의 의례를 거행해야 했던 것인가?

류큐 정사에 기록된 구다카지마 행행의 기원

하네지 초슈가 편찬한 《중산세감》에 따르면, 매년 2월의 구다카지마 행행은 보리의 기원을 기념하고 감사하는 의미를 지니는 의례에 왕이 직접 참여하기 위해서였다.

……사람들은 동굴이나 들에 살며 여러 사물과 더불어 벗하여 해하려는 마음이 없었다. 곡식도 심을 줄 몰라 풀과 나무 열매를 먹었고, 불이 없어서 짐승의 피를 마시고 그 털을 먹었다. 사람들이 번창하기 어려운 터였다. 아마미쿠阿摩美久는 하늘에 올라가 오곡 종자를 받아왔다. 보리와 조, 콩, 기장 씨앗은 처음으로 구다카지마에 심고, 벼는 지넨의 웃카大川, 다마구스쿠玉城의 오케미소에 심었다. 보리는 중춘에, 벼는 여름 초엽에 익으니 이레를 삼가고 사흘을 재계하여 천지신명께 제사지냈다. 천

지신명도 기쁜 나머지 현현하여 처음으로 신의 축복을 내리셨다. 지금 곳곳에서 봄여름 네 번 신을 제사지내는 것은 이것에서 시작되었다. 2월 구다카의 행행, 4월 지낸 다마구스쿠의 행행도 여기에서 시작된 것이다.……[6]

〈류큐개벽지사琉球開闢之事〉라는 제목의, 《중산세감》이 전하고 있는 류큐국 창세신화의 일부분이다. 이에 따르면 왕이 직접 구다카지마에 가서 거행한 의례는 국가적 창세신화의 곡물 기원 신화를 보증하는, '아마미쿠'라는 신이 처음으로 보리를 구다카지마에 심은 것을 기념하기 위한 국가적 차원의 농경의례였던 듯하다. 이런 의례에 국왕이 행행하는 것을, 하네지 초슈는 어째서 금지했던 것일까? 하네지 초슈는 그 이유를 여럿 들었다.

"구다카지마는 제대로 된 항구도 없는 데다, 행행이 이루어지는 2월은 강풍이 강해 왕이 직접 행차하는 것은 위험하다. 그러니 왕의 안전을 위해 행행은 폐지되어야 한다. 게다가 행행을 위해 여러 마을의 백성들이 동원되어 그 부담이 크니, 마땅히 폐지해야 국왕의 도리일 것이다."

의례 자체의 문제도 거론되었다. 하네지 초슈는 구다카지마에서의 의례가 성현의 가르침에 따른 것이 아니라 여성들이 거행하는 의례에 국왕이 참여하는 것이라고 의례 자체의 가치를 깎아내렸다. 하네지 초슈는 국왕이 이런 의례에 참여한다는 사실이 알려진다면 "대국의 웃음거리가 될 것"이라고 염려했다. 하네지 초슈는 국왕의 행행과 참예가 근본 없는 것임도 주장했다. "개벽 이래 지속된 것이 아니라 근년에 이르러 인위적으로 만들어진 것"이니, 이를 꼭 따를 필요는 없다는 것이다. 하네지 초슈 자신이 편찬한《중산세감》의 개벽신화를 스스로 부정하는 듯한 입장이다.

어쨌거나 하네지 초슈의 정책대로, 국왕의 구다카지마 행행은 철폐되기에 이르렀다. 그러나 행행이 폐지되었을 뿐, 구다카지마의 2월 의례는 계속되었다. 국왕은 자신이 구다카지마에 직접 가서 참례하지 못하게 되자, 자신을 대리하는 인물을 대신 파견했다.

구다카지마 행행 기원담의 다른 버전—
왕이 된 구다카지마 소년

국왕의 구다카지마 행행이 태초의 보리 경작을 기념하여 이루어졌다고 하는《중산세감》의 〈류큐개벽지사〉와 같은 기록이 있는 한편, 전혀 다른 기원을 전하는 기록도 있다.《유로설전遺老說傳》이라는 이야기책에 올라 있는 기록이다.

《유로설전》은《구양》이라는 책의 부록으로 편찬된 책이다.《구양》은 류큐 왕조의 정사로 편찬된 것인데, 본문에는 올리지 못한, 노인들에게서 얻은 옛날이야기를 따로 모아 '유로설전'이라는 제목으로 따로 묶었다. 정사에는 올릴 만하지 않지만 그렇다고 버릴 수는 없다고 여겨서였을 것이다.

《유로설전》에 남아 있는 구다카지마 행행의 기원은 다음과 같다.

옛날에 다마구스쿠군 햐쿠나百名읍에 한 남자가 살았다. 어릴 때 이름은 시라타루白樽였다. 천성이 효성이 지극하고 조신하였다. 어질고 의로웠으며 늘 좋은 일을 하고 함부로 나쁜 짓을 하지 않았다. 다마구스쿠의 아지가 그를 매우 칭찬하여 장남인 멘톤免武登能 아지의 딸을 그와 결혼시켰다.

하루는 시라타루 부부가 함께 들판에 나가 산을 오르며 경치를 즐기고 있었다. 그러자 문득, 동해 가운데 한 작은 섬이 파도 사이에 있는 것을 보았다. 시라타루는 이를 매우 괴이하게 여기고 때때로 그 들판으로 나가서 주의 깊게 살펴보았다. 구름이 없는 맑은 날에 바람이 잦아들고 파도가 잠잠해지면 섬이 뚜렷하게 보여서 섬까지의 거리가 가깝게 느껴졌다. 그런데 이 시대는 서로 세력을 다투어 전쟁이 끊이지 않았다. 시라타루는 세상의 변란에 깊이 염증을 느끼고 바다에 나타난 섬에서 은둔하고자 하였다. 부부가 함께 의논한 끝에 작은 배를 타고 동쪽으로 나아갔다. 잠깐 동안에 그 섬에 도착하였다. 배를 묶어두고 해안으로 올라가 곳곳을 돌아보니 우물물이 감미롭고 땅은 비옥하였으며 들판이 넓고 산이 낮아서 집을 짓고 마을을 이루어 살 만했다. 그렇지만 우선 먹을 것이 없어서 해변으로 나가 조개류를 주워서 먹고 살았다.

이 때문에 부부가 함께 이시키도마리伊敷泊[7]로 가서 자손이 번영하고 식량이 풍족하게 해달라고 치성을 드렸다. 아직 치성이 다 끝나기도 전에 갑자기 흰 항아리 하나가 파도에 실려 떠밀려 왔다. 시라타루가 옷을 걷어 올리고 바다로 들어가 그 항아리를 건지려고 하자 항아리가 파도 속으로 사라져 보이지 않았다. 아내가 야쿠루카와屋久留川에 가서 목욕재계한 후에 단정하게 옷을 차려입고 다시 해변으로 가서 소매를 펼쳐 보이며 항아리가 나타나기를 기다렸다. 그러자 항아리가 저절로 소매 위에 와 있었다. 아내가 기뻐하며 그 항아리를 잡아 뚜껑을 열어보니 안에 세 종류의 보리[소맥, 하다카무기, 대맥], 세 종류의 조[사쿠와, 모치야, 와사], 그리고 한 종류의 콩[속칭 소두小豆라 한다]이 들어 있었다. 그리하여 그 종자를 후루마구치古間口에 파종하였다. 정월이 되자 보리 이삭이 피었는데 다른 보리와는 매우 달랐다. 시라타루는 이를 매우 기이하게 여기고 그 보리 이삭을 왕궁에 바쳤다. 2월이 되어 그 보리가 다 익자 길일을 택해서 공손하게 왕에게 다시 바쳤다. 왕이 매우 기뻐하며 술을 빚어 곳곳에 있는 우타키에 바치도록 하고 여러 직인職人들에게 하사했다. 이후 오곡이 풍년들고 자손들이 번성하여 마침내 마을을 이루게 되었다. 그 마을을 구다카지마久高島라고 불렀다.

장녀인 오토가네於戶兼는 노로祝女의 직분에 전념하며 각 우타키의 제사를 관장하였다. 장남인 마니우시眞仁牛는 아버지의 가통을 이어받았다. 그 자손들이 뻗어나가서 오늘날에 이르기까지 호카마外間 네히토根人[8]를 맡았다. 차녀인 오미타루思樽는 무녀巫女였는데 왕궁의 무녀로 발탁되어 늘 궁 안에서 지내게 되었다. 그 사람 됨됨이가 정숙하고 용모가 미려하여 보통사람들과는 매우 달랐다. 왕이 오미타루를 내궁으로 불러들여 부인으로 삼았다. 오미타루는 왕의 총애를 받아 마침내 회임을 하게 되었다. 그러자 다른 여러 첩들이 이를 매우 시기하여 말도 건네지 않았다. 하루는 오미타루 부인이 실수로 방귀를 뀌었다. 여러 첩들이 이 모습을 보고 매우 기뻐하며 그 실수를 비웃고 험담하였다. 오미타루 부인은 왕을 모시기가 어렵게 되어 마침내 고향으로 돌아갔다.

여러 달이 흘러 출산 날이 가까워졌다. 오미타루는 왕의 후손을 누추한 곳에서 낳는다면 죄를 면하기 어려울 것으로 생각하고, 별도로 산실을 마련했다. 오미타루는 사내아이를 낳고, 그 이름을 가네마쓰가네金松兼라 지었다.

아이가 성장하여 일곱 살이 되자 자주 어머니한테 아버지에 관해서 물었다. 오미타루 부인은 그저 "너는 아버지 없이 나 혼자서 낳은 자식이다"라고만 대답했다. 아이가 여덟 살이 되어 아버지에 관해서 더 자주 묻기를 "천지만물은 음양의 이치로 나고 자라고 하물며 사람은 모두 부모가 있는 법입니다. 어찌 소자만이 아버지가 없겠습니까? 엎드려 청하오니 아버지가 누군지 가르쳐 주십시오"라고 재촉했다. 오미타루 부인은 전과 같이 대답할 뿐이었다.

가네마쓰가네가 여러 번 강하게 청을 해도 오미타루 부인은 알려주지 않았다. 그러자 가네마쓰가네는 "사람이 아버지를 모르고서는 사람이라 할 수 없으며, 살았다고 할 수도 없습니다. 차라리 빨리 죽어버리는 편이 낫겠습니다" 하고서 마침내 아침저녁으로 단식을 하며 통곡하였다.

오미타루 부인은 이 모습을 보고 불쌍히 여겨, 자신이 왕의 총애를 받다가 첩들에게 질투를 받은 일에 관해서 자초지종을 상세하게 들려주었다. 이어서 "너는 원래 섬 태생으로 입고 있는 옷이나 용모가 왕성의 사람들과는 다르다. 왕을 뵙고자 할지라도 그 뜻을 이룰 수 없을 것이다. 그 때문에 네가 아버지를 물어봐도 일부러 알려주지 않은 것이다"라고 말하였다.

가네마쓰가네는 이 말을 듣고서 이시키도마리伊敷泊り에 가서 동쪽을 우러러 매일 아침 치성 드리기를 게을리 하지 않았다.

"어머니는 왕을 모시다가 소자를 회임하였는데 작은 실수 때문에 병이라 칭하고 고향으로 돌아왔습니다. 저는 시골에서 성장하여 마음이 편치 않습니다. 천신지기天神地祇께 엎드려 바라오니 제 처지를 불쌍히 여기셔서 왕을 알현할 수 있도록 은혜를 베풀어주소서."

이레째 새벽이 되었다. 날씨가 맑은 가운데 황금 덩어리 하나가 크게 빛을 발하며 파도에 실려 떠내려왔다. 가네마쓰가네가 이를 괴상케 여기고 옷소매를 벌려 건져올렸더니 황금으로 된 오이 씨앗이었다. 가네마쓰가네는 크게 기뻐하며 그 오이 씨앗을 품에 간직한 채 어머니에게 왕성에 다녀오겠다고 알렸다.

그는 즉각 왕성으로 가서 왕을 뵙고 싶다고 청하였다. 왕성의 관리가 가네마쓰가네의 머리카락이 붉고 입고 있는 옷이 남루한 것을 보고 비웃으며, 어떤 미친 아이가 함부로 왕궁으로 들어가고자 하느냐고 나무랐다. 가네마쓰가네는 용모가 활달하고 위풍당당하여 조금도 위축되지 않고 그저 왕을 뵙게 해달라고 청하였다. 여러 관리들이 이 모습을 보고 이상케 여겨 마침내 상전에게 보고를 하고 왕 앞에 나아갈 수 있도록 하였다.

가네마쓰가네는 곧장 품속에서 오이 씨앗을 꺼내어 왕에게 바치며 말하기를 "이 오이 씨앗은 나라의 보물이자 세상의 진귀한 물건입니다. 때를 맞춰 비를 내리게 하여 비옥한 땅이 젖었을 때, 아직까지 방귀를 뀐 적이 없는 여자로 하여금 씨앗을 파종토록 한다면 잘 자라서 열매를 많이 맺을 겁니다"라고 하였다.

왕이 이 말을 듣고 크게 웃으며 물었다.

"이 세상에 방귀를 뀌지 않은 사람이 어디에 있겠는가?"

그러자 가네마쓰가네가 반문했다.

"그렇다면 어찌 사람이 방귀를 뀌었다고 책망할 수 있겠습니까?"

그 말을 들은 왕은 가네마쓰가네를 안으로 불러들여 가만히 그 연유를 물었다. 가네마쓰가네는 그의 어머니가 방귀를 뀐 것 때문에 고향으로 쫓겨나 자신을 낳게 된 경위를 남김없이 고했다.

그 사실을 들은 왕은 가네마쓰가네를 왕성에 살게 하고자 했다. 하지만 동해 작은 섬의 시골 출신인 아이를 바로 왕자로 삼을 수는 없었다. 왕은 가네마쓰가네에게 잠시 고향으로 돌아가 때를 기다리게 했다.

그 후 왕에게 세자가 생기지 않자, 마침내 왕은 가네마쓰가네를 불러들여 세자로 책봉하고 왕위를 잇도록 하였다. 이런 연유로, 왕이 2년에 한 번씩 구다카지마로 행차하였다.……[9]

긴 이야기다. 시작은 구다카지마에 어떤 연유로 사람들이 살게 되었는가를 말하는 창세신화에 가깝다. 오키나와 섬에서 구다카지마로 건너온 시라타루 부부로부터 구다카지마가 번성했고, 치성 끝에 곡물 종자를 얻어 심을 수 있게 되었다. 범상하지 않은 보리 이삭을 헌상했다는 데에서 왕과의 관계가 처음 등장하는데, 이는 그 후손 대의 이야기에 이르러 더욱 강조되다가 급기야 그 후손이 왕의 총애를 얻어 낳은 아들이 국왕이 되었다는 데 이른다.

왕이 된 구다카지마의 소년 가네마쓰가네 이야기는 그 내용이 우리나라의 옛날이야기 〈아침에 심어 저녁에 따 먹는 오이〉와 비슷하다. 어떤 각시가 방귀를 뀌는 실수를 했다고 시집에서 쫓겨나 홀로 아들을 낳았다. 그 아들이 자라 우리 아버지는 누구냐고 묻자, 홀로 아들을 낳아 키운 여인은 저간의 사정을 말해준다. 방귀 한 번 뀌었다고 어머니를 내쫓다니, 어이없는 일이다. 아들은 아버지를 찾아가 아침에 심어 저녁에 따 먹는 오이 씨앗을 사라고 하였다. 평생 방귀를 한 번도 뀌지 않은 사람이 오이 씨앗을 심는다면, 아침에 심어 저녁에 따 먹을 오이가 나리라 하였다. 이 말을 들은 아버지는 세상에 방귀를 한 번도 뀌지 않은 사람이 어디에 있느냐 한다. 아들이 쳐놓은 덫에 걸려든 것이다. 아버지의 그 말에 아들은 "그럼 왜 우리 어머니를 내쫓은 것이냐" 따져 물었다. 방귀 한 번 뀐 것이 무슨 대수냐는 거다. 오이 씨앗을 팔러 온 이가 누군지 깨달은 아버지는, 그를 아들로 맞아들였다. 물론,

쫓아낸 각시도 불러들여 오래오래 잘 살았을 것이다.

　구비 전승은 이 이야기에서 구다카지마 출신 여인을 아내로 들인 왕은 영조왕의 후손 옥성玉城(다마구스쿠 1314~1333)이고, 구다카 여인과 다마쿠스쿠왕 사이에서 태어난 가네마쓰가네는 서위西威(세이 1337~1338)라고 구체적 인물을 지목하기도 한다. 류큐 왕국의 왕통보에서 서위왕은 영조 왕통의 마지막 국왕이므로,《유로설전》이 기록한 당시의 구비 전승과 현재의 구비 전승을 종합하면 국왕의 구다카지마 행행은 영조 왕통 시절의 서위왕에서부터 시작된 셈이다. 여하튼,《유로설전》에서는 구다카지마 행행의 연유가 국왕의 출생지를 기념하기 위한 것이었다고 이야기되고 있다.

해답의 열쇠, 〈새벽의 오모로〉

구다카지마 행행이 보리의 기원과 관련된다고 할 때 의심스러운 것은 여러 위험을 무릅쓰면서까지 국왕이 직접 참례해야 할 정도로 보리가 그렇게 중요한 곡물이었을까 하는 점이다. 류큐 농경의례에서 중요한 의미를 지닌 곡물은 벼지, 보리가 아니었다.

　국왕의 출생지를 기념하기 위한 것이라는 기록도 의심쩍기는 마찬가지다. 류큐 사서에 기록된 류큐의 왕통은, 혈통만 놓고 보면 서로 단절적이기 때문이다. 류큐 중산 왕조의 최초 왕통은 천손씨天孫氏를 시조로 하는 천손씨 왕통이고, 그다음 왕통은 천손씨와 혈연적 관계가 없는 순천舜天(슌텐)을 시조로 하는 순천 왕통, 그다음은 천손씨의 후손이라고 하는 영조 왕통, 그다음은 찰도察度(삿토)를 시조로 하는 찰도

왕통이다. 통일 류큐 왕국은 찰도 왕통 이후 상파지尙巴志를 실질적 시조로 하는 제1 상왕조를 거쳐 상원尙圓을 시조로 하는 제2 상왕조 시기에 확립되었다. 국왕의 구다카지마 행행은 제2 상왕조 때에도 행해졌고 제1 상왕조의 상덕왕 시기로까지 거슬러 올라갈 수 있다. 구비전승에 의지한다면 최초의 구다카지마 행행은 영조 왕통 때의 일이다. 이렇듯 여러 왕통의 교체를 겪으면서도 지속된 구다카지마 행행을, 특정한 왕의 출생지를 기념하기 위한 것이라고 말할 수 있을까? 2월의 풍랑과 백성들의 부담을 감내하면서까지, 이전 왕통의 어느 왕을 기념할 필요가 어디에 있을까?《유로설전》의 기록은 아마도,《유로설전》이 편찬되던 당대에 구다카지마의 전통적 호족 가문과 류큐 왕가의 관련성을 강조하려는 의도가 투영되어 전해지던 이야기가 아닐까 싶다.

구다카지마 행행은 어떤 의미를 지니는 행사였을까? 해답의 열쇠는, 역시나 오모로다. 총 22권으로 이루어진《오모로소시》의 제22권은 단 한 수를 제외한 모든 오모로가 이미 다른 권에 수록되어 있는 오모로와 겹친다. 22권은 일종의 발췌집으로, 그 전에 간행된《오모로소시》각 권들 가운데에서 류큐 왕국의 국가 의례와 관련되는 오모로만을 모아 놓은 것이기 때문에 그렇다. 제22권 안에는 〈지넨·구다카 행행할 때의 오모로〉라는 제목으로 묶인 여러 수의 오모로가 있다.[10] 국왕이 지넨과 구다카에 행행할 때 불린 오모로다. 구다카지마 행행과 직접적으로 관련되는 노래다.

〈지넨·구다카 행행할 때의 오모로〉는 대부분 왕의 행행 여정을 구성하는 각 지점들과 관련되어 있다. 첫 번째 오모로는 슈리 궁성을 출발할 때 부르는 오모로다. 그다음 두 수의 오모로는 요나바루라는 곳의 관리 이나후쿠稲福 진페親雲의 거소에 머무를 때와 떠날 때의 노래다. 그다음은 사시키佐敷에 있는 우타키에서 부르는 오모로 한 수가, 그다음은 세화 우타키에서의 오모로 두 수가 이어진다. 그다음 세 수의 오모로는 순서대로 구다카지마로 떠나는 배에 오를 때의 오모로, 돛을 올릴 때의 오모로, 구다카로 건너가는 바다 가운데에서의 오모로이다. 일종의 항해 오모로인 셈이다. 그다음 오모로는 구다카지마의 제장祭場 호카마 우둔外間御殿에서 부르는 오모로이고, 다시 바다를 건너 돌아와 지넨 웃카大川에서 거행되는 의례 때의 오모로, 다마구스쿠의 성소 두 곳-야부사쓰와 아마쓰즈-에서의 오모로 각각이 제시된다.

그다음에 등장하는 오모로가 특이하다. 〈지넨·구다카 행행할 때의 오모로〉라는 제목으로 묶여 있는 다른 오모로들과는 다르게, 행행의 세부 지점과 관련되는 오모로가 아니라는 점이 그렇다. 〈새벽의 오모로あかつきのおもろ〉라는 소제목하에, 세 수의 오모로가 실려 있다. 〈새벽의 오모로〉 이후의 마지막 한 수는 슈리성으로 돌아갈 때의 오모로이다. 구다카지마 행행과 관련된 의례가 순차적으로 완료되고 이제 귀성만 남은 가운데, 행행과 의례의 의미를 정리한다는 뜻에서 〈새벽의 오모로〉가 수록된 듯한 모양새다.

〈새벽의 오모로〉 세 수 가운데, 앞의 두 수를 보자.

一 아가루이노아케모도로 다테바   동쪽의 아케모도로가 나타나면

  토하시리야하시리   수많은 창문

  오시아케와치헤 미모노키요라야   열어젖히니 아름다운 장관일세

  又 데다가아나노아케모도로 다테바   데다가아나의 아케모도로가 나타나면

一 아가루이노오오누시   동쪽의 오누시大主

후에노토리노 가코에노	태양 새[鳥]의 아름다운 소리가
우라우라토 키키키요라야	청아하니 듣기에 아름답네
又 데다가아나노오오누시	데다가아나의 오누시

두 수의 오모로는 태양을 가리키는 시어로 가득하다. 첫 시어인 '아가루이노 아케모도로'부터 태양이라는 뜻이다. '아가루이'는 동쪽을 가리키는 말이다. '아가루上がる', 즉 아래에서 위로 올라가거나 떠오른다는 뜻으로, 류큐에서는 '태양이 떠오르는 방향'이라는 의미에서 동쪽을 '아가루이'로 썼다. 오늘날 오키나와 말로도 동쪽은 '아가리'다. '아케모도로'는 태양이 새롭게 떠오르는 순간 뻗어나오는 빛의 소용돌이를 형용하는 말이니, '아가루이노 아케모도로'는, '동쪽에서 떠오르는 태양'이라는 뜻이다. 그것과 대구를 이루는 '데다가아나노 아케모도로'도 마찬가지다. '데다가아나'는 '데다', 즉 '태양'이 떠오르는 굴(穴·아나)을 가리키는 말이 아니던가? 그곳에서 떠오르는 '아케모도로' 역시, '동쪽에서 떠오르는 태양'이다.

이어 두 번째 오모로에 나오는 '아가루이노 오누시', '데다가아나 오오누시' 또한 이런 맥락의 시어다. 모두 이제 막 솟아오른 동쪽의 태양을 '오오누시'라는, 군주를 가리키는 보통명사로 표현하고 있는 데에서, 태양이 국왕의 상징적 표상으로 확대되고 있음을 알 수 있다.

새벽 하늘에 떠오른 태양은, 이제 온 세상에 그 빛을 환하게 비추는 법이다. 위 오모로의 후렴구들은 태양의 빛이 온 세상에 퍼지는 모습을 노래한다. 첫 번째 오모로의 '수많은 창문/열어젖히니 아름다운 장관일세'라는 후렴은, 닫혀 있던 많은 창문들을 열자 펼쳐진 햇빛 쏟아지는 아름다운 풍경을 '장관'으로 표현한 것이면서, 동시에 그 아름다운 장관을 닫아두었던 창문을 열어 가득히 맞이하라는 뜻이기도 할 것이다. 두 번째 오모로의 후렴도 새벽 태양의 빛이 온 세상에 퍼지는 모습을 새소리에 빗대어 그린 것이다. 멀리 수평선으로부터 쏟아지는 햇살이, 멀리까지 들리는 '태양 새의 노랫소리'로 표현되고 있다.

〈새벽의 오모로〉에서 새벽이란, 이제 막 '데다가아나'에서 떠오른 태양이 온 세상에 그 빛을 환히 비추는 시간이자 태양의 세지가 가장 생명력이 넘칠 때이다. '데다'는 태양과 군주를 동시에 가리키므로, 이때는 왕의 세지가 가장 강력할 때이기도 하다. 태양이 데다가아나에서 막 솟아올랐을 때 가장 생생한 빛을 내듯, 데다가아나인 구다카지마를 다녀온 왕 역시 가장 활력 있는 세지의 소유자가 되었다.

행행의 여정이 귀성만을 남겨놓은 그 시점, 그 새벽의 시간. 여기에서 행행의 주체인 국왕은 데다가아나에서 갓 솟아올라 찬란한 빛을 비추는 태양과 겹쳐진다. 이제 막 동쪽의 데다가아나인 구다카지마를 다녀온 국왕은, 세지로 충만한 '젊은 태양=와카 데다若太陽'일 터다.

〈새벽의 오모로〉에는 류큐 국왕의 구다카 행행이 지니는 의미가 온축되어 있다. 왕이 행행하여 거행한 구다카지마의 의례는, 태양왕인 류큐의 국왕이 '데다가아나'로서의 구다카지마에 다녀옴으로써 왕의 세지를 갱신한다는 내용으로 구성된, 왕권 강화의 의미를 지니는 의례였을 터다.

'성지聖地 구다카지마'의 형성과 왕권

구다카지마는 그다지 오랜 역사를 지닌 섬은 아니다. 마을 시조에 대한 이야기에서조차, 다마구스쿠의 아지 세력이 이미 형성된 이후 다마구스쿠의 남녀 두 사람이 들어와 개척한 섬이라지 않는가. 이런 구다카지마가 국왕의 세지를 강화하는 데다가아나 섬의 자리를 차지하게 된 것은 언제부터였을까?

구다카지마 행행을 시작한 가네마쓰가네를 영조 왕통의 임금으로 간주하는 구비 전승의 예에서 보듯, 많은 사람들은 우라소에 구스쿠를 기반으로 하는 강력한 지배자가 등장하면서부터라고 생각하는 듯하다. 우라소에 구스쿠와 구다카지마의 지리상의 관계도 예사롭지 않다. 하루 가운데 가장 새로운 해는 어둠이 끝난 후 새벽의 해이듯, 한 해 가운데 가장 새로운 해는 동지 직후의 해다. 우라소에 구스쿠에서 볼 때, 새로운 해가 뜨는 절기인 동지 즈음에 공교롭게도 해는 구다카지마 쪽에서 떠오른다.

데다가아나는 구체적인 지점으로 표현되지 않아도 되는 장소일 수도 있다. 바다 위로 태양이 떠오르는 장면을 떠올려보라. '데다가아나'는 수평선 너머의, 눈으로 볼 수는 없지만 그 너머에 존재하리라고 생각되는 장소여도 좋았다. 해가 솟아오른다고 하는 부상이나 해가 잠긴다고 하는 함지가 그런 것처럼. 그런데도 굳이 실재하는 장소가 데다가아나로서 행행 의례의 목적지가 된 것은, 태양왕으로 군림한 패자가 다른 아지들과 변별되는, 데다로서의 신성을 독점하기 위한 별도의 상징 체계와 의례가 필요했기 때문이었으리라. 세지의 원향原鄕이라는 상상의 관념을 실재하는 공간으로 구체화하고 국왕이 직접 그 장소로 행행하여 태양이 다시 떠오르는 세지 갱신 의례를 구체적으로 시행함으로써, 국왕은 태양왕으로서의 세지, 그것에서 비롯되는 신성성과 권위를 독점할 수 있었던 것이다.

어쩌면 이런 상상도 가능하다. 원래 구다카지마는 구다카지마를 동쪽의 섬으로 직접 볼 수 있는 지넨반도를 지배한 아지의 데다가아나였다. 그러던 것이 지배의 단위가 점점 넓어지고 지배 권역이 통합되고 하면서, 데다가아나로서의 구다카지마 관념도 지넨 아지에 한정되지 않는 상층 지배자를 위한 신화적 형상으로 흡수되었다. 아지의 단계를 넘어 점차 '왕'이라 할 만한 세력이 등장하자, 구체적 장소로서의 데다가아나를 필요로 했던 왕권이 구다카지마의 의미를 더욱 부각시켰다. 무엇보다 우라소에 구스쿠나 그 뒤를 이어 류큐의 도성이 된 슈리 왕성의 동쪽에 구다카지마가 위치해 있다는 점이 크게 작용하지 않았을까? 우라소에의 왕, 이후에는 슈리의 왕만을 유일무이한 와카데다로 간주하는 장치로서, '데다가아나로서의 구다카지마'는 국가적 의례를 통해 부상했다.

구체적 내력이야 상상에 맡길 수밖에 없지만, 구다카지마의 이런 상징성은 실제로 류큐 왕권 내내 이어졌다. 하네지 초슈에 의해 구다카지마 행행이 폐지된 이후에도, 행행이 폐지되었을 뿐 의례는 계속되었다. 왕을 대신하는 관리를 보내어 의례를 거행하게 한 것은 물론이고, 구다카지마를 멀리서 바라볼 수 있는 곳에서 제의를 행하는 요배遙拜 방법이 고안되었다. 지금도 남아 있는 슈리성 근처의 벤가다케弁ヶ嶽 우타키는 구다카지마의 상징적 의미가 행행의 폐지 이후에도 지속되었음을 잘 보여주고 있다.

류큐의 상상계 속에서 구다카지마는 오랫동안 신의 섬, 신성한 섬이었다. 마을 각각의 우타키를 중심으로 성스러운 공동체를 구성해온 역사가 있음에도 불구하고 구다카지마에 대한 이런 생각이 특화되어 있다는 사실은, 구다카지마를 '데다가아나'로서 구체화하여 '데다'의 신화

벤가다케. '빈누우타키'라고도 불린다.

벤가다케는 슈리성 동쪽 약 1킬로미터 지점에 위치한 해발 약 160미터의 구릉 꼭대기에 자리하고 있다. ❷의 길 왼쪽에 자리한 ❶이 벤가다케 배소拜所다. 예전에는 구릉 전체가 신성한 우타키로 여겨졌다고 한다.

론을 구축하고 그것을 또 '데다코'의 신화론으로 발전시켜간 류큐 왕권 신화의 영향을 생각하지 않을 수 없다.

구다카지마 행행 이벤트의 효과

류큐의 왕권은 군사 영웅적인 아지들이 패권을 다투는 가운데 성립되었다. 초기 왕권은 우라소에 구스쿠를 기반으로 등장했으나, 그것이 절대적 왕권은 아니었을 것이다. 여러 구스쿠들의 아지 세력은 잔존했으며, 통일 왕조인 제1 상왕조의 성립 이후에도 쿠데타가 일어나 왕통이 바뀌는 등 안정적인 절대 왕권의 수립에는 더 많은 시간이 필요했다.

왕조 국가 형성 초기의 류큐에서 왕권이 필요로 했던 것은 경쟁자들을 제압할 수 있는 강력한 군사력과 경제력, 그리고 그 제압을 정당화할 수 있는 논리였다. 그 논리의 실체를 여기에서 모두 다룰 수는 없다. 다만 여기에서는, 그 입체적 논리 중의 일면이 왕권의 절대성을 상징하는 신화적 표상의 확립이었음을 말하고 싶다. 류큐의 왕은, 구다카지마를 데다가아나로 독점하여 유일하고 절대적인 태양왕으로서 자신의 존재를 신화화했다. 데다에서 데다코로의 변화는, 그런 의미에서 자연스러운 진화의 방향이기도 했다.

그런데 왕권 강화를 위한 수단이었던 '데다' 표상의 독점, 그 독점화의 극단적 표상인 '데다코'의 출현은 세지의 '실감'이라는 측면에서 현실감이 떨어진다는 문제를 낳는다. 세지란, 자연발생적 공동체 구성원들이 공유하며 실감하는 신화적 실체. 가령 마을 우타키를 중심으로 공동체성이 지속되고 강화되는 마을 공동체가 있다고 가정해보자. 이

때 마을 사람들이 상상하는 세지란, 마을 공동체 의례를 통해 우타키 신으로부터 전해 받아 공유할 수 있는 실감적 초월성이다. 그러나 그런 실감은, 세지가 의미하는 초월성이 국가라는 추상적 공동체의 장長인 국왕에게 독점되면서 관념화되어 실재의 세계를 벗어난다. 왕권 강화를 위해 필요했던 데다 및 데다코 표상과 이로 인한 세지의 독점은, 그 세지의 영향력을 실감해야 할 사람들의 실재적 삶에서 세지가 실감되지 못하는 결과로 이어질 수밖에 없는 것이다.

구다카지마 행행은, 이렇게 추상화된 세지를 실감할 수 있는 장치로서 동원된 국가적 이벤트이지 않았을까? 구다카지마가 행행 의례의 목적지로 부각될 때의 의례는 류큐의 왕이 '와카 데다'로 다시 태어나는 의례가 중심이었을 터다. 왕은 태양이 떠오르는 '데다가아나'인 구다카지마에서 젊은 태양, 와카 데다로 다시 태어난다. 와카 데다로 다시 태어난 왕은, 세지로 충만한 존재가 된다. 이렇게 강화된 국왕의 세지는 행행의 여정을 통해 왕이 지나치는 곳마다 퍼져나간다. 추상화된 국왕의 세지는 이런 방식의 구체화를 통해 실감될 수 있는 것이다.

상덕왕의 구다카지마 행행 기록에서 보이듯, 구다카 행행은 그 누구도 알아서는 안 되는 은밀한 의례는 아니었다. 왕은 많은 수하들을 거느리고 행차했으며, 그들의 수고를 치하하여 술과 음식을 내리는 잔치가 동반되어야 했다. 세지로 충만한 왕이 국가적 성소를 순례하면서 올리는 의례와 의례에 동반되는 잔치는, 왕의 세지를 백성들에게 나누어준다는 의미의 상징적 이벤트가 되었을 터이다.

이 책의 4부에서 보게 되겠지만, 구다카지마에서의 의례는 시대의 흐름에 따라 그 성격이 변해갔다. 하지만 적어도 행행이 시작된 데에는, 영력의 강화와 그것의 전파, 독점과 추상성이 야기하는 분배와 구체성의 문제를 해결하려는 의도가 중요한 동기로 작용했다고 말할 수 있을 것이다.

덧붙이자면 구다카지마 행행의 여러 지점들은 지방 의례의 거점들이 국가적 의례 체계 안에 포섭되어 구성된 것으로 보기도 한다. 구다카지마 행행의 지점들은 오늘날 오키나와 민속사회에서도 '아가리우마이東廻り'라는 이름의 순행 관습에도 남아 있는데, 각 지역 사회가 국왕이 주도하는 구다카지마 행행에 참여하고 대립적 갈등 없이 행행이 전파하고자 하는 관념을 수용했다는 것을 의미하기도 하는 것으로 생각할 수 있겠다.

한편, 바다 건너의 구다카지마에 왕이 행행하는 효과를 또 다른 맥락에서 생각해볼 여지도 있다. 구다카지마 행행은 바다를 건너야 한다는 점 때문에 항상 위험에 노출되어 있었다. 하네지 초슈가 구다카지마 행행을 폐지한 이유 중의 하나도, 행행이 이루어지는 2월은 바다의 풍랑이 심하므로 안전하지 않다는 것이었다. 실제로 상청왕 대의 기록은 풍랑의 위협이 실재했음을 보여주고 있다. 그런 위험성에도 불구하고, 어째서 국왕은 굳이 바다를 건넜던 것일까?

항해를 동반하는 구다카지마 행행은 '해상 왕국'이라는 류큐 왕국의 특성과 관련된다. 일반적으로 동아시아의 전근대 왕조 국가의 성립을 가능하게 한 생산 기반은 농업인 것으로 이해되고 있지만, 류큐 왕국의 성립은 이와는 달랐다. 무엇보다 아지들의 경제적 기반은 농업이 아니라 교역에 있었다는 점이 특징적이다. 구스쿠를 기반으로 하는 아지들은 해로를 이용한 교역을 통해 부를 축적했고, 이것이 그들이 구축해간 권력의 경제적 토대였다.

류큐 왕국의 성립 이후에도 항해는 왕조의 중요한 사업들 중 하나였다. 류큐 왕국은 슈리성이 위치한 오키나와 본도 외에, 인근의 여러 섬들은 물론 아마미제도나 미야코宮古제도, 야에야마제도를 판도로 하는 국가였기 때문에, 왕국의 경영에 항해는 필수적인 요소일 수밖에 없었다. 게다가 류큐 왕국은 중국과의 책봉-조공 관계를 기반으로 교역을 활성화했는데, 그런 조공무역의 통로도 육로가 아닌 해로였다.

구다카지마를 오가는 항해를 통해 류큐의 태양왕이 지니는 세지는 항해의 안전을 보장해주는 신성한 힘으로 구체화될 수 있었다. 항해가 수반되는 구다카지마의 행행은, 항해의 주체인 왕이 해상 세계에서의 능력을 시각화하여 보여줄 수 있는 효과적인 기제이기도 했다.

3

기코에오기미와 세화 우타키

세화 우타키의 의례

우타키는 의례 때 신들이 내려온다고 믿어지는 성소다. 신들이 그곳에 거주하는지, 특별한 일이 있을 때에만 왕림하는 것인지는 모르겠지만, 누구든 범접해서는 안 되는 성스러운 장소다.

우타키의 형태는 샘이기도 하고 특정한 건축물이기도 해서 일정하지 않지만, 우거진 수풀 형태인 경우가 적지 않다. 모르면 그냥 수풀에 불과한데, 알고 보면 우타키다. 보통은 수풀 속에 자그마한 평지가 있고, 그 안에 '이비'라고 하는 돌로 된 작은 제단이 있다. 제단이라고 해봐야 자연석인지 아닌지 모를 돌들이 몇 개 놓여 있거나 쌓여 있는 형태여서, 우타키를 그냥 지나치는 것처럼 이비도 모르고 지나칠 수 있을 정도다. 일본의 신사처럼 도리이鳥井를 세운 우타키도 없지 않은데, 류큐가 일본의 지배하에 놓인 이후 일본식 신사처럼 우타키를 꾸민 탓이지 그것이 전통적 우타키의 모습은 아니다.

자연물 형태의 류큐 우타키는 보통 작고 소박하다. 이에 비하면 세화 우타키의 규모는 과장하자면 '어마어마'하다고 해도 좋을 정도로 크다. 바다에 연한 절벽 전체가 세화 우타키라고 해도 좋을 정도다. 얼마나 중요한 우타키였는지, 그 규모를 통해서도 짐작할 수 있다.

세화 우타키는 '오아라오리御新下り'라고 하는, 류큐 왕조 의례의 핵심적 행사 중의 하나가 거행되던 곳이다. '오아라오리'는 '기코에오기미'라고 하는 여성 사제의 즉위식이다. 왕국 전역에 산재해 있던 '노로'라고 하는 류큐 왕국의 여성 사제들 가운데 그 지위가 높은 이들을 '기미大君'라고 했는데, 기코에오기미는 그런 기미들 가운데에서도 최고 위의 사제를 부르는 말이었다. '오기미'는 '기미君' 가운데에서도 큰 기미라는 뜻이고, '기코에'는 그 명성이 높아 그 이름이 멀리까지 들린다는 뜻이다. '그 명성이 멀리까지 들리는 크나크신 기미'라는 축자적 의미를 지닌다. 왕이 임명하는 국가 사제 중 최고의 자리에 있는 사제가 기코에오기미였다. 기코에오기미의 즉위식인 오아라오리는 새로 임명된 기코에오기미가 슈리의 거소를 떠나 여러 장소에서 개별 의례를 행한 후 이곳 세화 우타키에서 본격적인 즉위식을 하고 다시 슈리로 귀환하는 것으로 마무리된다. 이곳 세화 우타키에서 행했다는 오아라오리 의례의 핵심을 대략이나마 엿보기로 하자.[11]

이른 새벽, 기코에오기미가 거처를 출발하는 것에서부터 시작하는 오아라오리 의례는, 슈리성을 비롯한 여러 곳을 거쳐 온 기코에오기미 일행이 늦은 저녁 세화 우타키에 도착하면서 본격적으로 이루어진다. 세화 우타키 입구에는, '우마치우둔御待御殿'이 설치되어 있다. 기코에오기미가 머물 의례용 임시 거소로, 사방이 나뭇잎으로 덮여 있다.

먼 여정을 거친 기코에오기미가 우마치우둔에서 숨을 돌리는 동안, 구다카지마에서 공수해온 흰 모래가 깔린 우타키 곳곳에 불이 켜진다. 본격적인 의례는 밤에 시작될 것이므로, 불을 미리 준비해야 한다.

자정이 되었다. 세화 우타키에 모인 많은 여성 사제들이 노래를 부르는 가운데 의식이 시작된다. 기코에오기미는 우마치우둔에서 나와 '우조구치'를 올라간다. 우타키 안쪽으로 들어가는 계단이다.

우타키 안에는 '이비'가 놓인 제장祭場이 여럿 있다. 기코에오기미와 다른 사제들은, 이비를 순행하며 쌀과 술을 올리고 예를 행한다. 순행을 마치면, 여러 사제들이 노래를 부르는 가운데 기코에오기미가 우후구이大庫理에 앉는다.

이제부터가 오아라오리 의례의 핵심이다. 구다카지마에서 온 호카

세화 우타키의 우조구치
성역 세화 우타키의 입구이자 의례 장소로 향하는 길이다.

마外間 노로가 주관하여 새로 임명된 기코에오기미에게 기코에오기미의 이름을 줌으로써, 새로운 기코에오기미가 탄생하게 된다. 기코에오기미에게 '우비나디御水撫'가 행해진다. 성수聖水를 이마에 세 번 문질러 새로운 존재로 태어나게 하는 절차다. 호카마 노로는 기코에오기미의 머리 위에 관을 씌워 황금 비녀를 꽂고, 기코에오기미에게 영력靈力이 더해지도록 '지휘진우둔 미우스지'라는 말을 왼다. '기코에오기미님의 고귀한 세지'라는 뜻이다.

그 순간, 신녀들이 모두 일어나 노래를 부른다. 새로운 존재로 탄생하여 세지, 즉 영력을 갖춘 기코에오기미는 이제 신과 같은 존재다. 신녀들의 노래는 그런 기코에오기미를 축복하는 '환희의 대합창'이다. 다시 태어난 기코에오기미는 우마치우둔으로 돌아온다. 금병풍을 두른 가운데 금침金枕이 놓여 있다. 기코에오기미는 황금 베개를 베고 잠을

❶ 우후구이 ❷ 유인치 ❸ 종유석과 항아리
세화 우타키의 여러 의례 장소. 종유석에서 떨어지는 물을 받아 우비나디에 쓰는 성수로 썼다고 한다.

청한다.

　다음날 아침. 구다카지마의 신녀들이 우마치우둔의 앞뜰에서 노래를 부른다. 세화 우타키에서의 의식은 이것으로 끝이다. 기코에오기미 일행은 세화 우타키를 떠나 귀로에 오른다. 저녁 여덟 시 무렵에는 거소인 기코에오기미우둔에 도착할 수 있을 것이다.

왕과 기코에오기미의 관계—류큐 왕국의 신정 체제

알려진 바로는 류큐 왕국 최초의 기코에오기미는 상진왕의 누이 월청 月淸, '오토치토노 모이카네'다. 상진왕은 자신의 누이를 국가 최고의 사제 기코에오기미로 임명했다. 기코에오기미가 왕의 누이였다는 사

실은, 류큐 국왕과 기코에오기미의 관계를 이해할 때 매우 중요한 단서가 된다.

오키나와에는 전통적으로 '오나리 가미', 즉 '오나리 신神'에 대한 신앙이 있다고 알려져 있다. 오키나와학의 아버지 이하 후유의《오나리 가미의 섬をなり神の島》(樂浪書院, 1938)이라는 책 제목에서 소개되기도 해서, 오키나와의 민속 관념들 가운데에서도 유명한 것들 중 하나다. '오나리'는 '누이'라는 뜻인데, 누이인 오나리 가미는 오라비가 위험에 빠졌을 때 나타나 오라비를 지켜준다고 한다. 누이와 오라비의 관계를 '오라비를 수호하는 누이'로 규정하는 종교적 관념이 있었던 것이다.

개인적 차원에서의 오나리 가미에 대한 믿음은 마을 차원에서는 닛추根人와 니간根神의 관계로 확장된다. 마을의 중추 역할을 하는 집안인 니야根屋의 계승자가 닛추로서 마을을 대표하고, 닛추의 누이인 니간이 마을 최고의 사제자로서 마을 의례를 이끌어나간다. 오라비 닛추가 주도해나가는 마을 생활의 질서와 안녕은, 누이 니간이 의례를 통해 확보하는 신성하고 영험한 힘으로 보장된다. 오나리 가미가 오라비를 보호하듯, 니간 역시 닛추를 보호한다. 이런 관계는 아지와 노로에게서도 확인되며, 더 나아가 아지 위의 아지라 할 수 있는 국왕과 최고위의 노로인 기코에오기미의 관계에서도 재현된다. 그 대표적 사례가, 오누이 관계인 국왕 상진과 기코에오기미 월청이다. 하나의 인간이되 의례의 공간에서 신으로 전화轉化하는 기코에오기미는, 국왕을 수호하는 역할을 하는 오나리 가미였던 것이다.

세화 우타키에서 사제로 다시 태어난 기코에오기미가 오라비 국왕에 대한 오나리 가미와 같은 역할을 한다고 할 때, 우리는 왕권이 확립된 류큐 왕조의 국왕이 한낱 인간이 아니라 '데다코'라는 특수한 존재였음을 떠올리지 않을 수 없다. 오나리 가미는 오라비를 위협하는 것들로부터 오라비를 수호한다. 그렇다면, 기코에오기미는 태양왕 오라비의 무엇을 수호하는가? 데다코로서 표상되는 국왕은 세지를 구현하는 존재로서 그 자신이 이미 신성을 지닌 존재가 아닌가? 오나리 가미와 같은 신적 존재로서의 기코에오기미는 태양왕 오라비와 어떤 관계에 놓여 있는가?

해답의 실마리는 태양왕의 신화적 논리와 기코에오기미의 오아라오리 의례에 공통으로 등장하는 세지에 있다. 태양왕은 그의 왕국을 그가 독점하는 세지로 뒤덮는 데에서 지배의 정당성과 절대성을 얻는다. 그런데 태양왕의 세지는 갱신의 의례를 통해 강화된다. 세지의 소재지이자 초월적 공간에 머물다가 의례의 시간에 인간 세계로 내려오는 이른바 '내방신'이 타계의 세지를 인간인 태양왕에게 내려준다는 것, 그래서 태양왕의 세지가 갱신된다는 것이 의례의 핵심이다. 의례의 시공간에서 신으로 화하는 신녀 기코에오기미는, 세지를 내려주는 내방신 역할을 함으로써 태양왕의 세지 강화에 제 몫을 다한다. 누이 기코에오기미는 오라비 태양왕의 세지가 갱신될 수 있도록 하는, 국왕이 지니는 세지 갱신의 조력자이자 세지의 수호령이라고 할 수 있겠다.

다마키 마사미玉城政美는 《오모로소시》에 수록된 오모로들 가운데 이런 신화적 논리를 보여주는 일련의 오모로들이 있다는 사실을 보여주었다. 신녀가 타계에 일정 기간 머물다가, 국왕의 초청—오모로에서는 왕이 성지에 양산을 편다거나 북을 울린다는 표현으로 나타난다—에 따라 지상의 성지에 내려온다. 신녀는 타계의 세지를 왕에게 바치고, 왕과 함께 '가미아소비'를 한다. 오모로는 이런 과정을 표현하고, 그 결과 왕이 세지를 소유하여 사회를 지배하게 된 상황과 그것의 영

원한 지속을 강조한다.[12]

이런 측면에서 파악되는 국왕과 기코에오기미의 관계는 류큐 왕조의 신정神政 관계가 어떠했는가를 설명하는 데에도 매우 중요하다. 기코에오기미를 정점으로 하는 국가적 사제 조직의 존재는 얼핏 류큐 왕조가 신정 분리의 사회였음을 보여주는 증거로 보일 수도 있을 것이다. 국왕은 정치를, 사제는 종교를 주관했던 것으로 생각할 수 있기 때문이다. 그러나 류큐 왕조의 기코에오기미는 태양왕인 국왕의 세지가 갱신될 수 있도록 하는 사제였음을 상기해야 한다. 국가적 사제의 역할이 국왕이 지니는 종교적 영력-세지-의 강화에 있었다면, 류큐는 국왕을 위해 존재하는 의례를 여성 사제가 주관하는 정치 우위의 '신정神政 복합 사회'였다고 말할 수 있다.

태양왕의 왕권론에 기반한 류큐 왕조에서 기코에오기미로 대표되는, 국왕을 위한 여성 사제의 역할은 왕을 위한 의례를 주관하는 것이었다. 여성 사제는 초월적 공간에서 비롯하는 초월적 힘을 의례를 통해 국왕에게 전달하는 매개적 역할을 하는 것으로 간주되었다. 류큐 조정의 의례에서 구연되었을 것으로 추정되는 오모로는, 왕이 여성 사제를 매개로 하여 초월적 타계와 연결되었음을 잘 보여준다.

세화 우타키의 존재나 기코에오기미의 순행 형식으로 이루어진 오아라오리 의례, 오모로가 동반되는 국가 의례를 통해서도, 태양왕의 왕권이 지니는 절대성은 가시적으로 구현될 수 있었을 터다. 상진왕이 기코에오기미를 임명하면서 확립한 국가적 사제 조직은 류큐 왕조 특유의 신화적 왕권론이 구체화된 한 양상이자, 그런 왕권론을 떠받친 중요한 의례적 토대이기도 했다.

기코에오기미 임명의 배경과 목적

최고위 여성 사제 기코에오기미는 상진왕이 처음 임명했지만, 왕조 의례에서 중요한 역할을 하던 여성 사제들이 이 시기에 이르러서야 등장한 것은 아니었다. 상진왕의 업적은 기코에오기미라는 최고 신관을 임명하여 이미 존재하는 국가적 사제들을 그 휘하에 놓이게 함으로써 국왕과 왕권을 위해 봉사하는 이들로 조직화해냈다는 것에 있다. 이런 사정을 엿볼 수 있는 자료가 상진왕의 즉위 경위에 대한 사서의 기록이다.

제2 상왕조의 시조 상원왕이 승하했을 때, 세자는 너무 어렸다. 때문에 상원왕의 동생인 상선위尚宣威(쇼센이)가 그 뒤를 잇기로 했다. 그러나 상선위는 약 육 개월 만에 조카에게 왕위를 넘겨주었으니, 그 조카가 곧 상진왕이다. 사서는 상선위의 갑작스러운 양위의 사연을 다음과 같이 기록하고 있다.

즉위한 해 2월에 양신陽神 기미테즈리君手摩가 출현하였다. 상선위는 즉위를 경하하는 예라고 여겨 상례에 따라 의관을 갖추어 왕의 자리에 앉은 다음, 상진을 그 옆에 앉혔다. 구례舊例에 국군國君이 즉위하면 여러 여신관女神官들이 축하하는데, 반드시 내전에서 나와 봉신문奉神門에 이르러서는 이를 뒤로 하고 동쪽을 향해 선다. 어찌된 일인지 이날은 모두 서쪽을 향해 서서 구례와 달랐다. 만조 신하들이 놀라고 의아해하며 어찌할 바를 모르는데, 잠시 후 여러 신들의 탁선託宣이 있기를 "세자 상진을 임금으로 삼으라" 하였다.[13]

여기서 '기미테즈리'란 류큐 개벽 이후 풍속이 순박하던 상고 시대에 출현했다는 신들 중의 하나다. 새 국왕이 왕위에 오르면 출현하여 왕의 장수를 축복한다고 한다. 그러므로 '기미테즈리의 출현'이란, 원래 상선위의 등극을 축복하는 즉위 의례였을 것으로 짐작된다. 책봉사의 책봉 의례와는 별개로 행해졌던, 토착적인 류큐 국왕의 즉위식 '기미테즈리 모모가호 고토君手擦り의百果報事'였다는 것이다.[14]

그런데, 마땅히 새로 왕위에 오를 쇼센이를 축복해야 할 여사제, 여신관들—의례의 현장에서 신이 되는—이 상례와는 다른 행동을 한다. 상례대로라면 사제들은 슈리성 정전正殿 안의 내전에서 일정한 의례를 행한 후 그곳에서 나와 '우나御庭'를 통과하여 '봉신문' 앞에 설 것이다. 봉신문을 뒤로 하고, 임금이 있는 정전을 향해야 한다. 그러나 신으로 빙의한 여사제들은 정전을 뒤로 하고 봉신문을 향해 섰다. 왕의 즉위를 축하해야 할 의례의 자리에서, 여신관들은 오히려 왕을 등진 것이다.

어찌된 영문인지 모두가 의아해하는 가운데, 신의 탁선이 내려온다. 아마로 여성 사제의 입을 통해서였을 것이다. 탁선의 내용은 "세자를 왕으로 삼으라"라는 것. 신의 공인을 받지 못한 상선위는, 신의 뜻에 따라 왕위를 조카에게 넘겨준다.

이 일화는 상진왕이 왕으로 즉위할 무렵, 왕권의 정당성을 담보하는 권위가 신으로 대표되는 어떤 초월성에 기대고 있었음을 보여준다. 왕의 권위는 류큐 상고 시대에서부터 현현했다는 유서 깊은 신의 지지에서 비롯된다고 말해지고 있다. 나이가 어려 왕위에 오르기 어렵다는 '타당한' 이유를 뒤집은 신의 신탁은, 류큐 왕권의 권위가 '기미테즈리'가 출현하는 전통적 의례 및 그 의례를 떠받치는 신화적 믿음 체계에 기반한 것이었음을 보여주고 있다. 특히 주목해야 할 것은 그 초월성의 구체적 현현과 신탁이 여성 사제들을 통해 이루어지고 있다는 사실이다. 왕권을 뒷받침하는 초월적 신성에 대한 믿음, 그리고 그 신들의 대리자로서의 여성 신관의 위엄과 권위. 덕분에 상진왕은 숙부 상선위를 제치고 왕위에 오를 수 있었다.

기록 뒤의 진실을 상상하는 사람들은 이 사건이 상진왕의 친모 우키야카宇喜也嘉가 아들이 왕위에 오르게 하기 위해 여성 사제들을 조종한 결과라고 말하기도 한다. 상원왕은 원래 이제나지마伊是名島의 필부였다가, 제1 상왕조의 관직을 거쳐 제2 상왕조의 시조가 된 이다. 스물넷에 처와 동생 선위를 데리고 이제나지마를 떠났다가, 나이 쉰이 넘어서야 왕위에 올랐다. 사서는 상원왕의 아내 우키야카와 1남 1녀─상진왕과 월청─만을 기록하고 있는데, 역사에 대한 상상은 우키야카가 상원의 첫 번째 처가 아니라 상원이 늦게야 얻은 젊은 아내이고, 전처와 상원 사이에서 태어났을 것이 틀림없는 다른 자식들을 역사에서 지워버릴 정도로 야심 많은 여인이었을 것이라 짐작하기도 한다. 이제나 시절부터 오랫동안 형과 함께 한 끝에 그 왕위를 잇게 된 선위의 등극을 막고 아들 상진을 왕위에 올리기 위해, 우키야카가 여신관을 이용하여 신탁을 조작하는 음모를 꾸몄으리라는 상상이다.

진실이 무엇이든 간에, 상진은 신탁을 전한 여신관들 덕분에 왕이될 수 있었다. 여신관들과 신들은 상진의 편이었다. 그러나 다른 한편, 그것은 왕이라는 지위가 신탁에 의존하는 불안정한 것임을 의미하기도 했다. 이런 상황에서 상진왕은, 자신의 여동생을 기코에오기미로 임명하고 여성 사제들을 기코에오기미를 정점으로 하는 위계적 조직으로 재편한다. 누가 왕이 될 수 있는가를 좌우할 수 있었던 여성 신관들의 힘은, 이제 왕을 수호하는 기코에오기미의 휘하에 놓임으로써 왕권을 위한 것으로 배치된 것이다. 초월성의 구현자들인 신녀, 즉 여성 사제들을 왕권을 위한 존재로 조직화한 것. 기코에오기미의 임명과 사제 조직의 정비는 왕권 강화를 위한 상진왕의 조치였던 것으로 이해된다.

잘 알려져 있다시피, 제2 상왕조의 왕권은 시조 상원왕이 아니라 그의 뒤를 이은 상진왕에 의해 안정적으로 확립되었다. 상진왕의 대표적 업적으로 거론되는 것도 그가 강력한 중앙집권 체제의 왕조를 구축해냈다는 것이다. 상진왕은 왕권을 안정시키기 위해서는 각 지역의 세력가들인 아지들의 권위와는 구별되는 절대적이고 특수한 왕권을 수립해야 한다고 생각했던 듯하다.

상진왕은 불교를 수용하여 왕권 수호를 위한 종교로 자리매김했고, 지방의 아지들을 수도 슈리로 불러들여 거주하게 함으로써 지역에 대한 아지들의 직접적 영향력을 억지했다. 그 집안의 대표를 그들이 다스리던 지역의 관리로 임명하여 내려보냄으로써, 상진왕은 관리로서의 그들의 지위를 보증하는 한편 그 반대급부로 신하로서의 충성심을 얻었다. 지방의 토착 지배 세력을 류큐 조정의 귀족 세력으로 흡수함으로써, 왕권의 지배력을 확장해나갔던 것이다.

지방의 지배 세력을 중앙 귀족화하여 왕권 아래 둔 것처럼, 상진왕은 각 지역의 종교적 사제들 또한 국가적 사제 조직으로 구성해냈다. 왕궁의 여신관들뿐만 아니라, 전국의 지역 사제들이 기코에오기미를 정점으로 하는 위계적 사제 조직으로 편제되었다. 국왕의 권위는 정치적이고 종교적인 조직 양면에서 강화될 수 있었다.

왕권과 여성 사제 조직

류큐 왕국의 수도 슈리에는 '오아무시라레'라는 고급 신녀가 있어 기코에오기미를 보좌했다. 셋으로 나뉜 슈리의 행정 구역 각각에 '오아무시라레'를 한 명씩 두었으니, 슈리의 오아무시라레, 마카베眞壁의 오아무시라레, 기보儀保의 오아무시라레가 그들이다. '미히라三平等의 오아무시라레'로 통칭한다.

　세 오아무시라레는 슈리의 여러 우타키와 제사들을 나누어 맡는 한편, 각자 지방의 여성 사제자들인 노로祝女를 관할했다. 노로는 지역 공동체의 신녀神女인데, 오아무시라레를 통해 국왕의 사령서를 받음으

구메지마의 진베

진베는 오늘날에도 그 지위가 계승되고 있다. 사진은 2016년 7월에 거행된 구메지마 의례에서의 진베. 나뭇잎을 엮어 얼굴을 가린 모자, 황금빛 옷, 손에 쥔 나뭇잎이 진베의 겉모습을 완성한다.

로써 국가적 여성 신관으로 임명되었다.

상진왕의 시기, 지역을 대표하는 노로들은 국가적 차원에서 포섭되어 국가적 의무를 수행하기도 했던 듯하다. 구메지마久米島라고 하는 섬의 최고 노로 기미하에君南風, 속칭 '진베'는 '33기미'라고 하는 고급 신녀 중의 하나였는데, 야에야마제도의 토착 지배 세력을 정벌하는 국가적 전쟁에 동원되었다는 기록이 있다.

태고 때 구메지마에 세 자매가 있었다. 장녀는 슈리 벤가다케에, 차녀는 구메지마 동악東嶽에 있다가 후에 야에야마의 오모토다케에, 삼녀는 구메지마 서악西嶽에 있으면서 기미하에 직을 맡았다. 중산이 야에야마를 정벌할 때였다. 이때 슈리의 신이 말하기를, "야에야마의 신과 구메지마의 신은 원래 자매이니, 만약 기미하에가 관군과 함께 가서 효유한다면 반드시 이에 따를 것이다" 하였다. 기미하에가 명을 받들어 군대와 함께 야에야마에 이르렀다. 많은 적의 무리가 방비하여 해변에 닿기 어려워지자 기미하에가 묘책을 냈다. 기미하에는 대나무 뗏목을 만들어 그 위를 대나무로 장식하고 불을 붙인 다음 떠내려 보내라고 하였다. 적들이 보고 배인 줄 알고 그것을 따라가는 사이, 관군은 때를 틈타 상륙하였다. 이때 오모토 우타키의 긴마몬 신이 와서 기미하에를 만나 귀복했다. 적들은 그 신이 귀복하는 것을 보고 크게 놀라 항복하였다. 대장군이 인민을 편안히 다스리고 개선한 뒤 세세하게 임금께 아뢰니 포상하였다. 그 자손의 가문은 대대로 기미하에 직을 맡아 히라시야肥良志屋 땅을 받았다.[15]

야에야마제도 이시가키지마石垣島의 지배자 오야케아카하치를 정벌

할 때의 일이다. 기미하에, 즉 진베라고 하는 구메지마의 신녀가 정벌에 동원되었다. 야에야마의 신과 구메지마의 신은 원래 자매지간이었기 때문에 구메지마의 신이 야에야마의 신을 효유할 수 있다는 것이 근거로 제시된다. 당시 실제로 전승되던 이야기라기보다는, 수도 슈리와 지방의 신들을 혈연 관계로 묶고, 그것에 근거하여 지배를 당연한 것으로 정당화하는 류큐 조정의 기획이라고 보는 것이 더 설득력이 있어 보인다.

이 기사는 지역의 신녀들이 국가 사업에 동원되었고, 각 지역의 신들과 지역 신녀들이 국가적 관계망 위에 배치되었음을 알게 해준다. 국왕은 지방 신녀에게 국가 신녀로서의 직책과 봉지封地를 내려주어 지역 신들과 신녀를 왕권의 자장 속에 끌어들였다. 이로써 신녀 조직은 왕권의 지배가 지방에 뿌리를 내릴 수 있는 하나의 경로가 될 수 있었을 터다.

상진왕 이후 조직된 이런 여성 사제들의 활동상은 《중산세감》이나 《중산세보》 등의 문헌 기록에는 잘 나타나지 않는다. 두 책의 저자인 개혁 재상 향상현과 채온 모두 여성 신관의 존재감을 지우려 했던 것이 어쩌면 그 원인일지도 모르겠다. 반면, 류큐 노인들의 전승을 기록한 《유로설전》에는 류큐 왕국에서의 기코에오기미의 위상이 어땠는가를 엿볼 수 있는 설화 한 편이 전해진다.

옛날, 기코에오기미 가나시[16]가 시녀 수십 명을 거느리고 배로 구다카지마에 가서 제사를 지내려 하였다. 배가 바다 가운데 이르렀을 때, 갑자기 역풍을 만나 일본에 표착하였다. 세월이 지나도 묘연히 그 흔적이 없었다.

이때 류큐는 한발이 극심하여 오곡이 영글지 않아 백성들이 괴로워하였다. 이에 여러 무격배들을 소집하여 번번히 그 원인을 물으니, 무격들이 모두 말하기를, 아마도 이는 기코에오기미 가나시가 바람에 떠내려가 타국에 체재하는 탓이리라 하였다.

하루는 긴마몬君摩物 신이 나타나 말하였다.

"지금 기코에오기미 가나시는 일본에 머무르고 있다. 너희들은 빨리 배를 띄워 일본으로 가서 기코에오기미 가나시를 맞아 와야 한다."

이에 바텐 노로가 명을 받들어 선두船頭를 맡고 오시로 노로가 선축船筑을 맡아 여인 수십 명을 거느리고 일본으로 갔다(원주: 바텐 노로는 배를 띄울 때 아버지인 사미가에게 허락을 구하였다). 순풍이 불어 며칠 만에 어딘가에 도착하였는데, 그곳에서 바로 기코에오기미의 얼굴을 삼가 볼 수 있었다. 바텐 노로는 기코에오기미 앞에 꿇어 앉아 아뢰었다.

"저희들은 오기미 가나시를 영접하려고 이곳에 왔나이다. 어서 고향으로 돌아가시기를 원하옵니다."

오기미 가나시는 그들과 함께 배를 타고 돌아와 바텐 해변에 이르렀다(원주: 일설에는 세화 우타키 아래 마치가키도마리待垣泊에 돌아왔다고도 하는데, 어느 쪽이 맞는지는 알지 못한다.) 사미가가 해변에 나와 공손히 술잔을 올리고 반갑게 맞이하는 예를 행하였다.

오기미 가나시는 본래 살던 곳으로 가지 않고 오자토의 요나바루에 살았다. 나중에 이곳에서 세상을 떠나니 사람들이 그 뼈를 거두어 미친다키三津嶽에 장사지내고, 신으로 모셨다.[17]

기코에오기미에게 기대되던 기능이 무엇이었나와 함께, 기코에오기미가 지방의 노로들과 유력자들이 극진히 모시는 대상이었음을 짐작하게 하는 이야기이다. 아울러 이 이야기는 '무격', '무격배'가 노로들과는 다른 성격의 존재라는 점도 보여준다. 여기서의 '무격'은 비정상적인 상황에 대해 그 원인이 무엇인지를 말하는 존재다. 점복자나 영매, 다시 말해 오키나와 민속사회에서 확인되는 '도키'나 '유타'와 같은 이들인 것이다. 오늘날의 오키나와 민속사회에서도, 안 좋은 일이 있거나 하면 유타에게 점을 쳐서 그 원인을 찾아 바로잡는다. 과거에나 지금이나 이 도키와 유타들로 인한 폐해도 적지 않았기에, 이를 없애려는 시도도 종종 있었다.

각설하고, 기코에오기미나 노로는 이런 류의 점사들과는 다른 층위의 존재였다. 의례의 현장에서 신으로 현현하는 기코에오기미나 노로 등은 공동체 의례의 공적인 사제들이자, 특히 왕조 차원에서 조직화된 노로들은 국가가 공인한 신 그 자체였다. 태양왕을 중심으로 하는 국가 종교의 사제 조직이 곧 기코에오기미를 정점으로 하는 여성 신관들이었던 것이다.

다마키 마사미玉城政美는 기코에오기미 오모로의 일반적 모티프가 "기코에오기미가 세상을 지배하는 영력을 왕에게 바쳐 왕권을 강화하고 성화聖化하는 것"이며, 이것은 "최고 신관 기코에오기미의 본질"이라고 쓴 바 있다.[18] 세화 우타키에서부터 시작한 기코에오기미에 대한 이야기는, 그 뒤에 바로 이어지는 다마키 마사미의 표현을 인용하는 것으로 마치기로 하자.

"기코에오기미, 최대의 왕권 이데올로그."

4

태양왕의 소우주 슈리성

슈리성 공원

슈리. 한자로는 '首里'라고 쓴다. 으뜸 마을, 즉 수도라는 뜻일 터다. 류큐의 왕도 슈리에는 왕성 슈리성이 있었다. '성城'이라 쓰고 '구스쿠グスク'라 읽는 게 일반적 독법인데, 슈리성首里城은 보통 '슈리구스쿠'라고 하지 않고 '슈리죠'라고 읽는다. 하지만 슈리성 또한 구스쿠의 하나다. 성채의 특징도 그렇고, 구스쿠 곳곳의 성소 우타키도 그렇고, 가장 확대된 형태의 구스쿠가 슈리성이라고 해도 과언이 아니다.

슈리성은 유네스코 세계유산으로 지정된 유적이기도 하다. 이름하여 〈류큐 왕국의 구스쿠 유적지와 관련 유산Gusuku Sites and Related Properties of the Kingdom of Ryukyu〉. 류큐 왕국의 왕궁이었던 슈리성을 비롯해 나키진今歸仁 구스쿠, 자키미座喜味 구스쿠, 가쓰렌勝連 구스쿠, 나카구스쿠中城 등의 여러 구스쿠와, 소노한園比屋武 우타키 석문

石門과 세화 우타키, 왕묘 다마우둔玉陵, 류큐 왕국의 별원別院 시키나엔識名園 등 류큐 왕국 시대의 유산으로 구성되어 있다.

슈리성은 대표적인 오키나와 관광지 중 하나다. 자동차가 없으면 자유 여행이 힘든 오키나와이지만, 슈리성은 뚜벅이 여행객도 유이레일(오키나와의 모노레일)의 슈리역에 내려 15분 남짓 걸으면 닿는다. 류큐의 고도古都 슈리의 정취도 느낄 겸, 오히려 도보 여행이 더 좋을 수 있다. 슈리야말로, 발길이 머무는 곳곳이 과거의 유적이기 때문이다.

개인적인 경험을 말하자면, 나는 오키나와에 갈 때마다 빠짐없이 한 번씩은 슈리성에 들르곤 했다. 옛 모습을 살린 복원 작업이 조금씩 진행되고 있기 때문에, 갈 때마다 조금씩 달라지는 모습이 새로웠다. 설령 모습이 그대로였다고 해도 내 눈에 들어온 슈리성은 이전과는 또 달랐을 듯하다. 매번, 이전보다는 더 슈리성에 대해 알고 난 터였으므로.

오키나와에 갈 때마다 슈리성에 간다고 하면, 오키나와를 좀 아는 사람들의 반응은 뜨악한 편이다. '뭐하러 매번?' 입 밖에 내지는 않지만 표정에서 나오는 들리지 않는 말이 참으로 분명하다. 오키나와 여행을 하는 친구들에게 슈리성을 추천하고 나서 나중에 소감을 물어볼 때 떨떠름하게 돌아왔던 반응도 이와 비슷했다. 웅장하지도 않고, 그렇다고 옛 정취가 그대로 남아 있는 것도 아니고, 관광객들만 많아서 번잡하기만 하고, 구스쿠라는 것이 원래 높은 고지대에 자리잡기 마련이라 슈리성 역시 비탈진 구릉에 있어 돌아다니는 데 힘까지 든다.

슈리성과의 첫 대면 때 내 느낌도 별반 다르지 않았다. 다소 충격적이기까지 했던 건, 심지어 정전에까지 내 발로 직접 들어가 볼 수 있다는 사실이었다. 적어도 정전이라면 출입 금지 줄이라도 쳐두어야 하는 것 아닌가? 망한 왕국 류큐 궁성의 정전이라고 그냥 막 들어가게 하는 건가? 나중에서야, 슈리성은 정전마저도 새롭게 복구한 것이라 유적으로서의 가치가 그다지 없다는 것을 알았다.

사실, 세계유산으로 지정된 것은 옛 슈리성 정전의 유구다. 정전 바닥 일부를 투명하게 해서 관람객들도 그 유구를 볼 수 있게 해놓았다. 심하게 말하면, 현재의 정전과 주변 건축물들은 옛 류큐 왕국의 궁성을 체험해보는 테마파크, 또는 세트장에 가까울지도 모르겠다. 슈리성과 그 일대를 둘러볼 수 있는 관광지 이름도 '슈리성 공원'인 터다.

슈리성 수난사

슈리성이 망가진 것은 당연히 류큐 왕국의 멸망과 관계된다. 1872년 류큐번이 됨으로써 '번藩'의 형태로 그나마 명맥을 유지하던 류큐는 일본 메이지 정부가 1879년 류큐번을 없애고 대신 오키나와현을 설치함으로써 역사의 뒤안길로 사라졌다. 류큐의 마지막 국왕이자 류큐번의 번왕으로 슈리성에 거하던 상태尙泰(쇼타이 1848~1872·1879)는 도쿄로 이주했고, 슈리성은 일본 육군의 병사兵舍가 되었다.

망한 왕국의 궁성이 잘 관리될 리는 만무했다. 목재 건물이 주류였던 슈리성 건물은 노후하기도 한 데다 관리마저 부실해서, 흰개미로 인한 목재의 부식으로 붕괴의 위험이 상존하는 형편이었다. 이렇게 위험한 건축물을 그대로 두느니, 차라리 철거하는 게 낫겠다는 게 당시의 중론이었다고 할 정도다.

그러던 중 슈리성은 오키나와 신사神社의 일부로 지정되면서 보존의 계기를 맞았다. 국가 신사의 일부가 된 만큼, 대대적 수리가 진행될 수

있었다. 이렇게 될 수 있었던 데에는 류큐 왕국의 문화재에 관심이 많
았던 일본인 가마쿠라 요시타로鎌倉芳太郎 등의 노력이 컸다.

그러나 보존은 잠깐이었다. 오키나와 전투 때, 슈리성에는 일본군
사령부가 설치된다. 미군의 포화가 집중된 것은 당연한 일이었다. 슈
리성은, 잿더미가 되었다. 일본이 패배하고 오키나와가 미국의 군정하

변재천당에서 본 원각사
오른쪽으로 보이는 돌담 사이 빈 공간으로 들어가면
원각사 총문 안의 내부를 들여다 볼 수 있다.

에 놓이면서, 슈리성 터에는 류큐대학이 세워졌다. 슈리성은 그 유구마저 손상되어갔고, 이에 따라 슈리성을 복원해야 한다는 목소리가 점점 커진다. 1958년에는 수례문守禮門을, 1968년에는 슈리성 주변의 원각사圓覺寺[19] 총문總門과 변재천당弁財天堂[20]을 복원하는 공사가 이루어졌다. 여전히 오키나와가 아직 미군정하에 있을 때의 일이다.

미군정이 끝나고 일본 정부가 오키나와를 지배하게 된 이후, 1982년

원각사 돌담과 원각사 내부의 방생교·방생지
오른쪽에 보이는 계단 위에 불당이 있었을 터이나 지금은 남아 있지 않다.

에 이르러서야 드디어 오키나와현은 슈리성 공원을 정비하기로 방침을 세운다. 슈리성의 복원 계획은 이때부터 본격적으로 시행되어 오늘날까지도 진행되고 있다.

전쟁 때 파괴된 슈리성도, 사실 초기의 건축물이 원형 그대로 보존되어 오던 궁성은 아니었다. 이미 제1 상왕조 때 왕위를 둘러싼 싸움으로 화마를 입은 적이 있고, 1660년과 1709년에도 각각 소실 기록이 있다. 현재 복원의 모델이 되는 것은 1709년 화재 이후 재건된 슈리성인데, 전쟁 이전에 찍은 사진 자료가 그나마 남아 있다.[21]

수례문, 슈리성 일주의 출발점

슈리성은 류큐 왕국의 궁성이다. 왕이 거주하는 궁궐이자, 국가를 운영하는 조정朝廷이기도 했다. 태양왕인 국왕의 처소이면서, 동시에 동아시아 조공-책봉 체제의 일원이었던 류큐 왕국의 조정이기도 했다는 뜻이다. 이런 까닭에 슈리성은 류큐의 신화적 왕권론이 장소적으로 구현되어 있는 동시에 중국적인 것이 더 정확히는 동아시아 한자문명권이 공유하던 문화가 반영되어 있기도 하다.

중국의 영향은 현재 슈리성 일주의 시발점이 되는 성문 수례문守禮門(슈레이몬)에서부터 짙게 느껴진다. 슈리성으로 올라가는 길을 가로질러 설치된 수례문은 중국식 패루牌樓를 떠올리게 한다. 수례문이라는 이름의 연원이 된 '수례지방守禮之邦'이라는 편액이 걸려 있는데, '예를 지키는 나라'라는 뜻의 이 편액도 조공-책봉 체제 속의 류큐를 전제로 하는 표현일 터다. 상영尙永왕(쇼에이 1573~1588) 시기, 책봉사가 류

큐에 와 있는 동안만 걸어두던 것이 상질尙質(쇼시쓰 1648~1668) 대에 이
르러 고정되었다 한다.

수례문이 처음 건립된 것은 상진왕의 뒤를 이은 상청尙淸(쇼세이
1527~1555) 때였다. 지금은 남아 있지 않지만, 이 당시에는 이미 '중산
문'이라는 문이 있었다고 한다. 외부의 물자와 인물이 오가는 나하那覇
항과 슈리성을 잇는 외길에 놓인 문이었다. 그럼에도 불구하고 상청왕
은 중산문과 슈리성 사이에 또 다른 문을 세웠다. 책봉을 청하는 사신
을 중국에 파견하면서 책봉사를 맞을 이벤트적 건축물을 기획했던 것
이다. 이때의 편액이 '대현待賢'이었다고 하니, 수례문 건립의 동기가
짐작되고도 남음이 있다.

수례문은 슈리성벽에 연한 길에 놓인 문이다. 수례문에 들어서면,
바로 오른쪽으로 슈리성의 성벽과 그 안에 자리한 여러 전각이 시야
에 들어온다. 슈리성의 정문인 환회문歡會門(간카이몬)을 통해 성 안으로
들어가는 대신 성벽을 따라 내리막으로 된 그 길을 따라 가다보면, 길
왼쪽으로 류탄龍潭과 변재천당을 차례로 만난다. 류탄은 중국의 인공
연못을 따라 만든 연못이고 변재천당도 원래 불교 대장경을 두기 위
해 만든 경당이니, 수례문에 이어 문명권 공통의 외래 문화적 요소가
짙은 조영물들이다.

수례문을 지나 환회문으로 오르기 직전, 왼편에 보이는 유네스코 세
계문화유산 표지석에도 눈길이 간다. 소노한 우타키 석문石門이 이곳
에 있음을 알려주는 표지석이다. 표지석 바로 옆으로 우타키 석문이
서 있다. 기코에오기미가 세화 우타키로 출발하는 길에 들렀다던 소노
한 우타키다. 이 석문을 통과하면 펼쳐졌을 숲이 소노한 우타키였으리
라. '우타키'라는 단어로 인해, 신화적 분위기가 물씬 풍긴다.

● 현재의 수례문 편액 ❷ 소노한 우타키 석문

●의 출처는 http://oki-park.jp/userfiles/images/shurijo/guide/free_zone/seiden01_img_01.jpg
❷ 제2 상왕조 상진왕 때 야에야마 출신 니시토라는 사람이 축조했다고 한다.
오키나와전 때 석문은 물론 석문 안 우타키 숲도 파괴되었다.
현재의 석문은 1980년대에 재건한 것이다.

서면西面의 정전

우타키 석문을 열 수는 없으니, 슈리 궁성에 들어가기로 한다. 환회문을 지나고 서천문瑞泉門(즈이센몬)과 누각문漏刻門(로코쿠몬)을 통과하여 광복문廣福門(고후쿠몬) 앞에 선다. 광복문을 지나면 이르게 되는 곳은 '시차누 우나下之御庭'다. '아래의 우나'라는 뜻을 지닌 류큐 고유어이다. 수례문에서부터 이곳에 이르기까지, 소노한 우타키를 제외하면 처음 만나는 류큐어로 된 장소다. 여기에서부터, 한자어가 만들어내는 문명권 공통의 문화 장막에도 불구하고 느껴지는 류큐의 신화적 오라의 핵심에 다가설 수 있을 듯하다.

광복문을 넘어 시차누 우나에 들어서면 정면에 또 하나의 우타키가 보인다. 슈이무이, 슈리모리首里森다. 이 우타키는《중산세감》의 〈류큐 개벽지사〉에서 '아마미쿠'라는 신이 만들었다는 류큐의 여러 우타키 가운데 하나다. 정전에 근접한 우타키여서일까,《오모로소시》에서는 슈리성을 가리키는 시어로도 많이 등장하곤 했던 우타키다.

시선을 왼쪽으로 돌리면 봉신문奉神門(호신몬)이 보인다. 문을 지나면 '우나'라고 하는 광장이 눈 앞에 펼쳐지고, 그 끝에 슈리성의 정전이 자리하고 있다. 우나란, 슈리성의 정전 앞 조정朝庭인 셈이다. 우나의 바닥은 흰 색과 붉은 색의 줄무늬로 되어 있어 눈길을 끈다. 봉신문과 정전의 사이에 마치 붉은 타일이라도 깔아 놓은 듯 붉고 굵은 직선이 길처럼 놓여 있다. '우키미치浮道'라고 한다. 정전 계단에서 시작하여 봉신문 앞에까지 약간 사선으로 이어지는 우키미치를 문 밖으로 더 연결해보면 슈이무이에 닿는다. 아마도, 왕궁의 의례 때 왕이나 신녀들이 이동하던 길이 우키미치였던 듯하다.

우키미치의 양쪽으로는 그보다는 가느다란 붉은 직선들이 여럿 횡으로 줄지어 있다. 경복궁의 정전인 근정전 앞에 여러 품계석들이 놓여 있듯, 조정의 신하들이 품계에 따라 도열할 때 필요했던 표지석이라고 한다.

봉신문에서 정전을 보고 서면, 우나의 양 옆으로 또 다른 건축물들이 보인다. 오른쪽이 남전이고, 왼쪽이 북전이다. 방위에 따라 전각의 명칭을 붙였다.

그런데 뭔가 좀 이상하다. 봉신문에서 정전을 바라보고 섰을 때 오른쪽이 남쪽이고 왼쪽이 북쪽이라면, 정전은 동쪽에 자리하여 서쪽을 향해 들어앉은 셈이다. 경복궁이 그러하듯, 동아시아 궁궐의 정전은

'시차누 우나'의 슈이무이 우타키

슈이무이 동쪽으로는 우나로 들어가는 봉신문이, 서쪽으로는 겉모습만 복원되어 관광객을 위한 휴게소로 쓰이는 게이즈자系圖座, 요모쓰자用物座가 자리해 있다. 게이즈자는 계보 작성을 담당하던 관청이고, 요모쓰자는 슈리성 물품 관리 관청이다. 실용적 관청과 우타키가 나란한 것이 흥미롭다.

보통 북쪽 방위에 남향으로 자리 잡는다. 그래서 왕좌에 앉은 국왕은 '남면南面'의 존재다. 그러나 류큐 정전이 배치된 방위에 따르면, 류큐의 국왕은 서쪽을 향해 앉는 '서면西面'의 존재일 수밖에 없다. 소실과 재건을 반복한 슈리성이었지만 정전의 방향만큼은 매번 엄격하게 서향을 지켰다고 하니, 우연한 일은 아니다.

이는 슈리성의 입지로 인한 자연스러운 현상일 수도 있다. 슈리성은 북쪽의 마카비가와眞嘉比川, 남쪽의 긴조가와金城川라는 하천으로 에워싸여 있고, 슈리성의 후방에 해당하는 동쪽에는 벤가다케弁ヶ嶽산이 자리해 있다. 산악 지형이 적지 않은 오키나와 본섬 북쪽과는 달리 오키나와 본도 중남부의 지형은 대체로 평평한 편인데, 벤가다케가 그나

마 가장 높다. 슈리성은 북쪽과 남쪽, 동쪽 삼면이 강과 산으로 둘러싸여 있었고, 강이나 산으로 막혀 있지 않은 서쪽은 말을 타고 다니기 힘들 정도의 습지대였다. 이런 입지에서라면 습지가 아니라 산을 배후에 두는 것이 당연하다. 슈리성도 규모가 클 뿐 하나의 성채였으니, 외적의 공격을 방어하기에 최적이었다고 할 만하다.

하지만 슈리성의 서면은 자연 입지에 따른 '우연한' 결과이지만은 않았다. 여기에는 또 다른 특별한 의미가 있다. 여느 구스쿠가 그러하듯, 슈리성도 사방을 조망할 수 있는 구릉지에 있다. 슈리성의 성벽에는 주요 방위마다 '아자나'라고 하는 전망대가 밖으로 삐죽 돌출되어 있는데, 특히 정전 배후의 동쪽 아자나에서는 그 전망이 벤가다케에, 또

우나의 정전

맑은 날에는 구다카지마까지 이어진다. 정전의 서면 덕에, 벤가다케와 구다카지마가 정전의 동쪽 배후에 자리하게 되는 것이다.

벤가다케와 구다카지마. 낯익은 이름이다. 구다카지마는 태양왕의 성소가 아니던가. 벤가다케는 구다카지마 요배소가 아니던가. 서면의 정전으로 인해 국왕은 벤가다케, 더 나아가 구다카지마를 배후에 두게 된다. 왕의 영력을 갱신하는 성소 구다카지마를 배후에 둔, 동쪽에 앉

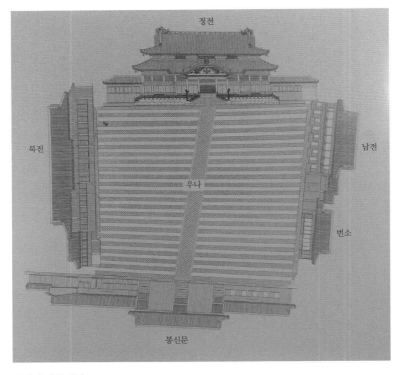

우나의 건물 배치

《寫眞で見る首里城》(제4판), 海洋博覽會記念公園管理財團 首里城公園管理センター, 2005, 37쪽 그림에 가필.

아 서쪽을 향하는 국왕. 슈리성의 정전은 동쪽에서 솟아올라 서쪽을
향하는 태양왕의 거소이기에, 서향인 것이 이치에 맞다. 국왕을 태양
왕으로 형상화하는 류큐 왕권의 신화적 관념은, 이렇듯 슈리성 정전의
배치에도 잘 드러나 있다.

정전 '가라하후唐破風'의 왕

슈리성의 정전은 겉으로 보기에는 2층인 것처럼 보이지만 실제로는 3
층이다. 진귀한 보물을 보관하는 창고로도 쓰였다는 3층은, 바깥의 강
한 햇빛을 막고 높은 습도를 조절하는 일종의 다락방이다. 1층은 '시차

슈리성 정전 2층 우후구이의 옥좌와 편액
불에 타 없어진 것을 복원한 것이다. 편액의 경우 사진조차 남아있는 것이 없었기 때문에,
예전의 모습과 어느 만큼이나 비슷한지 가늠할 수 없다.
사진 출처: http://oki-park.jp/userfiles/images/shurijo/guide/pay_zone/naibu_img_02.jpg

구이下庫理', 남성 관리들의 공적 공간으로 활용되었다.

정전의 핵심은 2층 '우후구이大庫理'다. 1층에 비해 천정도 높고 더 넓다. 중앙에는 옥좌도 있고, 중국 황제로부터 하사받았다는 친필 편액도 보인다.

2층 우후구이는 국왕을 제외한 남성의 출입이 금지된 은밀한 내부였다. 류큐 식 표현을 그대로 가져오면, 2층은 '표表'의 공간인 1층에 대조되는 '리裏'의 공간이다. 2층 한쪽에 자리한 '오센미코차'라는 곳은 국왕과 궁중의 여성 사제들이 참가하는 의례의 공간이기도 했다. 국왕이 궁중 여성들과 함께 매일 아침 동쪽을 향하여 지내는 의례가 여기에서 행해졌다고 한다.

2층 우후구이에는 창을 열고 바깥의 우나를 내다볼 수 있게, 살짝 외부로 돌출되어 있는 공간이 있다. 밖에서 보면 2층 중앙에 반원형으로 돌출되어 있는 구조물이 그것이다. 일본식 사원 특유의 건축 기법이라고 하는 '가라하후'다. 우나에 백관들이 도열하거나 행사를 치를 때, 국왕은 가라하후의 문을 열고 의자에 앉아 밖을 내려다보았다. 조선 세조 때 류큐에 표류했던 제주 사람 양성의 말에 의하면 류큐의 왕은 지방의 읍장들이 모인 조회 때 층각層閣에 있으면서 내려오지 않았다고 하는데,[22] 아마도 양성 등은 이러한 모습을 목격한 듯하다.

서면의 정전 2층의 가라하후에 앉아 밖을 내려다보는 왕은, 우나에 도열한 신하들에게 동쪽의 태양 그 자체가 아니었을까? 국왕과 사제들만이 드나들 수 있었다던 정전 2층 우후구이에서 왕이 여성 사제들의 의례를 통해 태양왕으로서의 세지를 새롭게 갱신해나갔다면, 슈리 성의 정전은 태양왕의 세지가 '나날이' 새로워지는 종교적 공간이기도 했으리라.

옆에서 본 가라하후

일본의 가라하후는 정면의 곡선이 뒤쪽까지 연결되어 둥근 지붕을 이루는 데 반해, 슈리성
의 가라하후는 정면만 곡선이고 그 뒤는 삼각 지붕 모양으로 되어 있다. 가라하후唐破風 표
기 한자 중 '破'는 깨지거나 찢어진다는 뜻이 있어 그 의미가 별로 좋지 않기 때문에, 류큐에
서는 '破' 대신 '玻'를 써서 '唐玻風'라고 표기했다고 한다.

왕의 유해는 서쪽 문으로, 왕이 될 세자는 동쪽 문으로

슈리성의 정문이라 할 수 있는 환회문은 원칙적으로 국왕이나 외국의 사신, 남성 관료들만이 드나들 수 있는 문이었다. 왕비나 귀부인들은 구경문久慶門을 이용했고, 일상적으로는 계세문繼世門이 슈리성의 출입구로 통용되었다고 한다.[23]

계세문은 세상을 잇는다는 뜻의 '계세'라는 말 그대로, 선왕이 승하한 후 대를 이을 세자가 궁에 들어올 때 통과하는 문이기도 했다. 세자의 거처는 슈리성 밖 나카구스쿠우둔中城御殿이었다. 왕이 승하하면 세자는 계세문을 통해 슈리성 안으로 들어와 내곽內郭의 미복문美福門을 지나고, 정전 뒤쪽 깊숙이 자리한 세과전世誇殿에서 왕위에 오르는 의식을 치렀다.

왕위에 오를 세자가 하필이면 계세문을 통과하는 것은, 승하한 왕의 유해가 정문인 환회문을 거쳐 장례가 치러지는 오미우둔大美御殿으로 옮겨지는 것과 대조할 때 중요한 상징적인 의미가 있다. 문의 방위가 핵심이다. 환회문은 서쪽 문이고, 계세문은 동쪽의 문이다. 서쪽 문으로 사라지는 선왕과 동쪽 문으로 등장하는 세자. 사라지는 태양왕은 서쪽으로 저물고, 떠오르는 태양왕은 동쪽에서 출현한다. 선왕이 물러가는 환회문과 신왕이 들어오는 계세문의 방위는, 태양왕 표상을 구성하는 또 하나의 장치였던 것이다.

"아가이우 디다두 우가나비루, 사가이우 디다 우가나비란!"

전해오는 말에 따르면 선왕의 유해가 환회문을 통과할 때 문지기는 이렇게 외쳤다고 한다. '떠오르는 태양을 경배합니다, 가라앉는 태양은 경배하지 않습니다'라는 뜻이다. 세 번 외치고 나서 문지기가 환회문을 걸어 잠그면, 세자는 계세문으로 들어와 미복문을 거쳐 세과전에 이르고, 그곳에서 천조의 예를 행했다고 한다.[24]

가라앉는 태양, 선왕은 이렇게 서쪽 문을 통해 슈리성을 떠난다. 동쪽 문을 통해 솟아오른 세자가 이제 왕이 되었다. 떠오르는 태양으로 경배를 받을 왕은, 이제 곧 신하들의 경하를 받게 되리라. 붉은 벽돌 길을 따라 도열한 만조백관 사이를 걸어가는, 우키미치 위의 젊은 태양왕을 상상해본다.

왕이 승하하여 새 왕이 즉위하는 과정은 태양왕으로서의 류큐 국왕의 상징성이 극명하게 드러난다. 왕이 승하하면, 왕의 유해는 즉시 성 밖으로 옮겨져야 한다. 경배의 대상이 되지도 못하는 가라앉는 태양이기 때문이다. 서쪽으로 가라앉는 태양처럼, 승하한 왕은 슈리성의 정문이자 서쪽 문인 환회문을 통해 성 밖으로 사라진다.

선왕의 승하와 신왕의 등극에
관련되는 슈리성 성문
《寫眞で見る首里城》(제4판),
82쪽의 〈슈리구성지도首里舊城之圖〉에 가필.

해가 졌으니, 이제 또 다른 해가 떠야 한다. 선왕이 승하했으니, 왕위를 이을 세자가 등극할 차례다. 동쪽에서 떠오르는 태양처럼, 세자는 동쪽 문을 통해 들어온다. 계세繼世, 말 그대로 세상을 이을 문. 세자는 그 문으로 들어옴으로써 류큐국 중산왕의 치세를 잇게 된다. 새로운 세상을 이을 세자가 들어선 동쪽(정확히는 남동쪽)의 문은, 서면으로 배치된 정전처럼 '태양왕'을 위한 상징적 장치다.

태양왕의 거소

그러니 슈리성은 어떤 곳인가. 류큐 왕국의 왕성 슈리성은 태양의 거소, 태양왕의 왕궁이다. 수차례 화재를 겪으며 재건되어온 슈리성이지만, 우나를 둘러싼 형태의 건축물 배치와 정전의 방향은 그대로였다.[25] 애초부터 슈리성은 태양왕이 거주하는 태양왕의 소우주였다.

슈리성은 왕의 거주 공간이자 집무 공간이기도 하면서, 동시에 의례의 공간이기도 했다. 왕궁의 은밀한 공간인 '교노우치京の内'의 존재는 슈리성의 의례적 성격을 잘 보여주는 공간이다. 한자를 '京'으로 써서 수도의 안쪽이라는 뜻으로 오해되기도 하지만, 京은 '영력'이라는 의미의 '게오'라는 음을 표기한 것일 뿐 문자의 뜻과는 상관이 없다.[26] 수풀이 우거진 내밀한 공간에서 태양왕의 영력, 세지를 위한 여성 사제들의 의례가 이곳에서 행해졌을 것이다.

슈리성 복원을 위한 발굴 조사에 의하면 교노우치는 슈리성의 핵심인 정전보다 조금 이른 시기에 조성되었던 것으로 짐작되고 있다.[27] 아마도 슈리성은, 교노우치를 핵심으로 하는 제사 공간이 왕의 거소이자 정치 및 행정의 공간인 왕성으로 확장되었을 가능성이 높다.

현재의 슈리성 공원에는 정전 구역으로 들어가기 전 해시계와 나란히 비록 복제품이기는 하지만 '만국진량의 종'이 놓여 있다. 제1 상왕조의 상태구왕(1454~1460) 때 슈리성의 정전에 놓여 있었다는, 아지들의 무기를 녹여 만들었다는 이야기가 전해지는 종이다. 이 종의 명문銘文은 당대의 국제 질서 속에서 류큐의 위치를 확인하고 자부하는 내용이 들어 있다고 해서 유명하다.

> 류큐국은 남해의 승지勝地에서 삼한三韓의 빼어남을 모으고, 대명大明과 일역日域에 서로 의지하며 그 둘 사이에서 솟아난 봉래蓬萊섬이다. 배로 만국萬國의 다리가 되니, 기이한 산물과 지극한 보배가 온 세상에 가득하고……[28]

삼한, 대명, 일역은 당시 류큐국의 주변국이었던 조선과 중국, 일본을 각각 가리킨다. 이 셋과의 관계를 통해 류큐가 어떤 곳인지를 보이고, 그 관계 속에서 류큐국이 항해 활동을 통해 '만국진량', 즉 '만국의 다리'로 기능하고 있음을 분명하게 드러내고 있다. 상태구왕 시절에도 이미 동아시아 세계의 국제적 질서를 체화한 가운데 류큐국의 위상이 설정되어 있었음을 알 수 있다.

국왕이 하늘로부터 보위를 받아 창생을 길렀다는 표현이나, 태평성대의 성군 요순堯舜을 떠올리게 하는 '요풍堯風'이니 '순일舜日'이니 하는 표현을 보면 유교적 요소도 감지되지만, 사실 이 명문에는 '삼계三界'니 '삼보三寶'니 '범음梵音'이니 하는 불교적 용어에서 비롯되는 불교적 분위기도 짙게 배어 있다. 명문을 지은 사람이 불승佛僧인 탓도 있겠지만, 중요한 것은 이 시기에 이미 불교가 왕권을 위해 동원되고 있었다는 점이다. 구경문을 통해 슈리성 밖으로 나오면 바로 좌우로 보이는 변재천당과 원각사는 이후에도 불교가 류큐 왕권을 위한 종교로 기능했음을 보여준다.

변재천당은 원감지라는 연못 안에 인공섬을 만들어, 그 위에 설치한 경당經堂이다. 사쓰마 침입 때 불에 타 다시 조성하면서 원각사에 있던 변재천녀상을 옮겨 모셨기에 변재천당이라는 이름이 붙게 되었지만 원래 이곳은 대장경을 간수하던 곳이었다. 조선에 청하여 받은 대장경을, 1502년 인공 연못 안에 섬을 조성하여 보관했다고 한다. 지금의 변

만국진량의 종과 도모야
슈리성 광복문 앞 광장 한쪽 도모야라는 건물 안에 만국진량의 종 복제품이 전시되어 있다.
실물은 오키나와 나하시의 오키나와현립박물관에서 볼 수 있다.

재천당은 1869년에 소실되었다가 재건되었으나 그마저 또 오키나와 전투 때 불타버리는 바람에 1968년에 이르러 다시 복원한 것이다.

그러나 슈리성을 떠받치는 가장 핵심적인 사상은 태양왕으로 표상되는 신화적 사유였다. 슈리성은 건축물 자체가 태양왕의 소우주, 다시 말해 "왕위의 상징이자 왕권의 공간적 표현"[29]이었다. 수차에 걸친 소실로 거듭 재건이 이루어지면서도, 슈리성의 태양왕 테마는 포기되지 않았다. 시대에 따른 효과나 해석의 차이는 물론 있었겠지만,[30] 류큐 왕권의 태양왕 논리는 슈리성과 함께 오래 지속되었다.

원감지 저수지 가운데의 변재천당과 천녀교

변재천녀는 불교적 신이기도 하지만 일본의 칠복신 가운데 하나이기도 하기에, 사쓰마의 침입으로 불에 탄 대장경 대신 변재천녀를 모셨다는 점은 류큐 불교사 측면에서 흥미로운 일이다. 원감지의 물은 중국 사신이 배를 띄워 놀았다고 하는 명소 류탄龍潭과 연결되어 있다.

2

류큐
왕국의
창세신화

《중산세감》의 창세신화
다른 기록, 다른 신화
창세신화의 재편과 류큐국 아이덴티티의 궤적

1

《중산세감》의 창세신화

류큐개벽지사琉球開闢之事

훗날 류큐의 섭정에 오를 하네지 초슈羽地朝秀, 당명唐名 향상현向象賢
(쇼조켄)은 1650년 《중산세감》이라는 제목의 책을 펴냈다. 중산, 즉 류
큐의 왕들이 거울로 삼을 역대 왕들의 이야기를 기록으로 남겨두기
위해서였다. 류큐 왕가의 계보이자, 현전하는 최초의 류큐 사서라 할
만한 책이다. 서문과 세계도世系圖, 총론總論 등이 포함된 수권首卷과 나
머지 다섯 권으로 이루어져 있다.

제1권은 류큐의 '개벽'을 다룬 〈류큐개벽지사〉라는 기사로 시작한다.
류큐라는 세상이 어떻게 처음 세상에 나타났는가를 그린, 류큐 왕국의
창세신화로 널리 알려져 있는 신화가 이것이다.

옛날 옛날, 하늘의 구스쿠[천성天城]에 아마미쿠阿摩美久라는 신이 계셨다.

천제天帝가 그를 불러 말씀하셨다.

"이 아래에 신이 살 만한 영험한 곳이 있는데, 아직 섬이 만들어지지 않아 아쉽다. 네가 내려가 섬을 만들라."

아마미쿠가 천제의 말에 따라 내려가보니, 그곳은 영험한 곳이기는 하나 동해 물결은 서해로 넘실대고 서해 물결은 동해로 넘실대는 바다뿐이라 아직 섬이 이루어지지 않고 있었다. 그러자 아마미쿠는 하늘로 올라가 아뢰었다.

"흙과 돌, 풀과 나무를 주시면 섬을 만들어 올리겠나이다."

천제는 감동하여 흙과 돌, 풀과 나무를 주었다. 아마미쿠는 흙과 돌, 풀과 나무를 가지고 내려와 몇몇 섬을 만들었다. 우선 제일 먼저 구니가미國頭에 헤도邊土 아스모리安須森를 만들었다. 다음은 나키진今鬼神에 가나햐브カナヒヤブ, 그다음은 지넨모리知念森, 세화 우타키齊場嶽, 야부사쓰藪薩 우라바루浦原, 다음은 다마구스쿠玉城 아마쓰즈アマッゞ, 다음은 구다카久高 고보모리コバウ森, 다음은 슈리모리首里森, 마다마모리眞玉森, 다음은 마을[嶋嶋]과 지방[國國]의[31] 여러 우타키들嶽嶽과 모리들森森을[32] 만들었다.

그 후 수만 년이 지났지만 사람은 생겨나지 않았다. 사람이 없으면 어떻게 신의 위엄이 드러나랴 싶어 아마미쿠는 또 하늘에 올라가 사람의 씨앗을 달라고 청하였다. 이에 천제가 말씀하셨다.

"너도 알다시피, 하늘에 신이 많다고는 하나 내려보낼 만한 신은 없다. 그러나 그렇다고 해서 가만히 있을 수는 없구나."

천제는 천제의 아들딸인 남녀를 내려주었다. 두 사람은 음양의 화합은 없었으나, 사는 곳이 나란히 있었던 까닭에 왕래하는 바람을 인연으로 여신이 임신하여 마침내 3남 2녀를 낳았다. 장남은 국주國主의 시작이다.

이를 천손씨天孫氏라 부른다. 차남은 제후의 시작이고, 삼남은 백성의 시작이다. 장녀는 기미들君君의 시작이고, 차녀는 노로들祝祝의 시작이다. 여기서부터 부부 혼인의 의례가 나타났다.[33]

류큐섬이 있던 자리는 애초에 바다였다. 물결만이 이리저리 넘실대는 망망대해, 바다만이 있을 따름이었다. 그 바다 위에 섬을 처음 만든 것은 '아마미쿠'다. 아마미쿠는 하늘에 사는 신이었는데, 천제의 명령으로 하늘에서 내려와 류큐섬을 만들었다. 아마미쿠는 류큐섬만 만든 게 아니라, 그 섬에서 살아갈 사람들이 생겨나게도 했다. 아마미쿠 덕분에 류큐섬에는 하늘에서 내려온 천제의 아들딸이 낳은 세 명의 남자 아이와 두 명의 여자아이가 생겨났고, 이들이 류큐 사람들의 시조가 되었다.

간단한 이야기 같지만, 공간 창조와 인류 기원이라는 창세신화의 핵심적 주제가 모두 들어 있다. 하나하나 들여다보면, 결코 예사롭지 않은 의미들이 내포되어 있기도 하다.

신성한 국토, 신성한 사람들

우선, 우리말로 '하늘의 구스쿠'라고 옮긴 '천성天城'과 그곳의 지배자일 것으로 짐작되는 '천제'라는 신화적 관념이 예사롭지 않다. 류큐의 신화 세계에서 초월적 타계는 공간적으로 볼 때 바다 저편의 수평적 타계와 하늘 위의 수직적 타계로 양분할 수 있는데, '천성'과 '천제'는 여기에서의 타계가 천상의 수직적 타계라는 것을 분명하게 제시하고 있다.

하늘의 수직적 타계는 류큐 왕국의 왕권 강화와 함께 부각된 신화적 표상이다. 그러니 〈류큐개벽지사〉의 창세신화는 왕권 신화의 타계관 위에 놓인 신화임이 새삼스럽게 확인된다. 게다가 그 타계는 '구스쿠'라는 성채를 기반으로 왕이 판도를 지배하는 지상처럼, 천성, 즉 하늘의 구스쿠에서 천제가 세계를 다스리는 구조로 되어 있는 타계이다. 지상의 질서가 천상의 질서와 포개지면서, 지상은 '유사 천상'의 공간으로 의미화된다.

류큐를 신성화하는 장치는 그뿐만이 아니다. 류큐는 천제의 명령으로 천상의 신인 아마미쿠가 만든 공간이기에, 창조주의 신성에 의해서도 그 공간의 신성성이 보증된다. 심지어 류큐라는 섬을 있게 한 흙, 돌, 풀, 나무마저 원래 하늘의 것이 아닌가? 류큐의 위치 역시 류큐 왕국의 신성화와 관련된다. 류큐는 넓고 넓은 망망대해 가운데에서도 특히 '신이 살 만한 영험한 자리'를 천제가 지정하여 만들어진 섬이기 때문이다. 천제의 명령을 받아, 하늘에서 내려온 신이, 천제가 지정한 영험한 위치에, 하늘의 토석초목으로 만든 섬, 그것이 바로 류큐다.

아마미쿠의 류큐섬 창조가 우타키의 조성으로 표현된다는 것도 이런 맥락에서 이해할 수 있다. 아마미쿠가 섬을 만들라는 명령을 받고 하늘에서 내려와 만들었다는 아스모리, 가냐하브, 지넨모리, 세화 우타키, 야부사쓰, 아마쓰즈, 고보모리, 슈리모리 등은 지금까지도 실재하는 우타키들로, 특히 왕조 차원의 의례에서 중요한 역할을 하던 곳이다. 마다마모리는 정확한 위치가 비정되지 않지만,《오모로소시》의 오모로에서 슈리모리의 대구對句로 종종 등장하는 것으로 보아 마다마모리 역시 왕궁 슈리성의 주요 우타키였던 듯하다. 오키나와 본도의 북쪽에 위치한 헤도의 아스모리에서부터 차례차례 아래로 내려오면서 우타키가 만들어지고, 마지막으로 슈리의 우타키가 형성된다. 이렇게 아마미쿠가 북쪽에서부터 남쪽으로 왔다가 다시 수도 슈리에 이르는 동안 여러 우타키를 만들었고 그것이 곧 류큐라고 설명하는 〈류큐개벽지사〉는, 류큐의 국토를 우타키라는 신성한 성지들의 연쇄로 그려내고 있는 셈이다.

우타키가 자리해 있는 곳들이 오키나와 본도 내에만 한정된다는 점도 눈여겨보아야 한다. 오키나와 본도에서 발흥한 류큐 왕국은 본도 인근의 이도離島는 물론 북쪽으로는 아마미제도, 남쪽으로는 미야코제도와 야에야마제도에 이르는 지역을 판도 안에 넣고 있었지만, 그곳들 모두가 신성한 왕토는 아니었다. 〈류큐개벽지사〉가 그리는 류큐라는 신성 공간의 지리적 영역은 오키나와 본도에 한정되고 있으며, 이러한 배타적 변별 의식은 본도를 제외한 다른 이도들이 일종의 식민지와 같은 차별적 위치에 놓여 수탈적 지배의 대상이 되었던 류큐 왕국 역사상의 실제와도 맥을 같이 한다.

신성한 것은 류큐 국토만이 아니었다. 류큐에 사는 사람들도 마찬가지다. 천제는 류큐섬이 만들어지기는 했으나 사람이 없다는 아마미쿠의 말에 자신의 아들딸을 내려보낸다. 천제의 딸은 '음양의 화합은 없었으나 오가는 바람을 인연으로' 하는 신이한 방식으로 잉태하여 아들 셋, 딸 둘을 낳았고, 그들은 류큐 사람들의 시조가 되었다. 혈통적으로 신성한 이가 신이한 방법으로 낳은 아이들이 류큐의 시조라는 것이다. 이렇듯 〈류큐개벽지사〉는 류큐 사람들 또한 신성함을 나누어 가진 존재들이라고 말하고 있다.

〈류큐개벽지사〉는 국토의 신성성과 그 국토를 터전으로 하는 사람들의 신성함을 거론하는 동시에, 류큐의 사회 체제를 신화적 태초에 관련지어 절대화하기도 한다. 신화는 남성과 여성의 역할을 구분하고, 또 남성과 여성 각각을 위계화한다. 장남은 국주, 차남은 제후, 삼남은 백성의 시조이고, 장녀는 '기미', 차녀는 '노로'의 시조라고 할 때, 아들들은 정치적인 사회 체제의 위계적 신분에 각각 대응되고 딸들은 국가적 사제 조직의 위계에 대응된다. 지방 공동체의 의례에서 사제 역할을 하는 '노로'는 류큐의 중앙집권적 왕권이 확립되어감에 따라 피라미드 형태의 위계적인 국가 사제 조직으로 포섭되었다. 기미는 그 사제 조직의 상단에 있는 고급 사제를 가리키며, 그 정점에 기코에오기미가 자리한다는 사실을 우리는 이미 알고 있다. 그리고 주지하다시피, 류큐 왕국의 국가적 사제 조직은 여성들로 구성되어 있었다. 류큐의 남성은 왕, 사족, 백성과 같은 신분적 위계로, 류큐의 여성은 기미와 노로의 종교적 위계로 나뉘는 것이다.

류큐 사회의 성 역할 구조는 세속의 정치를 담당하는 남성, 성스러운 제사를 맡아 하는 여성으로 단순화된다. 한 집안 내에서는 누이가 신성한 힘으로 공적 사회의 일원인 오라비를 수호하고, 마을 차원에서는 남성들이 주도하여 운영하는 마을의 안녕을 여성 사제가 중심이 되는 마을 의례를 통해 기원한다. 이것이 국가 차원으로 상승하면 왕과 기코에오기미의 관계로 반복, 재현된다.

〈류큐개벽지사〉는 이러한 성 역할 구조와 함께, 각각의 성이 유교적 신분제와 종교적 사제 체계로 위계화되고 있음을 보여준다. 여기에서 그러한 구조와 위계의 당위성은, 천제의 딸이 낳은 세 아들과 두 딸에서부터 비롯했다는 기원의 성스러운 신화를 통해 강조되고 있다.

〈류큐개벽지사〉의 우주

〈류큐개벽지사〉의 전반부는 국토 창조 이야기를 통해 류큐 왕국을 신성화하고 또 인류 시조 이야기를 통해 왕국의 사회적 질서를 신성화하여 류큐라는 나라에 신화적 절대성을 부여하는 이야기다. 창세신화의 주요 주제 가운데 '우주 창조'와 '인류 기원'의 주제가 여기에 드러나 있다.

우주 창조, 인류 기원과 함께 창세신화의 보편적 주제로 들 수 있는 것은 농경의 기원과 같은 문화 기원에 대한 것이다. 〈류큐개벽지사〉역시 농경의 기원에 대해 설명하는데, 특이하게도 류큐의 여러 수호신 및 관련 의례들을 설명하면서 그 가운데 하나인 농경의례의 기원을 말할 때 농경의 기원을 거론한다. 다음은, 인류의 기원을 설명한 후에 이어지는 내용이다.

수호신도 출현했다. 기미마몬キミマモン이라 칭한다. 기미마몬은 음양 두 신이 있다. 오보쓰카쿠라オホッカクラ 신은 천신이다. 기라이카나이カライカナイ 신은 해신이다. 이어서 두 신의 유래를 대략 말한다. 먼저 기미테즈리キミテスリ는 천신이다. 왕이 대를 이은 후, 일대一代에 한 번 출현해서 왕에게 만수무강을 주는 신이다. 이칠일 동안 내려와 머문다. '오모로'는 그때 신이 내려주는 신탁이다. 아라가카리新懸는 해신이다. 5년, 7년에 한 번 출현한다. 공경대부며 사장師長에 이르기까지 마음이 정직하고 바른 자의 집에는 와서 장수를 주고, 마음이 사치하고 간사한 자의 집에는 주지 않는다. 뿐만 아니라 보통 때의 악행을 모두 말씀하시고 형벌을 가하신다. 이 신도 이칠일 동안 머무른다.

황신荒神은 해신이다. 세상이 말세에 이르러 불인난역不仁亂逆한 자들이 나올 때 삼십 년이나 오십 년에 한 번 나타나 형벌을 행하여 모든 구부러진 것들을 바로잡는다. 이 역시 이칠일 동안 머무른다. 오우에 출현하기에 민간에서는 '오우의 미오야다이리'라고 한다. 삼가 생각하건대 순舜이 사흉四兇[34]을 죽이고 공자가 소정묘少正卯[35]를 죽인 것은, 사람이라면 남을 사랑할 수도, 미워할 수도 있어야 한다는 뜻이리라.

우라마와리浦マハリ는 천신이다. 이 신도 일대에 한 번 출현하여 포구와 곶을 돌면서 국가를 수호하시는 신이다. 삼가 생각건대, 이것은 성인聖人의 순수巡狩와 같은 뜻이다. 요나하노 미오야다이리與那原ノミキヤタイリ는 음양을 포함한 신이다. 기코에오기미가 처음으로 신탁을 내릴 때 머무른다. 이 역시 이칠일 머무른다. 요나하에 출현하실 동안을 요나하의 미오야다이리라고 한다. 쓰키노 미오야다이리月ノモキヤタイリ는 천신이다. 한 달에 한 번 출현하여 국가를 보호·유지하고 국왕의 장수를 주신다. 하루 동안 머무른다.

가나이노 기미마몬カナイノキミマモン은 해신이다. 춘3월, 하6월, 추9월, 동12월, 일 년에 네 번 출현한다. 나라가 오래 지속되도록 보호하고 또 국왕의 장수를 주시는 신이다. 한 번에 이레 동안 내려와 있으므로 나나쓰노 미오야다이리七ツノミキヤタイリ라고 한다.[36]

이렇게 만신전萬神殿을 펼치고 난 다음, 〈류큐개벽지사〉는 다음과 같이 오곡의 신에게 제사를 지내게 된 연유를 이야기하면서 자연스레 농경의 기원에 대해 설명한다. 여기에서 아마미쿠 신이 또 등장한다.

오곡五穀의 제신祭神이라는 것은 (유래가 이렇다.)[37] 사람들은 동굴이나 들에 살며 여러 사물과 더불어 벗하여 해하려는 마음이 없었다. 곡식도 심을 줄 몰라 풀과 나무 열매를 먹었고, 불이 없어서 짐승의 피를 마시고 그 털을 먹었다. 사람들이 번창하기 어려운 터였다. 아마미쿠는 하늘에 올라가 오곡 종자를 받아왔다. 보리와 조, 콩, 기장 씨앗은 처음으로 구다카지마에 심고, 벼는 지넨의 웃카, 다마구스쿠의 오케미조에 심었다. 보리는 중춘에, 벼는 여름 초엽에 익으니 이레를 삼가고 사흘을 재계하여 천지신명께 제사지냈다. 천지신명도 기쁜 나머지 현현하여 처음으로 신의 축복을 내리셨다. 지금 곳곳에서 봄여름 네 번 신을 제사지내는 것은 이것에서 시작되었다. 2월 구다카의 행행, 4월 지넨 다마구스쿠의 행행도 여기에서 시작된 것이다.[38]

하늘의 토석초목으로 섬을 만들고, 하늘의 남녀를 지상에 하강하게 하여 류큐의 인간 사회가 시작하게 했던 아마미쿠는 하늘의 오곡종자를 받아와 지상에 심었다. 류큐는 국토도, 사람들도, 오곡도 모두 신성하다. 아마미쿠의 덕으로 천상의 것이 지상에 구현된 왕토, 사회, 농경이라는 세 개의 범주가 생겨났다.

하지만 〈류큐개벽지사〉의 신화는 아마미쿠만을 류큐 왕국의 절대적인 유일신으로 그리고 있지는 않다. 〈류큐개벽지사〉에는 천신뿐만 아니라 해신을 포함한 여러 신들의 만신전으로 구성된, 류큐의 수호신이라는 또 하나의 범주가 제시되어 있다. 왕토와 인류와 농경, 그리고 여러 수호신들. 이 네 범주로 구성된 세계가 바로 〈류큐개벽지사〉가 구축하고 있는 태초의 신화적 우주이자 신화적 공간으로서의 '류큐'다. 아마미쿠와 천제가 의미하는 수직적 타계뿐만 아니라, 또 다른 타계와 신격들까지 류큐의 신화적 우주를 구성하고 있는 것이다.

《중산세감》이 왕조의 관찬 문헌이라는 점에서 그 문헌에 수록된 〈류큐개벽지사〉라는 신화가 지니는 무게는 결코 가볍지 않다. 〈류큐개벽지사〉가 그려내고 있는 신화적 우주, 류큐라는 우주에 대한 규정은 류큐 왕국의 공식적인, 공인된 창세신화라고 할 수 있기 때문이다.

하지만 《중산세감》이 그려낸 류큐 왕국의 창세신화는 당대에 보편적으로 널리 인정되지는 못했던 듯하다. 중산 왕조의 세계보世系譜로서 《중산세감》 이후 연이어 나온 《중산세보》는 류큐의 창세를 주제로 하면서도 《중산세감》의 〈류큐개벽지사〉와는 다른 우주를 그려내고 있기 때문이다. 이제, 류큐국의 또다른 창세신화를 살펴보아야 한다.

2

다른 기록, 다른 신화

채탁·채온 부자의 《중산세보》

《중산세보》라는 류큐 관찬 문헌이 있다. '세보'라는 이름이 말해주듯, 역대 중산왕의 계보를 적은 책이다. 기본적으로 《중산세감》과 같은 성격의 문헌인 셈이다. 《중산세감》은 1650년에, 《채탁본 중산세보》는 1701년에 나왔고, 《채온본 중산세보》는 얼마 지나지 않은 1725년에 나왔다. 왕가 계보의 간행 빈도가 꽤 밭은 편이다.

　《중산세감》과 《중산세보》의 두드러지는 차이는 표기 방식에 있다. 《중산세감》은 중국 문자인 한자와 일본 문자인 가타가나를 함께 쓴 일문체日文體로 기록되었고, 이후 이를 한문으로 옮겨 《중산세보》가 편찬되었다. 편자는 채탁蔡鐸(1644~1724)이다. 이 《중산세보》는 곧 보완되었는데, 이번에는 채탁의 아들 채온蔡溫(1682~1762)이 그 책임자였다. 먼저 나온 것을 《채탁본 중산세보》, 뒤의 것을 《채온본 중산세보》로 구분

琉玨國中山世鑑卷一

琉球開闢之事

曩昔天城ニ阿摩美久ト云神御坐シケ
川天帝是ヲ召シ宣ケル八此下ニ神ノ
可住靈處有リ去レトモ未タ嶋ニ不成
事コソアシケレ爾降リテ嶋シ作
ト下知シ給ケル阿摩美久畏リ
テ見ルニ靈也ト、見ヘケレトモ東毎

《중산세감》영인본 가운데 한 면
한자와 가타카나가 섞여 있다.

하는데, 보통《중산세보》라고 하면 후자를 가리킨다. 정리하자면《채탁본 중산세보》는《중산세감》의 한역본이고,《채온본 중산세보》는《채탁본 중산세보》의 개정판이라 하겠다.

《중산세보》도《중산세감》처럼 국토의 기원과 인류 기원, 문화 기원이라는 창세신화의 주제를 다룬다. 류큐의 만신전을 제시하는 부분도 같다. 채탁이나 채온 모두, 류큐가 어떻게 처음 생겨났는지, 사람은 또 어떻게 이 세상에 나타나게 되었는지, 어떤 신들이 류큐의 수호신이었는지, 오곡은 또 어떻게 생겨난 것인지를 차례차례 이야기한다.《채탁본 중산세보》는《중산세감》을 한역한 것이라니 그 내용이 다를 게 있을까 싶고,《채온본 중산세보》는《채탁본 중산세보》를 보완한 것이라고 하니 덧붙이거나 오류를 바로잡은 정도이지 않을까 예단하기 쉽다.

그러나 세 문헌의 창세신화는 비슷하다고 할 수 있을지 몰라도 결코 같다고는 할 수 없는 차이가 있다. 무엇보다 문헌의 편제에서 창세

《채탁본 중산세감》영인본의 일부
한문으로 쓰여 있다.

신화가 지니는 위상이 같지 않다. 〈류큐개벽지사〉를 별개의 기사 제목으로 올린 《중산세감》과는 달리, 《채탁본 중산세보》는 〈총론〉, 《채온본 중산세보》는 〈역대총기歷代總紀〉라는 제목을 지닌 기사의 일부로 창세신화를 다룬다. 구체적 내용으로 들어가면 그 차이가 더욱 확연하다. 공간의 창조와 인류의 기원, 농경의 기원이라는 동일한 주제를 다루면서도 각각의 주제에 대한 구체적 실상은 《중산세감》과 《중산세보》가 다르고, 또 《채탁본 중산세보》와 《채온본 중산세보》가 다르다.

《중산세보》의 국토 창조 신화

모든 것이 생겨나지 않았던 태초, 이름 하여 태극 때에는 모든 것이 섞이고 나뉘지 않아 음양과 청탁의 구분이 없었다. 그러다가 이윽고 스스로 양과 음이 나뉘었는데, 맑은 것은 올라가 양이 되고 탁한 것은 내려가 음이 되었다. 이로부터 하늘과 땅의 자리가 정해지고 인물이 생겨났다.[39]

《채탁본 중산세보》의 〈총론〉이 시작되는 부분이다. 태극이니 음양이니, 낯설지 않은 단어가 등장한다. 익히 들어왔던, 중국 태생의 한자문화권 용어다. 세상의 시초에 대해 〈총론〉은 모든 것이 뒤섞여 분리되지 않았던 혼돈의 태극 때를 거쳐 음양이 나뉘고 구분되어 천지와 인물이 생겨났다고 말한다.

〈류큐개벽지사〉와 대조해보면 창조된 세상의 범위 자체가 다르다. 〈류큐개벽지사〉가 섬나라 류큐에 국한하여 창조를 이야기했다면, 〈총론〉은 그 범위를 훌쩍 넘어서서 우주 전체가 어떻게 만들어졌는가를 이야기한다. 〈류큐개벽지사〉에서는 〈총론〉에서와 같은 우주의 태초가 언급되지 않은 채 하늘과 바다가 이미 있는 것으로 전제되어 류큐섬이 만들어지는 데에서 창세가 시작되었다. 〈류큐개벽지사〉가 류큐 국토의 창조에 집중한 반면, 그 뒤에 나온 〈총론〉은 이를 도외시하고 우주적 창세를 거론한 셈이다.

〈총론〉을 뒤이은 《채온본 중산세보》의 〈역대총기〉는 어떨까? 〈역대총기〉는 앞선 두 문헌의 창세를 모두 아우른다. 《채온본 중산세보》의 〈역대총기〉에는, 《채탁본 중산세보》의 〈총론〉에서 그려진 우주 생성과 《중산세감》의 〈류큐개벽지사〉에서 서술한 류큐 왕토의 창조가 순차적으로 제시되어 있다.

천지가 나누어지지 않았던 처음에는 모든 것이 뒤섞여 음양과 청탁의 변별이 없었다. 그러다가 이윽고 태극이 음양을 낳고 음양이 사상四象을 낳고 사상이 하여 뭇 사물들이 번성하였다. 이로 말미암아 천지가 비로소 천지가 되고, 인물이 비로소 인물이 되었다.……우리나라의 개벽 초에는 파도가 범람하여 살 곳이 못 되었다. 그때 한 남자와 한 여자가 생겨났는데, 남자의 이름은 시니레쿠志仁禮久라 하고 여자의 이름은 아마미코阿摩彌姑라 하였다. 흙과 돌을 옮기고 풀과 나무를 심어 파도를 막으니 우타키의 시작이다. 우타키가 이루어지고 난 다음에는 인물이 번성하였다.[40]

……로 표시한 생략 부분에는 중국을 기준으로 하는 류큐 왕국의 위치가 설명되어 있다. 〈역대총기〉의 창세신화는, 우주가 생성된 이후에 중국을 기준으로 어디어디쯤에 류큐가 창조되었다는 방식으로 구성

되어 있다. 우주가 생성된 뒤에 류큐가 창조되었다는 방식으로, 〈역대총기〉의 창세신화는 〈총론〉의 우주 생성과 〈류큐개벽지사〉의 류큐 개벽을 서로 모순되지 않게 모두 수용하고 있는 것이다.

그렇다고 해서 〈역대총기〉가 〈류큐개벽지사〉와 〈총론〉을 기계적으로 결합하기만 한 것은 아니었다. 〈총론〉의 태극과 음양에 따른 우주 생성의 신화는 사상四象까지 언급하며 좀 더 상세하게 서술하는 데 그치는 반면, 〈류큐개벽지사〉의 류큐 창세신화는 보다 적극적으로 다르게 재편한 면모가 드러난다.

〈류큐개벽지사〉는 류큐 왕토는 하늘에서 천제의 명령을 받고 내려온 아마미쿠가 하늘의 흙과 돌, 풀과 나무를 써서 우타키를 만들고 파도를 막음으로써 만들어진 것이라고 말했었다. 〈역대총기〉는 여기에서 '하늘'의 존재를 지운다. 파도를 막은 토석초목의 출처는 불분명하며, 하늘에서 내려온 아마미쿠의 존재도 없다. 〈역대총기〉의 아마미쿠는, 우연히 생겨난 한 쌍의 남녀 가운데 여자의 이름일 따름이다. 초월적 공간으로서의 하늘과 하늘의 주재자 천제는 〈총론〉에서 이미 지워졌었는데, 〈역대총기〉 역시 하늘의 존재를 지운다는 점에서 〈총론〉의 타계관을 선택한 것으로 보인다.

《중산세보》의 류큐 시조

《중산세감》의 〈류큐개벽지사〉에 따르면, 인류의 기원은 아마미쿠가 하늘에 올라가 류큐섬에서 살 인간을 내려달라고 간구하자 천제가 내려보낸 그의 아들과 딸이 3남 2녀를 낳은 데에서 비롯되었다. 그런데

《채탁본 중산세보》의 〈총론〉은 류큐 최초의 남녀가 '저절로' 출현했고 그 저절로 출현한 남녀로부터 3남 2녀가 태어났다고 한다.

> 그 처음(하늘과 땅의 자리가 정해지고 인물이 생겨났을 때: 필자)에 일남일녀가 화
> 생化生했다. 남성은 여성을 품고 여성은 남성을 따르니 시간이 지나자 저
> 절로 부부의 도가 이루어져 인륜의 시초가 되었다. 3남 2녀를 낳았는데
> 장남은 군왕의 시초로 천손씨天孫氏라 하고, 차남은 아지의 시초, 삼남은
> 창생蒼生의 시초, 장녀는 기미들의 시초, 차녀는 노로들의 시초이다. 오
> 륜이 닦이고 큰 도가 시작되었다.[41]

〈총론〉의 인류 기원 부분이다. '일남 일녀의 화생' 대신, '천제의 아들
딸의 하강'이라고 했으면 〈류큐개벽지사〉와 별반 다르지 않았을 터다.
하지만 〈총론〉은 최초의 남녀가 '화생', 즉 저절로 생겨났다고 함으로
써 〈류큐개벽지사〉와 결별한다. 그런데 그 남녀 사이에서 태어난 장남
은 〈류큐개벽지사〉에서처럼 '천손씨'다. '천손씨'란 축자적으로 보면 하
늘의 자손이라는 의미이니 천손씨를 낳은 최초의 남녀가 하늘과 연관
되어 있을 법도 하건만, 〈총론〉은 태초 남녀의 출현을 '화생'이라 못박
는다.

《채온본 중산세보》의 〈역대총기〉는 어떤가? 〈역대총기〉는 우주적
창조가 일어난 다음 류큐 왕토의 창조가 이루어졌다고 순차적인 우주
창조를 기술했는데, 인류의 기원도 이런 방식으로 설명한다. 시니레
쿠와 아마미코가 류큐를 만들자 '인물', 즉 사람과 사물이 자연스레 번
성한 것이 첫 번째 인류의 기원이다. 이렇게 생겨난 사람들은 처음에
는 동물들과 벗하여 살며 서로 해치려는 마음이 없었는데, 세월이 흐

른 후 지혜를 갖게 되자 점차 그들을 적으로 삼았다고 한다. 이런 상황에서, 예의 3남 2녀를 낳을 누군가가 나타난다. 두 번째 인류의 기원을 초래할, '천제자'라는 이다.

……이때 다시 한 사람이 나타나 무리를 나누고 백성의 거처를 정하니, 천제자라 불렀다. 천제자는 3남 2녀를 낳았다. 장남은 천손씨로 국왕의 시초가 되었다. 차남은 아지(아지란 중국의 제후와 같다), 삼남은 백성의 시초이다. 장녀는 기미들(기미란 신직을 맡은 부녀자를 가리킨다. 기미들이란, 귀족 부녀 수십 인으로 하여금 각각 신직을 맡게 하였기에 기미들이라 칭한다. 강희 초엽에 논의하여 그 수를 줄였으나, 지금도 몇몇 신직이 존재한다), 차녀는 노로들(노로 역시 신직을 맡은 자를 가리킨다. 노로들이란, 모든 마을에 각각 신직을 맡는 부녀가 있기에 합하여 노로들이라 한 것이다. 지금까지도 여전히 존재한다)의 시초가 되니, 윤리와 도덕이 시작되었다.……[42]

괄호로 묶은 설명까지 모두 〈역대총기〉의 기록이다. 천제자라는 사람이 나타나 3남 2녀를 낳았고, 이들로부터 국왕, 아지, 백성과 기미, 노로가 비롯되었다고 한다. 시니레쿠와 아마미코가 만든 류큐 세상에서 번성했다는 사람들이 어떻게 출현했는가에 대해서는 얼버무리고, 어느 날 나타난 천제자가 낳은 3남 2녀로부터 각각 류큐의 성속聖俗적 신분이 비롯했다고 말하고 있다. '천제자'라는 말은 천제의 아들이라는 뜻이니 '천제자'에도 '천손씨'처럼 '천'이라는 개념이 내재되어 있는 듯한데, 〈역대총기〉도 〈총론〉처럼 그것을 구체화하지는 않고 있다.

《중산세감》과 《중산세보》는 신화 속의 3남 2녀로부터 류큐의 남성 신분과 여성 사제의 직분이 비롯되었다는 화소만 공유할 뿐이다. 3남

2녀를 누가 낳았는가에 대해서는 세 기록이 모두 다른 이야기를 하고 있고, 특히 《채온본 중산세보》는 하강이든 화생이든 신이하게 출현한 것임에는 틀림없는 남녀 사이에서 3남 2녀가 생겨났다는 〈류큐개벽지사〉나 〈총론〉의 공통적 관념과는 다르게 '천제자'라는 인물을 중간에 내세워 공간 창조의 주역과 3남 2녀의 시조를 구분하고 있다.

《중산세보》의 오곡 기원

《중산세감》의 〈류큐개벽지사〉에서 류큐에 오곡이 있게 한 인물은 아마미쿠였다. 그 자신이 천상의 존재였던 아마미쿠는 천상의 신에게 간구하여 천상의 오곡을 지상에 가지고 내려온다. 아마미쿠는 보리와 조, 콩, 기장 씨앗은 구다카지마에 심고, 벼는 지넨 웃카, 다마구스쿠 오케미조(오늘날의 우킨주 하인주)에 심었다. 아마미쿠가 하늘에서 받아와 심은 오곡은, 천상으로부터 지상에 도래한 신성한 곡물이다.

《채탁본 중산세보》의 〈총론〉과 《채온본 중산세보》의 〈역대총기〉는 오곡 기원에 관한 한 그 내용과 표현이 거의 유사하므로, 주석이 달려 좀 더 상세하다고 할 수 있는 〈역대총기〉를 살펴보자.

당시(천손씨 치세: 필자) 백성들은 농사지을 줄 몰라 짐승을 잡아먹고 열매를 수습하여 끼니로 삼았다. 세월이 오래 지난 후, 보리와 조와 기장이 천연적으로 구다카지마에 생겨나고, 벼가 지넨, 다마구스쿠에 돋아났다. 처음으로 백성들에게 씨앗을 경작하는 것을 가르치니 농사가 흥하였다 (보리는 봄에 익고 벼는 여름에 익는다. 이런 까닭에 옛 제도에 국군이 매년 2월에는 구다카지마에 행행하고 4월에는 지넨 다마구스쿠에 행행하여 친히 제사를 지내어 황천후토가 사물을 이루신 덕에 보답하였다. 강희 12년 계축에 길이 멀고 바다가 험하여 옛 제도를 바꾸어 사자를 보내어 대신 제사하게 하는 것이 정규定規가 되었다).[43]

여기에서 강희 12년에 바뀐 '옛 제도'란 향상현이 금지한 구다카지마 행행을 가리킨다. 행행은 폐지되었지만, 구다카지마와 지넨·다마구스쿠에서는 지속적으로 국가적 의례가 행해졌다. 오곡 기원에 대한 신화에 국한해서 보면, 〈총론〉과 〈역대총기〉가 〈류큐개벽지사〉와 공통되는 부분은 보리와 조, 기장과 같은 잡곡의 첫 출현을 구다카지마에, 그리고 벼의 첫 출현을 지넨·다마구스쿠에 연결시키고 있다는 점이다. 〈류큐개벽지사〉, 〈총론〉, 〈역대총기〉는 모두 이런 연유로 구다카지마와 지넨·다마구스쿠에 국왕이 행행하여 의례를 거행한다는 서술을 덧붙이고 있다. 구다카지마는 보리와 같은 잡곡의, 지넨·다마구스쿠는 벼의 발상지라는 생각이 의례라는 증거를 바탕으로 한 당대의 보편적 사유였던 듯하다.

두 《중산세보》가 공히 《중산세감》의 〈류큐개벽지사〉와 다른 점은 천상의 곡물을 받아와 심은 아마미쿠의 존재가 사라지고 없다는 것이다. 오곡은 아마미쿠가 하늘에서 가져온 것이 아니라, 자연적으로 발생한 것이라고 이야기된다. 아마미쿠가 사라지고 없는 대신, 〈총론〉과 〈역대총기〉는 자연적으로 생겨난 오곡을 심어 가꾸는 방법을 백성에게 가르쳤다는 서술이 덧붙어 있다. 《중산세감》의 〈류큐개벽지사〉 역시 아마미쿠가 곡물을 가져오기 전에는 사람들이 곡물을 심을 줄 몰라 풀과 나무의 열매를 먹었다고 하여 곡물의 기원이 곧 작물의 기원이기도 하다는 것을 암시하고 있지만, 곡물 심는 방법을 '가르쳐' 농경이 시작되었다는 서술은 〈총론〉과 〈역대총기〉에서 분명하다.

《중산세감》의 〈류큐개벽지사〉의 오곡 기원 신화가 곡물의 신성성을 강조한다면, 《중산세보》의 〈총론〉과 〈역대총기〉는 농경의 기원을 더 중요하게 다룬다. 물론 구다카지마와 지넨·다마구스쿠를 신성시하는 관념은 세 신화가 모두 공통되고 그것은 의례를 통해서도 증명되지만, 세 신화가 방점을 두는 것이 무엇인가에 따라 그곳들을 신성하게 여기는 이유와 의례의 성격은 조금 다르게 규정된다.

가령 《중산세감》의 〈류큐개벽지사〉에서는 신성한 곡물을 심어 낟알이 익은 후에 천신지기에게 제사를 지냈더니, 천신지기가 기쁜 나머지 나타나 축복을 내렸다고 한다. 이 신화에 따르면 매년 행해지는 곡물 관련 의례는 최초의 감사 의례를 재확인하는 역할을 수행하게 될 것이다.

《중산세보》의 〈총론〉과 〈역대총기〉는 어떤가? 두 기록의 신화는 의례의 목적을 황천후토에게 감사를 드리는 것에 둔다. 자연스레 화생한 곡물에서 농경이 시작되었으니, 그 곡물을 생겨나게 한 황천후토에게 감사하기 위해 의례를 수행한다는 것이다. 여기에서의 황천후토는 류큐 고유의 신격이라기보다는 곡물을 저절로 생겨나게 한 '자연 일반'의 초월성을 신격화한 것일 터다. 《중산세감》의 〈류큐개벽지사〉에서 나열되었던 류큐의 국가적 만신萬神 가운데 하나가 아니라, 문명권 공통의 추상적인 신격 '황천후토'가 곡물 출현에 대한 감사 의례의 대상으로서 거론되고 있음을 주목해두자.

외부인이 기록한 류큐의 창세—
일본 승려 다이추의《류큐신도기》

이렇듯《중산세감》의 〈류큐개벽지사〉나《중산세보》의 〈총론〉, 〈역대총
기〉는 류큐의 태초에 대해 조금씩 다르게 이야기한다. 신화가 기록될
때 언제, 누가, 무엇을 목적으로 기록하는가에 따라 그 내용은 달라지
기 일쑤이니, 이것이 드물거나 희한한 현상은 아니다. 아마도《중산세
보》를 편찬한 채탁이나 채온은《중산세감》의 〈류큐개벽지사〉에 온전
히 동의할 수 없었고, 〈총론〉 및 〈역대총기〉의 창세신화로 그것을 대신
했을 것이다.

《중산세보》의 창세신화가《중산세감》의 창세신화에 대한 비동의非
同意로서 재편된 것이라면,《중산세감》의 〈류큐개벽지사〉는 어떨까?
그것은 어떤 신화를 전제로 기록된 신화인가?《중산세감》이전의 류
큐 창세신화는 어떤 모습이었던 걸까?

전해오는 문헌 가운데,《중산세감》이나《중산세보》이전에 류큐 창
세신화의 모습이 어떠했는지 짐작해볼 수 있는 자료가 있다. 잘 알려
져 있는 것은 다이추袋中(1552~1639)라는 일본 승려가 쓴《류큐신도기
琉球神道記》이다. 다이추는 일본의 정토종淨土宗 승려로, 중국으로 구
법 여행을 가는 길에 류큐에 들러 1603년부터 3년 정도 머물렀다. 당
시 류큐의 국왕이었던 상녕왕(1589~1620)의 신임을 얻어 계림사桂林寺
를 개창하는 등 일본 정토종을 류큐에 전한 것으로 알려져 있다. 일본
으로 돌아간 후 다이추는 자신의 류큐 체재 경험을 바탕으로《류큐신
도기》를 썼다. 책으로는 1648년에 펴냈지만, 실제로 쓴 것은 1605년의
일이다.《중산세감》과 시간적 거리가 그다지 멀지 않다.

이 《류큐신도기》의 제5권에는 〈긴마몬 이야기キンマモンこと〉라는 제목의 글이 실려 있다. 이 제목 밑에 달린 주석은 이 이야기가 바로 '류큐국의 신도神道'라고 부연한다. '신도'란 잘 알려져 있다시피 일본 토착의 종교다. 일본인이었던 다이추의 눈에는, 류큐의 토착 종교가 일본의 신도와 다름없는 것으로 보였나 보다. 여하튼, 이 〈긴마몬 이야기〉는 '옛날 이 나라에 아직 사람이 없었을 때'에서 시작된다. 창세를 주제로 하는 신화다.

> 옛날 이 나라에 아직 사람이 없었을 때, 하늘에서 남녀 두 사람이 내려왔다. 남자를 시네리큐, 여자를 아마미큐라고 한다. 두 사람은 집을 나란히 해서 살았다. 이때 이 섬은 아직 작아서 파도에 흔들렸다. 이에 다시카라는 나무를 나타나게 하고 심어서 산의 본체로 삼았다. 다음으로 시큐라는 풀을 심었다. 또 아단이라는 나무를 심어 점차 나라의 본체로 삼았다. 두 사람은 음양화합은 없었지만 사는 곳이 나란했던 까닭에 왕래하는 바람을 연으로 해서 여인이 잉태했다. 이윽고 아이 셋을 낳았다. 첫째는 여러 곳 누시의 시작이고, 둘째는 노로의 시작이고, 셋째는 사민土民의 시작이다.[44]

〈긴마몬 이야기〉는 《중산세감》의 〈류큐개벽지사〉와 많은 부분이 유사하다. 하늘에서 내려온 인물에 의해 현재의 류큐 국토가 이루어졌다는 것도 비슷하고, 류큐 인류의 시조를 낳은 최초의 남녀가 "음양화합은 없었지만 사는 곳이 나란했던 까닭에 왕래하는 바람을 연으로 해서 여인이 잉태했다"는 표현은 〈류큐개벽지사〉와 그대로 겹친다. 류큐 인류의 시조를 여러 계급의 시조로 표현하는 것도 같은데, 다만 〈긴마몬 이야기〉에서는 계급의 위계가 다소 단순화되어 있을 뿐이다. 〈긴마몬 이야기〉와 〈류큐개벽지사〉의 이러한 유사성은, 〈류큐개벽지사〉가 《중산세감》의 편자 향상현이 독단적으로 꾸며낸 허무맹랑한 이야기는 아니라는 점을 알게 해준다.

　사족일지 모르나, 《류큐신도기》가 《중산세감》보다 시기적으로 일찍 나왔다고 해서 〈긴마몬 이야기〉를 가장 오래된 형태의, 소위 원형에 가까운 류큐의 창세신화라고 간주할 수는 없다는 점을 덧붙여 두고 싶다. 《류큐신도기》는 3년 남짓 류큐에 거주했던, 류큐의 토착 종교를 '신도'라는 일본인의 잣대로 포착하려 했던 승려의 저술이다. 일본 창세신화에 등장하는 이자나기와 이자나미 남녀 신을 연상시키는 시네리큐와 아마미큐 한 쌍의 존재도 그렇고, 채탁이 버렸음에도 불구하고 채온이 다시 되살렸던, 향상현이 기록하고 있는 국토와 우타키의 상관성이 《류큐신도기》에는 없다는 점도 미심쩍다. 《류큐신도기》의 〈긴마몬 이야기〉는 타자적 오해의 가능성이 농후한, 일본의 청자聽者를 고려한 일본 화자話者의 서술일 뿐, 류큐 왕권의 '목소리'로 구성된 류큐 왕국의 신화라고는 할 수 없다.

《오모로소시》의 창세신화

류큐 왕조의 창세신화가 어떤 모습이었는지 짐작해볼 수 있는 자료가 더 있다. 《오모로소시》 제10권에 두 번째로 실려 있는 오모로다.

　─ 무카시 하지마리야　　　　　옛날 태초에

데다코 오누시大主야	데다코 오누시여
기요라야 테리요와레	아름답게 비추소서
又 세노미 하지마리니	세노미 태초에
又 데다 이치로쿠가	데다 이치로쿠가
又 데다 하치로쿠가	데다 하치로쿠가
又 오산 시치에 미오레바	멀리 내려다보고는
又 사요코 새에 미오레바	멀리 내려다보고는
又 아마미쿄와 요세와치에	아마미쿄를 가까이 불러
又 시네리쿄와 요세와치에	시네리쿄를 가까이 불러
又 시마 쓰쿠레 테데와치에	섬을 만들라 하시고
又 구니 쓰쿠레 테데와치에	나라를 만들라 하시고
又 고코라키노 시마시마	수많은 섬들
又 고코라키노 쿠니구니	수많은 나라들
又 시마 쓰쿠루기야메모	섬이 완성되는 것도
又 구니 쓰쿠루기야메모	나라가 완성되는 것도
又 데다코 우라기레테	데다코 기다리다 지쳐
又 세노미 우라기레테	세노미 기다리다 지쳐
又 아마미야 스치야 나스나	아마미야 후손을 낳으려는 건가
又 시네리야 스치야 나스나	시네리야 후손을 낳으려는 건가
又 샤리와 스치야 나시요와레	그렇다면 후손을 낳으소서[45]

대구를 이루는 2행은 표현은 조금씩 달라 보이지만 지시하는 내용
은 같다. 중복되는 표현에 아무 이유가 없을 리 없고 그것이 함축하는

시적 의미 역시 나름대로 있을 터이지만, 세세한 읽기는 일단 제쳐둔다. 이 노래로 연상되는 신화적 서사를 대략 그려보자.

옛날 옛날 태초 때의 일이다. '데다 이치로쿠=데다 하치로쿠'가 지상을 내려다보다가, '아마미쿄=시네리쿄'를 불러 섬을 만들라고 명령하셨다. '아마미쿄=시네리쿄'가 많은 섬을 만드는 중에, '데다코=세노미'가 기다리다 지쳐 '아마미야=시네리야'의 후손을 낳았다.

지상을 내려다보다가 섬을 만들라고 명령한 '데다 이치로쿠=데다 하치로쿠'는 아마도 하늘에 있는 신이리라. 섬을 만든 '아마미쿄=시네리쿄'는 '아마미쿄와 시네리쿄'라는 두 신이 아니라, 한 신을 두 가지 방식으로 다르게 부른 것이다.[46] '아마미쿄=시네리쿄'는 '데다 이치로쿠=데다 하치로쿠'와 같은 세계의 신으로, 그의 명령에 따라 하늘 아래로 내려와 많은 섬을 만들고 있었다. 그 와중에 '데다코=세노미'가 등장한다. '세노미'의 뜻은 분명치 않다. 이 오모로에서 '세노미'는 '옛날'이라는 뜻의 '무카시'의 대어對語로도 쓰이고 있는데, 이 두 '세노미'는 어쩌면 동음이의어일 수도 있다. 여하튼 '데다코'의 의미는 분명한데, 말 그대로 '데다의 자식'이라는 말이다. '데다 이치로쿠=데다 하치로쿠'라는 천상신의 자식이, 기다리다 지쳐 '아마미야=시네리야'의 후손을 낳았다.

이 오모로에는 천상의 신 데다, 아마미쿄, 데다코 등 모두 삼위三位의 신이 등장한다. 데다는 아마미쿄에게 하늘에서 내려가 섬을 만들라고 명하고, 아마미쿄는 그 명에 따라 섬을 만들었다. 그러나 섬 만들기는 쉽게 완성되지 않는다. 섬이 만들어진 후에 무언가를 하기로 되어 있었던 걸까? 섬 만들기의 완성을 기다리다 지친 이가 있다. 데다코다. 데다코는 기다리다 지쳐 천상의 후손을 낳으려 한다. 아마도 데다코에게 주어진 의무는 아마미쿄가 섬을 다 만들고 나면 후손을 낳으라는 것이었나 보다.

이 오모로의 화자는 차근차근 이 사정을 노래로 그려낸다. 옛날 옛날, 천상의 데다가 아래를 내려다보다가 천상의 다른 신을 불러 섬을 만들라고 명령한다. 신은 명령에 따라 하늘에서 내려와 섬을 만들지만, 완성까지는 많은 시간이 걸린다. 기다리다 지친 데다의 자식 데다코는 채 완성되지 않은 섬에 내려와 이제 천상의 후손을 낳으려 한다. 이 순간, 오모로 화자는 마지막 한 행을 노래한다.

그렇다면 후손을 낳으소서

누구에게 하는 말인가? 맥락상 이제 막 후손을 낳으려는, 아마미쿄가 만드는 섬에 내려와 후손을 낳으려는 천상 데다의 자식, 데다코에게 하는 말일 수밖에 없다. 매 행 다음에 불렀으나 표기할 때에만 생략되었을 것으로 생각되는 후렴을 보면, 처음부터 이 오모로는 데다코가 들으라고 부르는 노래였다.

데다코 오누시大主여
아름답게 비추소서

'데다코 오누시', '데다코'인 국왕에게 아름답게 비추라고 청하고 있다. 태양왕 데다코에게 의례를 통해 강화될 세지를 세상에 퍼뜨려 달라는 뜻일 터다. 다시 말해 이 오모로는 매 후렴구에서 데다코 국왕을 찬양하고 태양왕으로서 아름답게 세상을 비추기를 기원했던 것이다. 후렴구 아닌 가사에서는 데다가 보낸 아마미쿄가 만든 섬에서 데다코가 자식을 낳으려 했던 최초의 사건을 차례차례 제시하면서, 마지막 행을 통해 그 출산을 재촉하고 청하는 마음을 표현한 것이라 하겠다. 류큐의 국왕은 데다의 후손인 데다코 태양왕이라는 신화적 관념이 이 오모로를 통해 다시 한번 강조되면서, 노래는 의례의 의미를 해명하고 의례는 노래의 진실성을 뒷받침한다.

이 오모로를 이렇게 읽으면, 이 오모로가 노래하는 태초의 사건은 《중산세감》의 〈류큐개벽지사〉에서의 사건과 매우 흡사하다. 하늘의 천제가 아마미쿠에게 하늘에서 내려가 섬을 만들라고 명령한 것처럼, 데다는 아마미쿄에게 하계로 내려가 섬을 만들라고 한다. 〈류큐개벽지사〉에서 천제의 아들과 딸이 지상에 내려와 그들의 후손이자 류큐 사람들의 시조를 낳았듯, 그리고 그 가운데 국왕의 시조가 있었듯, 여기에서도 데다의 자식인 데다코가 그 후손을 낳는다. 그 후손이 바로 데다코 국왕의 시조임은 오모로의 후렴구를 통해 짐작할 수 있다.

이 오모로가 실린 《오모로소시》 제10권은 1623년에 나왔다. 《중산세감》의 간행 연도가 1650년이니, 이 오모로가 《중산세감》의 〈류큐개벽지사〉를 따라 했을 리는 없다. 이 오모로와 〈류큐개벽지사〉가 유사한 창세 이야기를 공유하고 있다는 것은, 오모로를 떠받치고 있던 신화적 사유의 토대 위에서 〈류큐개벽지사〉가 기록되었음을 의미할 것이다. 적어도 17세기까지는, 왕조 차원에서 공인된 신화적 사유 체계가 있었으리라고 짐작할 수 있는 이유다. 이 오모로와 《중산세감》의 〈류큐개벽지사〉라는 신화적 언술을 낳은 신화적 세계관, 이것을 류큐 왕국의 전통적인 신화적 우주라고 해도 좋으리라.

그러나 세기가 바뀌어 18세기에 이르면, 《중산세감》과의 시간적 거리가 그다지 멀지 않은데도, 《중산세보》와 같은 류큐 왕국의 관찬 문헌에 수록되는 창세신화의 내용과 그 신화적 논리는 일변한다. 게다가 불과 스물 몇 해 간격으로 나온《채탁본 중산세보》와《채온본 중산세보》의 창세신화도 서로 같지 않다.

무슨 일이 있었던 것일까? 여기에서 신화의 문자화, 다시 말해 사유나 관념, 상징으로 향유되는 신화가 이야기의 형태로 기록될 때, 그것은 신화를 특정한 의미를 지니는 것으로 재편하려는 의도에서 이루어진다는 신화 일반론을 떠올리지 않을 수 없다. 류큐에서도 그러했던 것일까? 만약 그러하다면, 〈류큐개벽지사〉와 〈총론〉, 〈역대총기〉에 보이는 류큐 창세신화 간의 차이는 어떤 의도에서 이루어진 재편의 결과인 것인가? 그 '의도'를 가늠하기 위해, 류큐의 역사를 좀 더 들여다보기로 하자.

창세신화의 재편과 류큐국
아이덴티티의 궤적

창세신화 재편의 시대적 배경—
사쓰마의 침입과 근세 류큐의 전개

1609년 3월, 약 3,000명의 군사와 100여 척의 배가 일본 규슈의 야마카와山川항을 떠났다. 류큐로 향하는, 사쓰마의 지배자 시마즈 가문의 군대였다. 군대는 류큐 왕국이 지배하던 아마미제도의 아마미오시마奄美大島, 도쿠노시마德之島를 차례로 제압하고, 25일에는 운텐運天항을 통해 오키나와 본도에 상륙, 나키진今歸仁 구스쿠를 점거한다. 이어 해로를 통해 남하를 계속한 사쓰마 군대는 4월 1일, 나하항에 상륙하여 곧바로 류큐의 왕도 슈리에 이른다.

사쓰마군은 매우 강력했다. 병사들은 오랜 병란으로 단련되어 있었고, 그들은 심지어 철포로 무장하고 있었다. 오랫동안 전쟁 없는 평화를 유지해온 류큐는 군사력 면에서 사쓰마군의 상대가 되지 못했다.

무력을 앞세운 사쓰마 군대 앞에서 류큐는 속수무책일 수밖에 없었다. 류큐의 국왕 상녕尙寧은 화친을 선택한다. 4월 5일, 사쓰마군은 슈리성을 '접수'했고, 약 한 달 후인 5월 15일 류큐 국왕 상녕왕과 류큐 중신들을 포로로 데리고 개선 길에 올랐다.

이후 상녕왕은 류큐로 다시 돌아왔고 왕조도 계속되었지만 류큐 왕국의 피해는 막대했다. 우선, 영토가 축소되었다. 토착 세력들을 토벌하고 왕조의 판도로 편입시켰던 아마미 지역이 사쓰마의 직할령이 된다. 경제적 부담도 혹독했다. 시마즈 측에 상납해야 할 금액이 곡물과 직물의 양으로 정해졌다. 내정 간섭도 제도화되었다. 류큐 왕조가 지켜야 할 '오키테掟 15조條'가 강제되었고, 사쓰마의 번주 시마즈 가문의 대리인이 나하에 상주하며 제반사에 간섭했다. 류큐 왕국은 쇼군이 지배하는 일본의 막번제 국가 체제 속에 편입된 셈이었다.

사쓰마의 침략과 간섭으로 왕조의 독립성에 심각한 훼손을 입게 되었지만, 류큐 왕조는 여전히 지속될 수 있었다. 그 까닭은, 임진왜란으로 중국과의 교류를 차단당한 일본 막부가 류큐를 그 통로로 남겨놓으려 했기 때문이라는 것이 통설이다. 사쓰마 침입 이전 류큐 왕국은 중국과 조공-책봉 관계를 맺고 있던 동아시아 국제 사회의 당당한 일원이었다. 일본 막부는 류큐 왕국을 존속시키는 한편 자신들의 세력을 노골화하지 않음으로써, 류큐와 중국 간의 관계를 유리하게 활용하려 했던 것이다.

이런 연유로 류큐 왕국은 시마즈를 통해 일본 막부의 지배를 받으면서도 동시에 중국을 대국으로 삼는 동아시아 국제 세계의 일원이라는 지위를 잃지 않을 수 있었다. 사쓰마 침입 이후 류큐가 처했던 이러한 정치·외교적 상황을, 중국과 일본 모두에 속해 있었다는 의미에서 종종 '양속 체제兩屬體制'라는 말로 나타내기도 한다. 중국을 중심으로 하는 동아시아 국제 질서 속에 놓이면서도 동시에 막부를 중심으로 하는 일본의 정치적 질서에 편입되었다는, 두 가지 서로 다른 '체제'에 동시에 속하게 되었다는 의미다. 구체적으로 말해 류큐는 새로운 왕이 등극할 때 중국에도 책봉을 요청하고 동시에 에도의 쇼군에게도 하례를 하는 난처한 상황에 처하게 된 것이었다.

외교뿐만 아니라 내정에 있어서도 류큐는 이전과는 다른 어려운 상황에 놓이게 된다. 류큐 왕조는 해상 교역을 기반으로 형성된 국가였는데, 안 그래도 국제 무역 질서의 변화로 인해 이전의 영광이 점차 바래고 경제적 이익도 점차 줄고 있는 상황이었다. 이런 처지에서, 사쓰마에의 상납마저 더해지니 상황이 악화될 수밖에 없었다. 징세는 강화되었고, 특히 사키시마先島(야에야마제도와 미야코제도)에의 수탈은 열다섯에서 쉰 살에 이르는 모든 사람에게 인두세를 걸을 정도로 극심해졌다. 그렇게 징수된 부는 왕조의 경영에 소용되지 못하고 외부로 빠져나갔기 때문에, 나라 살림은 위아래가 공히 궁핍해질 수밖에 없었다.

왕조가 처한 이 곤란한 처지를 어떻게 극복해나갈 것인가, 이제 이것이 왕조의 통치를 실제로 담당하던 류큐 관료들 앞에 놓인 최대의 과제였다. 이런 과제를 적극적으로 수행해낸 것으로 유명한 두 정치가가 향상현과 채온이다.

1666년 섭정의 지위에 오른 향상현은 사쓰마 침입 후의 혼란과 쇠락에서 벗어나기 위해 일대 개혁을 단행한다. 그의 개혁책은 그의 일본식 이름 하네지 초슈를 딴 '하네지 시오키羽地仕置'라는 법령에 잘 나타나 있다. 1728년 삼사관三司官이 된 채온도 류큐가 처한 어려운 상황을 구체적으로 헤쳐나간 학자 관료로 유명하다.

공교롭게도 향상현은 《중산세감》, 채온은 《채온본 중산세보》의 편자다. 이것이 단순한 우연이기만 할까? 《중산세감》의 〈류큐개벽지사〉와 《채온본 중산세보》의 〈역대총기〉는 물론 《채탁본 중산세보》의 〈총론〉까지, 이러한 시대적 배경과 기록자들의 정치적 위치, 사상적 지향 등을 고려하여 다시 읽어보자. 이런 맥락의 읽기는 창세신화의 차이가 의미하는 문자화의 '의도'에 접근하는 한 통로가 되어줄 수 있을 터다.

〈류큐개벽지사〉의 '일본적인 것'

《중산세감》의 〈류큐개벽지사〉는 다른 문헌의 창세신화에 견줄 때 '천天' 관념이 분명하게 드러난다는 점에서 특징적이다. 〈류큐개벽지사〉의 창세신화는 아마미쿠가 천제의 명령을 받아 류큐를 만들었고, 천제의 자손들이 류큐 사람들의 시조가 되었다는 것이 핵심인데, 여기에서 '천제'나 그 천제가 지배하는 하늘에 있다는 구스쿠 '천성天城', 천제의 자손 등은 초월적이고 신성한 공간으로서의 '하늘'을 전제하는 신화적 관념에서 비롯된 것이다.

천신의 명령으로 하늘에서 내려온 신이 국토를 만들었고 천신의 자손이 류큐 사람들의 시조라고 말하는 신화는 류큐라는 나라를 하늘의 초월성에 기대어 신성화하는 효과를 가져 온다. 류큐의 국토는 천제의 명령을 받은 천신에 의해 형성된 것이고, 류큐의 정치적·종교적 신분 체제는 천제의 아들딸이 지상에 내려와 자손을 낳은 끝에 구성된 것이다. 게다가 〈류큐개벽지사〉는 지상의 오곡 역시 하늘에서 유래된 것—지상의 오곡은 아마미쿠가 하늘에서 가져온 것이다—이라고 말한다. 다시 말해 〈류큐개벽지사〉는 류큐의 국토와 사회 체제, 오곡의 기원을 하늘에서 유래된 것으로 그려내고 있다. 그런데 그 하늘이란, 국토가 생기기도 이전부터 이미 존재하던 절대적인 신성의 공간이다. 따라서 그런 공간에서 유래한 류큐는 하늘에서 비롯된 신성을 나누어 가진 완결된 정치 체제로 의미화된다. 천성, 천제, 천신의 하강, 천신에 의한 국토 창조, 천제의 자손들에 의한 인류 기원, 하늘에서 유래한 오곡 등을 통해 하늘을 강조하는 〈류큐개벽지사〉는, 류큐를 '신국神國'으로 의미화하기 위한 신화인 것이다.

〈류큐개벽지사〉는 오곡의 기원까지를 이야기하고 나서, '우리 왕조를 신국이라 일컫는 것은 이런 일들에 의한 것이다吾朝神国ト申ハ, 此等ノ事ニ依テ也'[47]라고 단언한다. 〈류큐개벽지사〉의 창세신화가 류큐를 신국화하는 데, 다시 말해 류큐국을 신성화하는 데 그 서술의 지향점이 놓여 있었음이 분명히 드러난다. '하늘'은 이러한 지향하에서 고안된 〈류큐개벽지사〉의 특이점이었던 것이다.

그런데 '하늘'이라는 화소는 다름 아닌 일본 신화의 영향이라는 지적이 있어왔다. 일본 문헌《고사기古事記(고지키)》의 창세신화에는 '고천원高天原(다카마노하라)'이라는 하늘, 신성 공간이 등장한다. 여기에서 여러 신들이 출현하고, 그 가운데 아마쓰가미, 즉 천신의 명령으로 이자나키와 이자나미라는 남녀 신이 하늘에서 내려와 바다 위에 섬을 만든다. 이자나키와 이자나미가 천부교天浮橋(아메노우키하시)에서 창으로 바다를 휘저었더니, 그 창끝에서 떨어진 바닷물이 엉겨 붙고 점점 커져서 '오노고로시마'라는 섬이 되었다고 한다. 이자나키와 이자나미는 함께 오노고로시마를 만든 후, 부부의 연을 맺어 여러 실패 끝에 '오호야시마大八島·大八洲'라는 여러 섬을 낳는데 이것이 곧 일본의 국토이다.

하늘 신의 명령으로 하늘에서 신이 내려와 섬을 만들었다고 요약할 수 있는 두 창세신화는 구체적 화소나 삽화 면에서는 다른 점이 적지 않지만, 절대적인 초월적 공간으로서의 '하늘'을 상상하고 있다는 점에서는 서로 같다.

'신국'이라는 개념 역시 일본에서는 낯선 것이 아니다. 《고사기》와 《일본서기》 같은 역사서에서 일본을 신이 가호하는 신국으로 의미화한 것은 물론이고, 14세기 문헌으로 근대 이후 일본 황국관皇國觀에 지대한 영향을 미쳤다고 평가되는 기타바타케 치카후사北畠親房의 《신황정통기》는 아예 서문부터 '대일본은 신국이다'라는 선언적 문장으로 시작한다.[48] '신국'이라는 기표가 의미하는 바가 서로 같았겠는가 하는 점은 따로 따져보아야 할 문제겠지만, 〈류큐개벽지사〉의 특징적인 신화소와 의미 지향이 공교롭게도 일본 신화에 보이는 '천'과 '신국'에 겹쳐진다는 점은 분명하다.

향상현, 신국神國 고류큐와 결별하다

〈류큐개벽지사〉의 '일본적인 것'은 우연의 일치일까, 아니면 일본 신화를 의식한 의도적 모방의 결과일까? 일찍이 이런 질문을 던졌던 이 가운데 마에시로 나오코前城直子의 견해를 옮겨보자.[49] 마에시로 나오코는 《중산세감》의 창세신화를 '기기신화記紀神話적 윤색'이라 못박는다. '기기신화'란 《고사기》, 《일본서기》 등에 수록된 일본 신화를 가리킨다. 마에시로 나오코는 〈류큐개벽지사〉가 일본 창세신화를 의식하여 재편된 것으로 보았던 것이다. 마에시로 나오코는 〈류큐개벽지사〉가 오모로로 전해지는 창세신화를 답습하면서 《류큐신도기》를 참조하여 이야기를 구성했다고 하는 한편, 유교의 영향일 가능성을 열어두면서도 천성, 천제, 천손씨 등의 개념이 기기신화의 영향을 받아 이루어진 것으로 판단한다.

아울러 마에시로 나오코는 아마미쿠가 북쪽에서부터 남쪽으로 차례차례 우타키를 만드는 것으로 표현되는 국토 창조의 신화 역시 일본 신화의 영향이라고 보았다. 이자나키와 이자나미는 오호야시마, 즉 여덟 개의 섬을 낳는다. 아마미쿠가 만든 우타키는 어떤가? 〈류큐개벽지사〉는 아마미쿠가 구니가미國頭의 헤도에 있는 '아스모리'라는 우타키(①)를 만들었고, 그다음에는 나키진의 가나햐브 우타키(②)를, 그다음에는 지넨모리(③), 세화 우타키(④), 야부사쓰 우라바루(⑤), 또 그다음에는 다마구스쿠의 아마쓰즈(⑥), 또 그다음에는 구다카지마의 고보(또는 후보) 우타키(⑦), 또 다음으로 슈리모리, 마다마모리(⑧)를 만들었다고 한다. 슈리모리와 마다마모리는 슈리성에 있는 우타키이므로 하나로 본다면, 모두 여덟 군데의 우타키를 만드는 것으로 류큐 국토의 형성이 이야기되는 셈이다. 하필이면 여덟 우타키의 형성으로 국토 창조를 그려내는 〈류큐개벽지사〉의 서술을, 마에시로 나오코는 일본 기기신화의 여덟 섬의 창조 삽화에서 영향을 받은 것으로 보았다.

유사한 표현을 가능하게 하는 원인이 '영향'에만 있을 리 없음에도 마에시로 나오코가 이렇게 말할 수 있었던 까닭 가운데 하나는 《중산세감》이 기록될 당시의 역사적 정황, 다시 말해 사쓰마 침입 이후 일본이 류큐의 상국上國으로 자리하게 된 역사적 현실에 있었다. 마에시로 나오코는 기기신화적 윤색이 노렸던 목적 중의 하나로 류큐 신화를 기기신화의 한 지방 신화로 자리매김함으로써 '일류동조론日琉同祖

論'에 의한 류큐와 일본의 일체화를 촉진하는 것[50]을 들었다.

무슨 말인가? 류큐의 창세신화에 하늘이니 여덟이니 하는 기기신화적 요소를 적극적으로 끌어들임으로써, 류큐 창세신화가 일본 창세신화의 한 지역형이 될 수 있도록 했다는 것이다. 왜 그랬을까? 같은 조상에서 갈라져 나온 것임을 강조하여 류큐와 일본이 다르지 않다는 것을 강조하기 위해서였다는 것이다. 〈류큐개벽지사〉가 다름 아닌 향상현에 의한 기록임을 전제한다면, 이런 주장은 일리가 있다.

상진왕尚眞王 가계의 사족 향상현은 사쓰마 침입 이후인 1617년에 태어나, 어려서부터 일본인 학자들을 통해 일본의 학문과 정치적 제도 등을 배웠고 몇 년간의 일본 유학 경험도 있는 것으로 알려져 있다. 일찍부터 일본적 교양을 익힌 데다 시마즈 가문의 영향력을 몸소 체험한 탓일까, 향상현의 일본에 대한 태도는 배척적이라기보다는 오히려 그 반대로 볼 요소가 매우 강했다. 향상현에게 사쓰마는 하나의 모델이었다.[51] 예컨대 향상현은 《중산세감》에서 사쓰마 침입의 이유를 국왕 상녕이 일본에 대해 "사대事大의 진실함을 잃어버렸기 때문"[52]이라고 썼다. 사쓰마의 침공을 비난하는 게 아니라, 그것을 초래한 국왕의 실정을 문제 삼았던 것이다.

섭정에 취임한 후 새로운 정치사회적 질서 구축을 목적으로 내건 향상현의 정책들 또한 일본을 의식하는 경향이 간취된다. 후일 일본이 류큐라는 나라를 없애고 복속할 때 동화의 근거로 제시하곤 했던 것이 이른바 '일류동조론', 즉 일본과 류큐는 그 조상이 같다는 생각이었는데, 향상현의 개혁책을 모은 '하네지 시오키'에는 향상현이 일류동조론자였다고 평가할 만한 서술이 보인다.

향상현은 국왕의 구다카지마 행행을 폐지했다. 바닷길이 거칠 때 행행이 이루어지기에 왕의 안전을 보장하기 어렵다거나 국가적 검약의 차원에서 의례가 축소되어야 한다거나 하는 여러 가지 이유가 제시되는 가운데, 향상현은 이 의례가 옛날 곡물의 기원을 기념하는 것이지만 이치를 따져보면 꼭 그렇지는 않을 것이기에 폐지해도 상관없다는 논리를 편다.

류큐에 처음 사람이 생긴 것은 "일본에서 사람이 건너온 데서 비롯한 것"이고, "사람과 문물의 기원이 일본에 있듯 곡물의 기원도 그러하리라"라는 것이다. 천지와 산천, 온갖 것들의 이름에 이르기까지 모두 일본과 통하는 것도 이 때문이다. 다만 지금 언어의 사소한 부분에 다소의 차이가 있는 것은, 오랫동안 서로 단절되어 있었던 탓이다. 일본과 류큐가 결국은 한 뿌리에서 갈라져 나온 서로 다른 가지라는 것, 즉 '일류동조론'의 논리와 기본적으로 같다. 향상현은 류큐 왕조의 새 길을, 새롭게 등장한 상국인 일본을 지향하는 데에서 찾았던 듯하다.

분명 〈류큐개벽지사〉의 창세신화는 일본의 창세신화와 유사한 지점이 있으며, 그 유사성은 류큐가 신국으로 의미화되는 데 기여한다. 만일 향상현이 류큐가 일본처럼 신국이라고 말함으로써 류큐와 일본의 유사성을 강조하고 류큐 창세신화를 일본 신화의 한 지역형으로 자리매김하고 싶었던 거라면, 향상현의 의도는 〈류큐개벽지사〉에 충분히 구현되었다고 말할 수 있다.

하지만, 〈류큐개벽지사〉의 효과는 여기에 그치지 않는다. 향상현의 개혁 정책을 관통하는 테마는 새로운 체제 구축을 위한 과거 체제와의 결별이었다. 향상현은 국난을 초래한 과거의 류큐, 즉 '고류큐'를 극복함으로써, 국가적 위기의 직접적 계기라 할 수 있는 사쓰마의 침입을 오히려 새로운 류큐의 모습을 만들어갈 전환의 기회로 삼았던 듯하다.

  향상현이 고류큐의 유습으로서 혁파 대상으로 삼았던 대표적 제도
는 바로 류큐 조정이 주관하던 고유의 국가 종교, 더 정확히 말하면 왕
권 강화의 신화적·의례적 체계였다. 류큐의 왕은 태양왕이었다. 태양
왕은 데다로서의, 혹은 데다코로서의 세지를 새롭게 갱신하면서 세계
를 다스린다. 이러한 세지의 갱신에 중요한 역할을 한 것은 바로 여성
사제들이었는데, 향상현은 바로 이 국가적 여성 사제들의 권한을 크게
약화시킨다. 여성 사제들에게 바치던 공물이 금지되었고, 국왕에게 의
견을 아뢰는 역할도 없앴다. 왕이 직접 슈리성을 출발하여 남행하다가
구다카지마의 의례에 참석하고 돌아오는 의례에서 왕의 존재를 없앰
으로써, 왕과 여성 사제의 긴밀성을 해체하는 동시에 왕을 근거로 강
화되는 여성 사제의 권위를 약화시켰다. 향상현은 태양왕의 신화적 관
념과 의례가 고류큐 체제의 핵심이었음을 간파하고 있었고, 이를 해체
함으로써 고류큐를 넘어서는 새로운 류큐를 구축해가려 했던 듯하다.

  〈류큐개벽지사〉에서 구축된 신국은, 늘 재현되어야 할 태초의 준거
가 아니라 극복해야 할 과거였다. 향상현이 〈류큐개벽지사〉라는 신화
를 증거로 하는 구다카지마 행행을 금지해버렸다는 사실은 이를 잘
말해준다. 다시 말해 향상현은 극복해야 할 과거로서의 고류큐를 개벽
신화로 형상화하고 그것을 '태초의 것'으로 봉인해 넣음으로써, 오히려
새로운 체제를 구축할 여지를 마련했다고 말할 수 있다.

  〈류큐개벽지사〉가《중산세감》의 1권에 놓인 까닭, 다시 말해 향상현
이 의도한 〈류큐개벽지사〉의 또 다른 담론적 효과는 바로 여기에 있
다.《중산세감》은 '세감世鑑'이라는 제목이 직접적으로 드러내듯, 중산-
류큐 왕조-의 왕들을 되돌아봄으로써 후세의 감계鑑戒로 삼고자 하는

의도에서 썼다. 향상현은 일본 창세신화의 요소를 적극적으로 수용하여 류큐 신화와 일본 신화의 동조同祖를 확인하는 한편, 신화적 세계관이 지배하는 고류큐를 극복과 결별의 대상으로 삼는 양면적 효과를 노렸던 게 아닐까.

류큐에 대한 지배력을 행사했던 일본의 권력 시스템이 천황제가 아니라 막부 체제였다는 사실을 상기하자. 신국 일본이든, 신국 류큐든, 향상현에게 신국은 지향해야 할 미래가 아니라 극복해야 할 과거였던 것이다.

《채탁본 중산세보》의 음양론과 《채온본 중산세보》의 양면성

창세신화를 신국의 신화, 과거의 신화로 자리매김하려 한 향상현의 시도는 당대의 동의를 얻었을까? 만약 그랬다면,《중산세감》의 〈류큐개벽지사〉 이후에 연달아 그것과 다른 신화가 기록되지는 않았을 것이다. 〈류큐개벽지사〉의 창세신화를 답습하지 않은《중산세보》의 창세신화를 보면, 향상현이 기도한 류큐 창세신화의 정립은 그다지 공감을 얻지는 못했던 듯하다.

《채탁본 중산세보》의 〈총론〉이 그려내고 있는 류큐의 창세신화는 '천天'과 같은 절대적 신성의 개념은 물론이고 그것에서 비롯되는 절대적 신성성의 존재를 철저하게 지운다. 창세의 실제도 같지 않다. 〈류큐개벽지사〉처럼 하늘에서 내려온 존재가 물결만이 넘실대던 바다에 섬을 만들고 우타키를 만들어 국토를 이루었다고 하는 대신, 〈총론〉에는 음양설에 의한 우주의 생성이 자리하고 있다. 태초의 혼돈이 음양과 청탁의 구분됨으로써 태극이 음양을 낳고 음양이 사상을 낳고 사상이 변화하여 세상의 여러 존재가 등장하게 되었다는 것. 태극이니 음양이니 사상이니 하는 것은, 두말할 나위 없이 중국적 사유의 영향이다.

《채탁본 중산세보》는 또 인류의 기원을 화생으로 설명하는 한편, 화생한 남녀의 결합에 의해 인류가 번창했다는 설명을 덧붙이고 있다. 여기에서의 표현, 즉 '남성이 여성을 품고 여성이 남성을 따른다'는 것은 전형적인 유교적 성 역할을 상기시킨다. 여기에서도 《채탁본 중산세보》의 사상적 기반이 무엇인지가 드러난다. 중국에서 유래한 철학적·윤리적 원리가 그 기저에서 작용하고 있는 것이다. 류큐 왕조의 태초를 음양의 원리에 기반하여 그려내고 있는 《채탁본 중산세보》에서, 《중산세감》에서 엿보였던 일본 신화의 영향은 사라지고 그 자리를 중국적 사유의 영향임이 분명한 창세신화적 요소가 대신하고 있다.

뒤이어 나온 《채온본 중산세보》에도 '천'은 등장하지 않는다. 아주 희미하게, 인류의 시조가 된 이를 천제자天帝子라 부른 데에서 하늘이라는 개념을 엿볼 수 있을 뿐이다. 그러나 《채온본 중산세보》는 음양 원리에 따른 우주 생성이라는 《채탁본 중산세보》의 창세 원리를 수용하면서도, 동시에 파도가 넘실대어 사람이 살 수 없었던 곳에 화생한 남녀 두 사람이 우타키를 만들어 비로소 사람이 살 수 있는 국토가 형성되었다고 함으로써 우타키를 만들어 국토가 생겨났다는 《중산세감》의 삽화를 잇고 있다. 음양의 원리에 의한 섭리로서 우주 만물이 생성된다는 채탁본의 사고에 류큐의 국토는 우타키의 생성으로 이루어졌음을 덧붙이는데, 우타키가 지니는 성소로서의 신성성 덕에 이 이야기에서는 자연스럽게 류큐의 국토가 신성화된다. 《채온본 중산세보》는 중국의 복건을 기준으로 류큐가 어디쯤에 위치하는가를 말하고 우타키 생성을 덧붙임으로써, 이러한 사건을 사실화하려는 의도마저 내비치고 있다.

하늘의 신성성을 강조하는《중산세감》의〈류큐개벽지사〉, 우주의 섭리를 표현하는《채탁본 중산세보》에 대해,《채온본 중산세보》는 그 둘을 모두 비판적으로 계승하고 있다.《채탁본 중산세보》에 대해서는 국토의 신성성 결여를 문제 삼아 그것을 더했고,《중산세감》에 대해서는 국토의 신성성은 수용하되 신성성의 근거가 '하늘'이라는 생각은 받아들이지 않았다.

인류 기원 삽화를 보면,《채온본 중산세보》는 절대적 신성 공간인 '천'에 대한 관념은 없지만 신성성 자체에 대한 강조는 오히려 더한 듯하다. 앞선 두 문헌은 결합의 구체적 방식은 다를지라도 여하튼 태초 남녀의 결합에 의해 인류가 기원했다고 이야기하는데,《채온본 중산세보》는 이를 받아들이지 않았다.《채온본 중산세보》에는 한 쌍의 남녀를 제시하는 대신, '천제자'라는 이가 3남 2녀를 낳았다고 말한다. 우타키가 생겨나게 한 시니레쿠와 아마미코 남녀가 있었음에도 남녀의 결합과 출산에 의한 인류 출현을 언급하지 않은 것이다. 이를테면 단성생식형의 인류 기원이라고 할 수 있겠는데, 이는 오히려 오모로의 창세신화와 그 맥이 닿는다. 군이 신성성의 정도를 따져본다면, 많은 생물들이 으레 그렇듯 남녀가 결합하여 인류가 출현했다고 하는 다른 신화들보다는 기원이 되는 한 쌍의 남녀를 언급하지 않는《채온본 중산세보》가 더 그 정도가 강하다고 말할 수 있을 것이다. 일반적이지 않은 이상한 신이神異, 그것이 신성성의 주요 근거가 되기 때문이다. 오모로에서 남녀 결합에 의한 인류 기원이 군이 언급되지 않았던 것도,

이런 맥락에서 이해된다.

중국적 음양 원리를 수용한《채탁본 중산세보》와, 이것을 부정하지는 않으면서도 신성성의 논리 역시 포기하지 않는《채온본 중산세보》. 이 차이에 숨겨진 기록자들의 의도는 무엇일까?《중산세감》과《채탁본 중산세보》사이에는 약 50년,《채탁본 중산세보》와《채온본 중산세보》사이에는 약 24년 정도의 시간차가 있다.《중산세감》이나《중산세보》모두 왕가 족보의 성격을 지닌 문헌이라 공연한 일인 듯도 하지만, 비슷한 성격의 문헌이 이렇게 거듭 간행된 데에는 까닭이 있다. 신화 재편의 의도는, 그 간행의 배경 속에서 파악된다.

《채탁본 중산세보》의 간행은 한자와 가타가나를 사용하여 일문日文으로 기록된《중산세감》을 한역한다는 의미가 강했다. 역시 한자와 가타가나를 사용하여 일문으로 기록된《류큐국유래기》(1713)가 얼마 지나지 않아《류큐국구기琉球國舊記》(1731)로 한역된 사례를 보면, 18세기 초엽에 일문 문헌을 간행하고 나서 그것을 한문으로 옮겨 간행하는 것은 그다지 예외적 현상은 아니었던 듯하다. 일문과 한문을 병용하는 것은 기실 류큐 왕국의 오래된 기록 전통으로, 예컨대 고류큐 시대부터 있었던 금석문들은 보통 한 면은 일문으로 기록하고, 다른 한 면은 또 한문으로 같은 내용을 기록하곤 했다. 한역漢譯이란, 이미 그 잠재적 독자를 중국 또는 중국적 교양을 갖춘 독자로 설정하고 있다는 의미다. 음양론을 중심으로 하는《채탁본 중산세보》의 창세신화는, 류큐 왕조가 철학적 원리에 의해 작동되고 있음을 그 기원을 통해 보여준다. 그 철학적 원리란, 중국을 중심으로 하는 중세 동아시아 문명권에서 통용되던 관념이다. 다시 말해《채탁본 중산세보》에서 류큐는 중국적 기원을 지니는 동아시아 문명권 공통의 철학적 사유로써 그 기원이 설명되고 있다. 아마도 채탁은 고류큐를 신국으로 규정하고 그 신국다움을 극복하려 한 향상현에 대해, 류큐는 원래부터 유교철학적 원리에 의해 형성된 왕조임을 말하려 했던 게 아닐까?

《채탁본 중산세보》가 나오고 얼마 되지 않아 《채온본 중산세보》가 거듭 간행된다. 창세신화 역시 반복되지 않고 다른 모습으로 그려졌다. 《채온본 중산세보》가 등장한 것은 까닭이 있다. 단순히 한문본이 필요해서였다면 《채탁본 중산세보》가 있는데 굳이 또 다른 《중산세보》를 내야 할 필요는 없었다. 《채온본 중산세보》를 묶어낸 표면상의 이유는 중국 문헌 등도 두루 참고하여 기존의 오류를 바로잡고 내용을 확대하는 것이었지만, 실제적 이유는 그것 말고도 또 있었다.

《채탁본 중산세보》는 상익왕尙益王(1710~1712)까지의 기록 후에, 서문인 〈중산세보 서序〉를 올리고 상청왕(1527~1555)에서부터 다시 기록한다. 서문에서부터 일본과의 관계를 먼저 제시하고, 전반적 역사가 아니라 일본에 사자를 파견한 사례 등을 주로 쓰고 있다. 비록 각기 독립된 형태로 편집되었다고는 하지만, 사쓰마 관계의 기사가 《중산세보》라는 이름으로 올라 있는 것이다. 사쓰마 침입 이후 류큐는 중국뿐만 아니라 일본마저 상국으로 대해야 하는 곤란한 상황에 처하게 되는데, 더 곤란한 것은 적어도 표면적으로는 기존의 상국이었던 중국이 새로운 상국으로 등장한 일본의 존재를 '몰라야' 한다는 데 있었다. 《중산세감》은 일문으로 기록되어 어차피 책봉사가 열람할 책은 아니었다. 그런데 한문으로 되어 있어 책봉사가 보게 될 《채탁본 중산세보》는 상청왕 대부터의 사쓰마 부용附庸이 노골적으로 기록되어 있다. 책봉사에게 알려지면 곤란한 내용이다. 그러니, 《채탁본 중산세보》는 개정되지 않을 수 없었다.

《채온본 중산세보》는 아예 일본과 관계되는 기사를 부권附卷으로 빼냈다. 저자마저 채온이 아닌 정병철鄭秉哲(정병철은 이후 류큐의 본격적 역사서《구양》을 편찬할 때 주도적 역할을 한다)이었다.《채탁본 중산세보》에서 부권은 후사를 남기지 못한 왕족의 사적을 추가한 것이었는데, 부권의 내용이 바뀐 것이다.《채온본 중산세보》는 실제로 책봉사들에게 열람되었는데, 이때 부권의 존재만큼은 철저히 비밀에 부쳐졌다고 한다.

이런 정황으로 미루어 볼 때 중국에서 온 책봉사들이《채온본 중산세보》가 상정하고 있던 독자였던 것은 분명하다. 그러나 채온은 책봉사들이 익히 동의할 만한《채탁본 중산세보》의 창세 이야기에 붓을 더한다. 음양의 원리에 의한 창세를 수용하되, 류큐의 신성성을 강조한다. 중국을 기준으로 국토의 위치를 설명하여 중국의 주변국으로서의 지위를 확인하면서도, 독자적 정체로서의 류큐가 지니는 의미 역시 구현하고 있다. 창세신화가 서두를 장식하고 있는《채온본 중산세보》의 〈역대총기〉는 천손씨 시대부터 이어져 온 류큐의 역사를 국속의 변화 및 중국뿐만 아니라 제국諸國과의 관계를 통해 드러내고 있다. 관계는 있지만 속하지는 않는 독립성. 채온이 그려낸 창세신화에서 강조되고 있는 것은 아마도 이것이지 않을까.

창세신화의 소환, 그 신화사적 의미

신화는 본질적으로, 현재를 설명하거나 정당화하기 위해 '태초'라는 시간으로 거슬러 올라가 '기원'을 밝힌다. 태초에 대한 신화는 현재의 필요에 의해 재구성되는 과거다.《중산세감》이나《중산세보》의 창세신화 역시, 현재의 필요에 의해 태초를 소환하여 재구성한 이야기다.《중산세감》,《중산세보》가 당면한 '현재의 필요'란, 사쓰마 침입이라는 충격적 사건 이후 일본과 중국을 두 개의 상국, 두 개의 중심으로 삼는 이중적 주변이 된 상황에서 '중산', 즉 류큐라는 왕조 국가를 어떻게 의미화할 것인가 하는 것이었을 터다.

이 책의 1부에서 확인했듯이 류큐 왕국이라는 우주의 핵심은 태양왕이었다. 태양왕, 세지, 신녀는 왕권의 지배를 떠받치는 신화적 논리의 핵심어이다. 그러나 이러한 논리의 우주는 정치적 타자, 정치적 외부를 상정하지 않는 자기완결적 우주이다. 류큐 왕국을 지칭하거나 설명할 때 외부나 타자로서 중국이나 일본이 언급되지 않을 수 없는 상황이라면, 태양왕의 신화로는 충분치 않다.

나는, 이 불충분함이 창세신화라는 장르를 소환했다고 생각한다. 류큐라는 왕조 국가란 무엇인가를, 신화 재편자들이 지향하는 미래와 결부시켜 보여준 것, 이것이《중산세감》및《중산세보》의 창세신화다. 창세신화는 공통적으로 태양왕, 즉 '데다' 혹은 '데다코'를 지운다. 심지어 비록 극복해야 할 대상으로 의미화되기는 했어도 고류큐를 형상화한 〈류큐개벽지사〉에도 태양왕은 없다. 향상현은 '천' 관념에서 비롯되는 신화적 화소들을 도입하면서 고류큐를 하늘의 신이 만든 '신국'이자 여러 신들이 가호하는 '신국', 신의 자손이 지배하는 '신국'으로 그려내면서도, 그 신성의 근원을 '천'에 둠으로써 전통적 신화 상징인 '데다'를 은폐하였다. 문명권 공통의 철학적 원리를 수용하면서도 왕조의 신성성을 버리지 않은 채온 역시, 그 신성성의 구체적 상징이 무엇인지는 보여주지 않았다.

태양왕을 감추고 왕조의 기원을 이야기하는 창세신화는 '왕'이 아니

라 '류큐'에 초점을 맞춘다는 점을 주목해야 할 듯하다. 〈류큐개벽지
사〉라는 표현에 명확히 드러나는 것처럼, 문헌에 기록된 류큐의 창세
신화는 '류큐'라는 왕조, '류큐'라는 정치적 공동체를 전제한다. 왕이 곧
류큐가 아니라, 국토, 신분제, 농경이라는 산업 등으로 구성되는 정체
政體가 곧 류큐인 것이다. 창세신화의 재편자들이 국토의, 신분제의, 농
경의 기원을 언급한 것은 그들이 기록한 창세신화가 '류큐란 무엇인
가'에 대한 대답이었기 때문이지 않을까.

창세신화는 류큐의 전통적인 국왕 신성화의 논리를 극복하기 위한
담론으로 소환되었다는 점에서는 공통적이나, 그 극복 양상이나 지향
은 각기 달랐다. 향상현의 탈신국, 채탁의 음양론, 중국적 원리를 수용
하면서도 왕조의 절대성과 신성성 역시 강조한 채온. 17세기 이후 반
복적으로 거듭 이루어진 창세신화의 문자화는, 태초의 기억을 통해 류
큐라는 왕조의 정체성을 규명하고 그것을 기반으로 새로운 길을 모색
해나가고자 하는 목적에서 비롯되었다. 태양왕의 신화론이 의심되고
그 절대성이 흔들리는 그 지점에서, 창세신화가 새로운 신화 갈래로
소환되었던 것이다.

그렇기에, 창세의 신화로 시작하는 왕가의 족보는 왕들의 또 다른
신화를 이야기하지 않을 수 없었다. 태양왕 신화가 더 이상 통용될 수
없는 상황에서, 각 왕통의 시조들은 다른 의미를 지니는 왕으로 신화
화되지 않을 수 없었다. 다음의 제3부에서는, 그 왕통 시조들에 대한
신화화의 양상을 살펴보자.

3

류큐의
왕통
시조신화

왕통 시조 신화의 목적

중산 왕통 계보 확립의 역사

류큐 왕국은 중산과 남산, 북산의 정립이 중산으로 통일되면서 성립된 왕조이다. 남산의 영웅 상파지가 중산의 왕위에 오르고, 이어 북산과 남산의 아지 세력을 병합했다. 통일은 중산이 다른 아지 세력을 흡수하는 방식으로 이루어졌고, 중산이 통일 왕조의 이름으로 통용되었다.

17세기 이후 편찬된, 왕가의 계보 성격을 지닌《중산세감》,《중산세보》등은 류큐 왕조를 '중산'이라 명명하고 있다. 이들 문헌에서의 '중산'은 통일 이후의 중산 왕조에 국한되지 않는다.《중산세감》이나《중산세보》는 중산왕의 계보를 정리하여 그 계보도를 보여주고 있는데, 통일 왕조를 이룬 제1 상왕조와 그 뒤를 이은 제2 상왕조뿐만 아니라, 삼산 정립 혹은 그 이전에 '중산왕'의 지위에 올랐던 다른 혈통의 왕들까지도 그 계보에 포함시킨다. 문헌에 나타난 계보를 왕통별로 정리해 보자.

〈순천 왕통〉

순천舜天(슌텐)-순마순희舜馬順熙(슌바슌키)-의본義本(기혼)

〈영조 왕통〉

영조英祖(에소)-대성大成(다이세)-영자英慈(에지)-옥성玉城(다마구스쿠)-
서위西威(세이)

〈찰도 왕통〉

찰도察度(삿토)-무녕武寧(부네이)

〈제1 상왕조 왕통〉

사소尙思紹(시쇼)-상파지尙巴志(쇼하시)-상충尙忠(쇼추)-상사달尙思達(쇼
시타쓰)-상금복尙金福(쇼킨부쿠)-상태구尙泰久(쇼타이큐)-상덕尙德(쇼토쿠)

〈제2 상왕조 왕통〉

상원尙圓(쇼엔)-상선위尙宣威(쇼센이)-상진尙眞(쇼신)-……

이 가운데 역사적으로 실존했음을 확인할 수 있는 가장 이른 시기의
왕은 찰도왕이다. 중산왕 찰도는, 명과 책봉-조공 관계를 맺음으로써
국제사회에 등장한다.《조선왕조실록》에도 '중산왕 찰도'가 사신을 보
내 예를 바쳤다는 기록이 있다.[53] 찰도왕보다 앞선 시기의 왕들은, 사
실 이런 계보도를 제외하면 그 역사적 실재를 확인할 수 있는 방법을
찾기 어렵다. 차라리 삼산 시대의 남산왕이라면 대외 관계를 맺은 기
록이 외국의 문헌에 남아 있지만, 찰도왕보다 앞선 시기에 중산왕이

었다는 왕들에 대한 당대의 기록은 거의 남아 있지 않다. 이런 까닭에, 찰도왕보다 앞선 계보에 놓이는 왕들은 역사 이전의 왕, 신화시대의 왕으로 여겨지기도 한다.

그러나 분명한 것은,《중산세감》을 비롯한 류큐의 여러 사서들이 이른바 신화시대의 왕통까지를 포함하는 중산왕의 계보를 공유하고 있다는 사실이다. 신화시대 왕들의 역사적 실재는 확인하기 어렵지만, 류큐 왕조가 국가적 차원에서 그들의 존재를 역사로 인식했다는 점은 분명하다.

문헌으로 확인되는 것은《중산세감》이 최초지만, 이러한 계보화와 역사인식이 그 이전부터 있었음을 보여주는 금석문이 있다. 1543년에 세워진 〈국왕송덕비〉, 일명 〈가타노하나노 비かたのはなの碑〉를 보자. 비석이 세워진 해는 제2 상왕조의 상청尙淸(쇼세이 1527~1555) 때다. 이 비문에서는 상청왕을 순천왕에서부터 헤아려 중산의 21대 왕이라고 쓰고 있다.

대류큐국 중산왕 상청尙淸은 순천舜天 이래 21대 왕손으로 하늘이 성호聖號를 내려 천하의 왕으로 삼았다.[54]

사서의 계보에 따르면 순천, 순마순희, 의본, 영조, 대성, 영자, 옥성, 서위, 찰도, 무녕의 10대에, 제1 상왕조 7대와 제2 상왕조의 상원, 상선위, 상진 3대를 더하면 상진왕의 뒤를 이은 상청왕은 21대 중산왕이 된다. 17세기 이후 역사서의 계보와, 16세기의 비문의 계보가 적어도 숫자상으로는 일치한다.《중산세감》이후 문헌에 정서된 왕통 계보는, 상청왕 때에도 이미 확립되어 있었던 것이다.

순천 왕통에서 영조 왕통, 이후의 찰도 왕통을 거쳐 제1 상왕조로 이어졌다고 하는 류큐 왕통의 계보화는 상청왕 이전에도 있었던 듯하다. 상청왕의 선왕 상진왕 때의 또 다른 〈국왕송덕비〉(1522)에도, '옛날 순천, 영조, 찰도 삼대 이후'라는 문구가 보인다.[55] 왕통의 계보를 어떻게 인식했는지가 명확히 드러나 있다.

또 제1 상왕조의 상태구왕 때(1458) 주조된 〈만국진량의 종〉의 명문에는, 국왕이 '삼대三代 후에 헌장憲章을 정했다'는 문구가 있다. 여기에서의 '삼대'가 〈국왕송덕비〉의 '삼대'와 같은 것이라 한다면, 이때에도 이미 순천 왕통과 영조 왕통, 찰도 왕통으로 이어지는 왕통의 계보가 성립해 있었다고 말할 수 있다.

천손씨 왕통의 등장과 신화 재편의 필요성

류큐국 중산 왕조의 공식적 왕통 계보는 순천 왕통에서부터 시작한다. 《중산세감》의 계보는 〈류큐국 중산왕 순천 이래의 세찬도世纘圖〉라는 이름으로 순천에서부터 왕통의 계보를 나열하고 있고, 《채탁본 중산세보》의 〈중산왕 세계도中山王世系圖〉 역시 순천을 앞세운다.

그런데 《중산세감》과 《중산세보》는 권두의 창세 이야기를 통해 순천에 앞서는 류큐 최초의 왕통을 내세운다. '천손씨 왕통'이 바로 그것이다. 《중산세감》은 천제의 아들딸이 지상에 내려와 낳은 3남 2녀의 장남이 국주國主의 시조가 되었으며, 이를 '천손씨'라 한다고 기록하였다. 25대 1만 7,802년 동안 이어졌다고 한다. 《채탁본 중산세보》는 화생한 남녀가 3남 2녀를 낳아 장남이 군왕의 시조가 되었다고 하면서 이를 천손씨라 하였다. 일만 여 년 동안 지속되었다고 한다. 《채온본 중산세보》도 천제자가 낳은 3남 2녀 가운데 장남이 국군國君의 시조 천손씨가 되었으며, 25대까지 이어졌다고 하였다. 일만 년이 넘는 기간 동안 25대의 천손씨 왕통이 있었다는 것, 이것이 창세신화를 앞세운 왕가 족보류 문헌의 공통된 인식이었다.

《채온본 중산세보》는 《중산세감》, 《채탁본 중산세보》와는 달리 이러한 인식을 계보도에도 올린다. 《채온본 중산세보》의 〈역대국왕세통총도歷代國王世統總圖〉는 '천손씨 25기天孫氏二十五紀'에서 시작되고 있다. 류큐 문헌의 창세신화에서 처음 그 모습이 확인되는 천손씨 왕통이, 《채온본 중산세보》에 이르러 계보도의 첫머리를 장식하게 되었다.

천손씨 왕통을 왕통 계보의 맨 앞에 내세우면 류큐는 천손이 세운 나라로서 더없는 권위를 획득하게 된다. 하지만 문제가 생긴다. 천손씨 왕통을 신화적 태초에 두게 되면, 류큐 중산 왕통의 시발점을 순천 왕통에 두는 관념과 충돌하게 되기 때문이다. 순천 왕통으로부터 류큐의 왕통이 비롯되었다는 것은 상태구왕 시대까지 거슬러 올라갈 수 있는 오래된 관념이 아닌가? 순천 왕통 이전, 신화적 태초의 신성한 왕통을 류큐 왕통의 기원으로 이야기하는 창세신화가 수용되려면, 순천왕에서부터 류큐 왕통이 시작되었다는 종래의 개념은 어떤 방식으로든 재편될 수밖에 없었다.

시조 신화 '쓰기'와 역사의 재편

천손씨가 류큐 최초의 군왕이 되었다는 역사서의 창세신화로 인해, 더 정확히는 류큐왕의 신성한 권위를 떠받치는 신화적 관념이 역사로 편입되면서, 최초 왕통의 자리는 순천 왕통이 아니라 천손씨 왕통이 차지하게 되었다. 최초 왕통으로서의 순천 왕통의 위상을 재조정할 필요성이 생겨난 것이다. 《중산세감》과 《중산세보》는 순천 왕통의 시조 순천왕의 일화를 통해 천손씨 왕통과 순천 왕통 모두를 인정할 수 있는 근거를 마련했다. 의심을 허용치 않는 신화적 진술을 통해, 역사의 재정립을 시도한 것이다.

다른 왕통의 시조 왕들에 대한 신화도 이런 맥락에서 재편되었다. 고류큐 국왕들이 지니고 있던 데다코로서의 신화적 표상은 이제 더 이상 류큐왕 일반의 표상이 아니었다. 각 왕통의 시조 왕들은 태양왕으로서의 일반성을 잃는 대신, 새로운 의미를 지닌 왕으로 특수화된다. 각 왕통 시조들에 대한 신화는, 류큐 왕국이라는 대하 서사를 위해 시조 왕들의 캐릭터를 구축한 이야기였다.

왕통 시조 신화는 왕가의 계보 작성자들이 만들어간 역사를, 다시 말해 그들이 과거를 어떻게 의미화하려 했는가를 보여준다. 창세신화를 서두에 두고 각 왕통 시조들에게 특정한 역할과 의미를 부여함으로써 역사가 다시 쓰인 것이다. 왕통 시조들에 대한 이야기는, 류큐 왕국의 역사 쓰기이면서 동시에 특정한 의도에 따라 재편된 정치적 담론으로서의 신화다.

왕통 시조에 대한 신화는 《중산세감》과 《채탁본 중산세보》, 《채온본 중산세보》가 크게 다르지 않아, 구체적인 표현이 소략하고 상세한 정도의 차이를 보일 뿐이다. 물론 꼼꼼히 읽어 내려가다 보면 소략과 상세의 특정한 의미 지향을 포착할 수도 있겠지만, 하나하나 다루기에는 갈 길이 멀다. 여기에서는 《채온본 중산세보》를 기본적인 텍스트로 하여 왕통 시조들의 신화를 읽어보자.《채온본 중산세보》의 시조왕 신화는 앞서의 문헌들을 보완하여 제일 나중에 기록된 때문인지 표현이 가장 상세하기도 하거니와, 나중에 나온 류큐 정사正史《구양》에도 거의 그대로 이어졌다. 확정된 과거, 확정된 역사로서 류큐의 역대 왕통 시조들이 어떻게 의미화되었는지를 여기에서 읽어낼 수 있을 것이다. 물론, 다른 두 문헌의 기록들도 필요에 따라 참조하기로 하자.

2

순천 왕통의 역할

순천 왕통, 천손씨 왕통을 회복하다

천손씨 왕통 25대 왕이 중산을 다스리고 있을 때였다. 왕통이 운이 다한 것일까, 여러 제후들이 모반을 일으키고 나라가 어지러웠다. 왕의 신하 가운데 '리유利勇'라는 자가 있었는데, 젊었을 때부터 측근에서 왕을 보좌하더니 점차 왕을 대신하여 마음대로 국정을 전단하였다. 자기를 따르는 자에게는 상을 내리고 거스르는 자에게는 벌을 주니, 그 위세가 날로 더하고 나라 사람들이 그를 호랑이 보듯 무서워하였다. 결국 리유는 국왕을 시해하는 데 이른다. 왕의 내전에 들어가 왕을 살해한 리유는, 스스로 왕위에 올라 국군國君을 자칭한다.

그때 '손톤尊敦'이라는 한 영웅이 있었다. 손톤은 왕을 시해한 리유를 용납할 수 없어 의병을 일으킨다. 사방에서 이에 호응하니, 손톤의 군대는 금세 세력이 커졌다. 손톤은 리유를 토벌하고 왕위에 오른다. 이가 곧, 순천舜天(슌텐)왕이다.

순천왕의 사후, 아들 순마순희가 왕위에 올랐다. 그 뒤를 이은 것은 순마순희의 아들 의본이었다. 그런데 의본왕의 등극 이후, 백성들의 근심이 끊이지 않았다. 흉년이 들어 기근이 계속되고, 질병마저 창궐했다. 나라 형편이 말이 아닌 가운데, 의본왕은 이 모든 게 자신의 탓이라 여겼다. 왕위에 오른 자신의 자질이 부족하여 나라에 근심이 끊이지 않는다고 생각한 것이다. 왕은 선양禪讓, 즉 다른 사람에게 왕위를 넘길 것을 결심한다. 《중산세감》은 의본왕의 말을 다음과 같이 전한다.

> 윗사람은 원류源流고 아랫사람은 하류下流다. 윗사람은 겉모습이고 아랫사람은 그림자다. 물의 원류가 깨끗하면 하류의 물도 맑고, 겉모습이 단정하면 그림자도 바른 법이니 이것이 자연의 이치이다. 천하는 사람의 몸과 같아 근본의 기운이 견고하면 온갖 어지러운 것들이 침범하지 못하고, 근본의 기운이 쇠하면 이로 말미암아 어지러운 기운이 들어온다고 한다. 그러니 지금 나라의 역병은 모두 내 부덕의 소치다. 천하는 천하의 천하이지 한 사람의 천하가 아니다. 내 누구에게 나라를 넘겨야 하는가?[56]

의본왕의 말에 사람들은 혜조세주惠祖世主의 아들 에소英祖를 천거하였다. 이때 에소의 나이 스물다섯이었다. 의본왕은 에소에게 시험 삼아 나랏일을 맡겨 보았다. 과연, 기아와 질병이 모두 그쳐 인심이 편안해졌다. 에소가 섭정하여 나랏일을 돌본 지 7년, 의본왕이 에소에게 왕위를 내주니 새로 왕위에 오른 에소가 곧 영조英祖(에소)왕이다.

《중산세감》과 《중산세보》는 모두, 영조왕이 '천손씨의 후예'라고 말한다. 창세신화를 통해 최초의 왕이 천손씨라고 한 《중산세감》, 《중산세보》이기에, 천손씨의 후예인 영조왕이 중산왕으로 등극한 것은 매우 중요한 의미를 지닌다. 끊어졌던 천손씨 왕통이 영조왕에 이르러 다시 이어지게 된 것이기 때문이다.

천손씨 왕통이 끊어진 것은 역신逆臣 리유 때문이다. 리유는 천손씨 국왕에 대한 역신일 뿐만 아니라, 왕이 될 자격이 없음에도 왕위에 올랐기에 주위의 동조를 받지 못하고 사방에서 일어난 의병의 공격을 받은 독부獨夫였다. 순천 왕통의 시조 손톤은 리유를 토벌하여 그를 왕의 자리에서 끌어내림으로써, 천손 왕통을 끊은 역신의 부정한 왕통이 성립하는 것을 막았다. 그리고 순천왕의 손자 의본왕은 천손씨의 자손인 영조왕에게 왕의 자리를 넘겨준다. 그러니, 순천 왕통은 천손씨의 왕통을 끊은 역신을 제거하고 왕위를 잠시 맡았다가, 다시 제2의 천손씨 왕통인 영조 왕통이 이어질 수 있도록 중계의 역할을 담당한 셈이다.

늦어도 상태구왕 시절로 거슬러 올라갈 수 있는 류큐 전래의 왕통관에 따르면 공인된 왕통의 제일 앞자리에는 순천 왕통이 놓여 있었다. 그런데 이렇게 공인된 왕통보의 맨 앞에, 이른바 천손 왕통이 놓이게 된다. 《중산세감》과 《중산세보》의 편자들이 류큐 왕국의 시원을 거론하면서 천손씨 왕통을 역사에 등장시켰기 때문이다. 이에 따라, 창세신화의 편자들은 영조 왕통을 천손 왕통의 재현으로, 순천 왕통은 그것이 가능케 한 중계 역할을 한 왕통으로 자리매김했다.

이렇게 함으로써, 천손 왕통에서 류큐 왕통의 기원을 찾는 역사화된 창세신화와 순천 왕통을 중산왕 계보의 제일 앞에 두는 류큐국 전래의 왕통관은 서로 이어질 수 있는 접점을 찾을 수 있었다. 천손 왕통을 단절시킨 역신을 토벌하고, 또 천손씨의 후손이 왕위에 다시 오르게 하는 역할을 순천 왕통에 부여함으로써, 천손 왕통과 순천 왕통은 상호 모순 없이 공존할 수 있게 된 것이다.

일본 귀인貴人의 아들 순천왕

고대 왕국의 시조 신화는 시조의 혈통적 신성성이나 고귀함을 강조하곤 한다. 혈통에서 비롯되는 배타적이고 절대적 신성성이 왕권을 뒷받침한다는 것이 통상적 시조 신화의 신화적 논리다. 천손 왕통의 시조역시 그렇다. 천제의 오누이 사이에서 태어난 인물이거나《중산세감》화생 남녀의 자손《채탁본 중산세보》, 혹은 화생 인물의 자손《채온본 중산세보》이라는 점에서 천손씨 국왕은 탄생으로부터의 신성성을 보증받는다. 영조 왕통의 시조인 영조왕도 천손씨의 후손이라는 혈통상의 신성성에 더해 태양의 후손이라는 탄생 신화를 겸비하고 있다. 천손 왕통과 영조 왕통의 시조 신화는 모두 이런 고대 신화적 논리를 갖추고 있다.

그런데 순천 왕통의 시조 손톤, 순천왕의 혈통은 다소 특이하다. 흥미롭게도 순천왕의 혈통은 초월적 신성성이 아니라 인간의 가계, 일본의 유명한 무사 가문인 미나모토 가문, 즉 겐지源氏에 닿아 있다. 순천왕의 아버지는 '미나모토노 다메토모源爲朝', 즉 '일본 인황人皇의 후손 육조판관六條判官 다메요시爲義의 8남 진서팔랑鎭西八郎 다메토모爲朝'다. 미나모토노 다메토모는 자기 키보다도 더 큰 활을 자유자재로 쓰면서 화살한 대로 배 한 척을 침몰시킬 정도였다는 이야기가 전해질 정도로 유명한 일본 헤이안 시대 말기의 영웅이다. 권력을 둘러싼 호겐保元의 난 때 아버지와 함께 스토쿠 상황崇德上皇 편에서 싸우다가 결국 패해 이즈伊豆 오시마大島로 유배되었다. 유배 이후 다메토모는 그곳에서도 세력을 키 워나갔으나, 결국 토벌 대상이 되어 자결로 생을 마감했다. 유명한 일본 군담소설《호겐모노가타리保元物語》에 관련 일화가 많다.

《채온본 중산세보》는, 다메토모가 이즈 오시마에 유배되었을 때 류 큐에 오게 된 것이 순천왕의 탄생과 관계가 있다고 기록하고 있다.

······(다메토모) 공은 이즈 오시마에 유배당했다. 송宋 건도乾道 원년 을유 에 공이 뱃놀이를 하였는데, 폭풍이 일어나 뱃사람이 놀라고 두려워했 다. 공은 하늘을 보며 말했다.

"운명은 하늘에 있다. 내가 무엇을 근심하리?"

며칠 안 되어 배가 어느 해안에 표착했는데, 이로 인해 그 땅의 이름을 '운천運天'이라 하였다. 오늘날 산북山北의 운천運天(운텐)이다.

공은 해안으로 올라와 나라 안을 두루 다니며 놀았다. 나라 사람들은 그 의 무용武勇을 보고 존경하고 흠모하였다. 공은 오자토大里 아지의 누이와 통정하여 아들 하나를 낳았는데, 거처한 지가 오래되자 고향 생각을 금 하기 어려워 처자와 함께 돌아가려 하였다. 목항牧港(마키미나토/마치나토)이 라는 항구에 가서 배를 띄웠으나, 몇 리 가지도 못하고 바람이 부는 바람 에 항구로 돌아왔다. 몇 달이 지나 좋은 날을 택해 바다로 나갔는데, 얼마 가기도 전에 다시 이전과 같은 바람이 불었다. 뱃사람이 말했다.

"제가 듣기로는 남녀가 같은 배에 타면 용신龍神이 재앙을 내린다고 합니 다. 청컨대 부인을 남기시어 생명을 보전하소서."

공은 어쩔 수 없이 부인에게 말했다.

"나와 너는 원앙처럼 다정하고 화살이 돌이나 쇠를 뚫지 못하는 것처럼 견고한 사이다. 그런데 어찌 하늘은 사람의 뜻과 다른 것이냐? 함께 돌아갈 수 없으니 네가 헤아려 내 아이를 길러주기를 바라노라. 장성한 후에 반드시 큰일을 하리라."

말이 끝나자 두 사람은 눈물을 비처럼 흘렸다. 공은 마침내 처자와 이별하고 배를 띄워 돌아갔다. 부인은 아이를 데리고 우라소에에 가 살았다. 아이의 이름은 손톤이라 하였다.[57]

순천왕은 미나모토노 다메토모가 류큐에 잠시 머물렀을 때 오자토 아지의 누이와의 사이에서 낳은 아들이다. 덧붙이자면, 여기서는 류큐에 표류한 것이 하늘의 뜻이었음이 '운천'이라는 지명으로 표현되는 데 비해 《중산세감》이나 《채탁본 중산세보》에서는 조금 다르다는 게 눈에 뜨인다. 《채온본 중산세보》보다 앞선 두 문헌에서는 다메토모가 물결의 흐름에 따라 류큐에 이르렀고, 그래서 류큐의 이름이 유규流虯에서 유구流求로 바뀌었다고 한다. 유규란 규룡虯龍이 바다에 떠 있는 것 같다고 해서 류큐를 가리키는 이름이었는데, 다메토모가 배를 타고 흘러가 얻은 곳이라는 의미로 전환된 셈이다. 미나모토노 다메토모가 류큐에 오게 된 것은 하늘이 정한 것이라는 생각이, 《채온본 중산세보》에는 조금 더 강하게 드러난다.

순천왕의 혈통과 일류동조론

여하튼, 순천왕은 미나모토노 다메토모와 오자토 아지의 누이 사이에서 태어난 것으로 그 혈통이 구체화되고 있다. 순천왕과 미나모토노 다메토모의 부자관계는 일본 내에도 널리 알려져서, 예컨대 19세기 초 교쿠테이 바킨曲亭馬琴의 《춘설궁장월椿說弓張月》과 같은 소설에도 등장했을 정도다.

순천왕의 혈통을 다메토모에 연결짓는 이야기는, 이른바 '일류동조론'과 관계가 있다고 종종 말해진다. 류큐가 일본의 영향하에 놓이게 된 이후, 류큐 국왕의 혈통을 일본의 황족과 연결하기 위해, 청화淸和 천황의 후손인 미나모토 가문의 다메토모를 끌어왔다는 것이다. 이 이야기가 처음 등장하는 류큐의 문헌이 다름 아닌 《중산세감》이라는 것도 이러한 추정을 뒷받침하는 근거들 중의 하나가 된다. 일본과 류큐의 뿌리가 같다고 생각했던 《중산세감》의 찬자 향상현이, 류큐 국왕의 혈통을 일본과 연결시키기 위해 이러한 이야기를 만들어냈다는 것이다.

순천왕의 혈통을 미나모토노 다메토모와 연결 짓는 삽화는 류큐 측 문헌으로는 《중산세감》이 최초지만, 순천의 이러한 출생담은 그 연원이 일본 측 문헌에 있다. 다메토모와 순천왕의 혈연관계는 《호겐모노가타리》를 비롯, 난보 분지南浦文之(1555~1620)의 〈토유시서討琉詩序〉, 겟슈 주케이月舟壽桂(1470~1533)의 〈학옹자명병서鶴翁字銘并序〉(《환운문집幻雲文集》) 등에서도 보인다.[58] 실제로 《중산세감》은 《호겐모노가타리》의 군담소설적 표현을 적극적으로 끌어다 쓰고 있기 때문에, 이 이야기의 형성에 일본 문학의 전통이 적지 않은 영향을 끼쳤음은 분명하다. 상세한 내력을 추적하기는 힘이 부치지만, 이 삽화는 일본 식자들에 의해 형성되어 일본 내부에서 확대되는 한편 류큐로도 수입되어 들어온 듯하다.

삽화의 기원이 어디에 있든, 미나모토노 다메토모와 순천왕이 부자

관계라는 이야기는 그것을 역사적 사실로 확정하려는 시도와 함께 전승되어 왔다. 운을 하늘에 맡긴다는 뜻의 운천항의 이름이 미나모토노 다메토모의 일화에 의거하여 지어졌다는 이야기나, '기다리는 항구'라는 의미의 '마키미나토' 항구의 이름이 순천왕 모자가 미나모토노 다메토모를 기다린 데에서 기인한다는 이야기는 현재의 구비 전승에도 남아 있다. 실재하는 장소를 근거로 이야기를 사실화하려는 설화적 전략이다.

순천왕이 미나모토노 다메토모의 아들이라는 이야기는 일본과 류큐의 기원적 관련성을 강조하고 싶어하는 이들에게, 특히 훗날 일본이 류큐를 실질적으로 지배하고 동화시킬 때 그 정당화의 근거를 마련하고자 했던 이들에게 매우 흥미로운 자료였다. 다메토모는 천황의 후손이었으니, 그의 아들 순천왕도 그 가계에 속한다. 그렇다면 류큐왕의 혈통은 결국 천황가의 방계인 셈이 아닌가? 그러니 이 이야기는 류큐왕을 일본 천황가의 일부로 편입시키는 한편 방계로 차별화하기에 참으로 좋은 자료가 아닐 수 없다. 류큐에 대한 일본의 기본 입장은 동화와 차별이었으므로, 순천왕 이야기는 그 유력한 설화적 근거가 될 수 있었던 것이다.

다메토모와 연결되는 순천왕의 탄생담이 후대에 어떻게 전승되고 어떤 힘을 발휘했는가와는 별개로,《중산세감》의 순천왕 탄생담이 일류동조론을 내면화한 기록인가에 대해서는 좀 더 생각해볼 필요가 있다. 다메토모와 순천왕을 혈연관계로 묶는 삽화가 있다고 해서, 류큐 왕통이 천황가의 혈통이라고 말할 수 없는 맥락이《중산세감》에는 따로 있기 때문이다.《중산세감》, 또 그 이후의《중산세보》에서 순천 왕통은, 천손씨 왕통을 끊은 자를 처단하고 그 끊어진 천손 왕통이 다시 이어지도록 한 매개자적 역할을 하는 왕통으로 그려진다. 따라서 순천 왕통이 일본의 왕통과 관련이 있다 하더라도 천손 왕통은 일본의 왕통과는 혈연적으로 아무 관련이 없고, 그러므로 류큐 왕가가 일본 왕가의 방계라는 인식은 설 자리가 없다. 순천왕이 미나모토노 다메토모의 아들이라는 삽화를 수용하면서 동시에 순천 왕통을 매개적 왕통으로 자리매김하는 《중산세감》 이후의 왕가 계보는, 류큐 왕통사의 정립에 중요한 역할을 한 순천왕이 일본 무사의 혈통이라 하면서도 류큐 왕통의 본류는 일본 천황가의 혈통과는 다른 흐름에 있는 것임을 명확히 한다.

미나모토노 다메토모와 관련되는 순천왕의 혈통담을 수용하는 동시에 순천 왕통을 중계적 왕통으로 배치한 것은, 일본의 영향이라는 현실적 상황을 인정하면서도 류큐 왕통이 독자적으로 형성되고 지속되어왔다는 왕조의 정체성을 강조하는 효과를 낸다. 다메토모와 순천왕을 혈연적으로 관련시키는 일류동조론적 맥락의 삽화 수용은, 류큐의 독자성을 부정하는 일류동조론의 의미망을 벗어나 오히려 류큐 왕통의 독자성이라는 의미를 내포하는 신화로 재배치되고 있다.

3

데다코 영조왕의 신화

데다에서 데다코로—영조왕의 신화화 방식

1부의 내용을 다시 떠올려보면, 영조왕은 17세기 초만 하더라도 '데다'로 여겨지던 왕이다. 중산왕의 계보가 국가적으로 확정되어 왕조가 기억하는 역사 속에서 영조왕이 실재의 국왕으로 여겨지던 시기에, 영조왕의 왕릉 우라소에 요도레에 세워진 1620년의 〈요도레 비문〉은 영조왕을 '에소의 데다ㅊそのてた'라고 지칭했다.

《중산세감》과 《중산세보》에서 천손씨 왕통은 역신에 의한 단절과 순천 왕통의 중계를 거쳐 영조 왕통으로 되살아난다. 그러므로 천손씨 왕통의 부활로 영조 왕통을 자리매김하는 류큐 왕통의 계보화는, 영조왕을 단순한 '데다'가 아니라 천손씨의 후손으로 의미화할 새로운 신화를 필요로 했다. 이러한 필요에 부응하는 삽화가, 다음과 같은 영조왕의 '신이한' 탄생담이었다.

혜조 세주는 곧 천손씨의 후예다. 당시 혜조는 이소伊祖의 아지가 되어 선을 행하고 덕을 쌓았다. 그러나 결혼한 후에 후손을 하나도 얻지 못했다. 만년에 이르러 그 처가 품에 해가 날아 들어오는 꿈을 꾸었는데, 이후 신 것을 좋아하고 밥을 싫어하니 이전에 꾼 꿈이 태몽이었음을 알아차렸다. 달이 차서 몸을 푸는 날이 되었는데 상서롭고 기이한 광채가 방에서 나와 구름을 뚫고 기이한 향기가 방에 가득 찼다. 한 남자 아이를 얻으니 혜조가 기뻐하며 보배와 같이 아꼈다. 이로 인해 당시 사람들이 천일지자天日之子라 하였다.[59]

태어나는 날 기이한 광채가 하늘 높이 퍼졌다거나 기이한 향내가 났다거나 하는 표현이 익숙하다. 비범한 인물의 출생담에 흔히 보이는 상투적 표현이다. 기이하게 태어난 아이는 태몽도 특이했다. 해를 품에 안는 꿈을 태몽으로 가지고 태어난 것이다. 사람들은 그 아이를 '천일지자', 즉 태양의 아이라고 불렀다. 훗날의 영조왕이다.

영조왕이 하늘에 혈통적 신성성이 닿아 있는 왕임을 드러내기 위해, 신화는 영조왕이 천손씨의 후손 혜조 세주의 아들이라는 혈통을 제시하는 데에서 더 나아가 신이한 탄생담을 덧붙여 영조왕에게 태양의 아들이라는 표상을 부여한다. 《중산세감》은 영조왕이 '상제上帝'를 꿈에 보고 태어난 '천자天子'라 기록했고, 《채탁본 중산세보》는 '일륜日輪'을 보고 태어난 '일지자日之子'라 적었다. 《채온본 중산세보》의 '천일지자天日之子'는 앞의 두 기록을 모두 이은 것이다. 어떤 표상이든, 그 의미는 영조왕이 천상 타계의 신성성을 지닌 왕이라는 데 있었다. 수직적 타계 '오보쓰 카구라'를 전제하는 '데다코'의 신화적 사유와 다를 바 없다. '데다'였던 영조왕은, 탄생의 신화를 통해 '데다코'로 그려졌던 것이다.

류큐의 왕권 사상으로서 데다코 사상이 성립된 시기는 통일 류큐 왕조의 체제가 정비된 이후일 것이라고 짐작된다. 태양왕 아지의 시대를 거쳐 탄생한 통일 류큐 왕권은 왕권의 절대성을 위해 태양의 신성성을 독점하는 데다코 사상을 출현시켰다. 제1 상왕조 때 유력 아지 세력을 제압하며 왕권을 강화한 상태구왕부터, 늦게 잡아도 제2 상왕조 때 통일 류큐 왕조의 체제를 정비한 상진왕 때에는 이러한 데다코 사상이 확립되어 있었을 터다. 데다코 사상의 성립에도 불구하고 '데다'로 호명되던 영조왕은, 《중산세감》 이후 왕통 시조 신화가 재편될 때 비로소 '데다코'라는 위상을 부여받았다고 말할 수 있다.

순천 왕통에서 영조 왕통으로 이어지는 순서가 이미 정해진 왕통보 위에서, 《중산세감》과 《중산세보》의 편자들은 순천왕과 영조왕의 데다=태양왕으로서의 보편성을 지우고 각자에게 별개의 특화된 위상과 의미를 부여했다. 창세신화로 인해 천손씨 왕통이 정서된 왕통보 앞에 덧붙여진 까닭이다. 순천 왕통은 신대神代에서 인대人代로의 단절과 전환을 완충하는 중계적 왕통으로 규정되었고, 영조왕은 데다의 초월적 신성성을 독점하는 데다코로서 자리잡게 되었다. 데다코의 상징은 중세 왕조 국가 류큐의 확립과 함께 형성된 것이지만, 《중산세감》과 《중산세보》는 그 이전 시대로 거슬러 올라가 데다코의 상징을 영조왕이 독점하도록 했다.

이렇게 해서, 순천 왕통에서 영조 왕통으로 이어진 것으로 공인되었던 류큐의 역대 왕통은 《중산세감》과 《중산세보》에 이르러 새롭게 재편되었다. 천손씨 왕통이 순천 왕통의 앞에 놓임으로써 왕통과 왕권의 신성성이 강조되고, 순천 왕통은 천손씨 왕통을 회복시킴과 동시에 신왕神王의 시대와 인간왕人間王의 시대를 자연스럽게 연결시키는 중계 역할을 하는 왕통으로, 영조 왕통은 데다코의 왕통으로 의미화된다. 신이한 탄생에 대한 이야기가 주를 이루는 영조왕의 신화는, 영조왕을 데다코로 규정하려는 신화적 재편이었던 것으로 이해된다.

의본왕 선양 신화의 진실

영조왕은 순천 왕통의 마지막 임금인 의본義本(기혼 1249~1259)의 선양에 의해 왕위에 올랐다. 순에게 왕위를 양도한 요임금을 떠올리게 한다. 왕통 교체의 방법이 피의 투쟁이 아니라는 점에서, 그야말로 '아름다운' 왕통 교체의 한 전형이다.

그러나 선양 신화는 무력에 의한 강제적 왕통 교체를 미화하는 신화적 장치라고들 한다. 실제로는 폭력에 의해 왕좌의 주인이 바뀐 것이지만, 왕좌를 차지한 자의 폭력을 감추기 위해 빼앗은 게 아니라 넘겨받았다고 말한다는 것이다. 의본왕의 선양 역시, 사실은 선양이 아닐 가능성이 높다. 여러 지역의 아지들의 할거하던 시대에 폭력이 아닌 선양으로 중산왕의 주인이 바뀌었을 것 같지는 않기 때문이다. 실제로 적지 않은 구비 전승의 설화들 역시, 역사서가 선양이라 규정한 영조왕의 등극에 대해 이의를 제기한다.

오키나와 섬의 북쪽, 구니가미의 헤도邊戶·辺戶에는 의본왕의 무덤이라고 알려진 묘 한 기가 있다. 국도변 주차장에 차를 세우고 찻길을 건너면 꽤 경사가 있는 계단 하나가 보이는데, 그 계단을 따라 올라가면 의본왕의 묘가 자리해 있다.

주차장의 안내판은 헤도에 의본왕의 무덤이 있는 까닭을, 의본왕이 왕위를 떠나 이곳 헤도에 이르러 한 노로/ㅁ와 부부의 연을 맺고 살다 세상을 떠났기 때문이라고 설명한다. 그러나 구비 전승에 따르면, 의본왕의 묘는 한두 군데가 아니다. 의본왕이 왕위에서 물러나 여러 곳을 돌아다녔기 때문에 그곳 모두에 의본왕의 묘가 있다는 이야기도 있다. 의본왕은 오키나와섬에서 살다가 죽은 것이 아니라 다른 섬으로 옮겨 가 살다가 죽었다는 이야기도 있다. 어쨌거나 구비 전승에서 이렇게 의본왕을 기억한다는 것은, 구비 전승의 향유자들이 잊지 않고 후대에 전해주고픈 무언가가 있었다는 말이다.

한 구비 전승은, 의본왕이 영조왕에게 선양했다는 사서의 기록에 동의하면서도 왕위를 넘긴 다음의 의본에 대해서 이런 말을 덧붙인다.

> 의본왕은 밤을 틈타 도망하여 구니가미의 헤도 쪽으로 가서 그곳의 산에서 살았다. 거기에는 그의 무덤도 있다.[60]

의본왕의 선양, 헤도의 의본왕 묘 등은 하나도 낯설 것이 없지만, 의본왕이 "밤을 틈타 도망하였다"는 것이 주목을 끈다. 선양한 왕, 평화롭고 아름답게 왕위를 넘겨준 왕이 왜 '도망'을 해야만 했던 걸까? 또 다른 구비 전승은, 그 도망의 원인을 이렇게 말한다.

> 의본왕 시대에 역병이 창궐하였다. 어디에선가 나타난 백발노인이 말했다.
> "신이 노하셨다. 신의 노여움을 달래기 위해서는 왕을 불태워야만 한다."
> 이윽고 왕의 몸에 불꽃이 옮겨 붙으려 할 때, 큰 비가 내렸다. 화를 면한

왕은 구니가미로 달아나 헤도의 노로와 부부가 되었다.[61]

이에 따르면, 의본왕은 전염병이나 자연재해 때문에 퇴위된 왕이다. 사람들은 왕에게 희생을 요구하며 화형이라는 폭력을 행했다. 그런데 설화를 전승하는 사람들이 진심으로 의본왕을 부정적으로 생각하고 있었다면, 설화는 의본왕을 화염 속에서 도망가게 두지 않았을 것이다. 이 이야기를 전승하는 사람들은 의본왕이 화형에 처해진 것을 부당하다고 여겼기에 그의 피신을 언급하는 한편 그의 행적을 기억하며 묘까지 남기고 있는 것이다.

구비 전승의 '화형'은 의본왕의 폐위가 자발적인 선양이 아니라 외부의 폭력에 의한 것임을 보여준다. 《중산세감》을 비롯한 관찬 문헌이 정식화한 '의본왕이 영조왕에게 왕위를 선양하였다'라는 역사에 반하는 또 다른 역사가, 구비 전승을 통해 형성되어 왔다고 하겠다. 중요한 것은 《중산세감》과 《중산세보》 등의 문헌에 기록된 선양 신화와 폭력적 왕위 찬탈을 전제하는 구비 전승 가운데 어느 것이 역사적 사실인가를 밝히는 게 아니다. 정작 중요한 것은, 문헌에 기록된 영조왕 신화가 역사적 '사실'이 아니라 과거의 재구성이자 과거에 대한 특정한 의미 부여라는 점을 확인하는 데 있다.

이상적 군왕 영조왕

문헌 신화는 데다코 영조왕(1260~1299)이 선양에 의해 왕위에 오를 수 있었던 것은 그가 가뭄과 역병으로 어지러운 나라를 잘 다스릴 수 있는 인물이었기 때문이라고 말한다. 영조는 태어나면서부터 비범했다. 《중산세감》은 이미 일곱 살 때부터 영조왕의 뛰어난 재주와 덕이 세상에 드러나 사람들이 그 앞에서 감히 함부로 하지 못했다고 기록하고 있다. 열세 살부터 배움에 뜻을 두었고, 스무 살부터는 육예六藝와 경전을 모두 익혀 나라 사람들이 우러러 보았다는 것이다.《채탁본 중산세보》역시, "나면서부터 배우기를 좋아하여 자라서는 견식이 출중하니, 향리에 이름을 떨쳤다. 사람들이 그를 존경하고 감복하였다"고 쓰고 있다.《채온본 중산세보》도 영조가 태어나면서부터 '성명聖明'하여 "현인을 가까이하고 도를 숭상하여 그 덕이 크게 드러났다"고 표현한다. '성명'이란 임금의 밝은 지혜를 가리킬 때 쓰는 말이니, 이미 그 때부터 왕의 자질이 있었다는 뜻이리라. 다시 말해《중산세감》과《중산세보》는 모두 영조왕이 왕이 될 수밖에 없는 인물이었음을 강조하고 있다.

영조왕의 치세 또한 찬양의 대상이다. 영조왕은 그 공덕이 성현에 부끄러움이 없는 지덕至德의 존재였기 때문에, 그가 죽은 후 백성들이 슬퍼하여 통곡함이 마치 부모를 잃은 것 같았다고 서술된다. 데다코 영조왕은, 비할 데 없는 '희세의 성군'으로 그려진다.

《중산세감》과《중산세보》는 영조왕의 구체적인 업적 나열에도 게으르지 않다. 문헌들이 제시하고 있는 영조왕의 치적을 보자. 모두, 영조왕이 태평성대를 이끈 성군이었음을 증명하는 업적들이다.

- 형벌이 사라지다—영조왕이 왕위에 올라 어진 덕으로 백성들을 구휼하니, 백성들이 죄를 저지르지 않았다. 백성들이 죄를 저지르지 않으니 형벌이 쓰일 일이 없다. 백성들이 죄를 저지르지 않게 하는 것이

좋은 정치라는 유교적 정치 철학의 입장에서 보면, 영조왕은 더없이 훌륭한 왕이다.

- 밭의 경계를 정하다─중국 주나라 때에는 우물 정井자 모양으로 밭의 경계를 나누고 그 가운데 밭을 공전公田으로 삼아 세금을 거두었다고 한다. 유교 경전에서 이상 시대로 삼곤 하는 주나라의 세금 제도이다. 영조왕은 왕위에 오른 후 사방을 돌아다니면서 전답을 편력하고, 처음으로 그 경계를 정해주었다. 《채탁본 중산세보》는 이를 '철법撤法'이라 하여 주나라 때의 조세 제도와 같은 것으로 명명한다. 영조왕은 백성들과 나라의 살림살이를 풍요롭게 한 왕이었던 것이다.

- 이도離島가 조공하다─오키나와섬 주변에는 여러 섬들이 있다. 오키나와섬 자체가, 여러 섬들로 이루어진 제도의 하나다. 류큐국 중산은 이 가운데 오키나와섬에서 발흥한 왕조였다. 세력이 커져 점차 주변 이도離島를 다스리게 되었고, 북으로는 아마미제도의 여러 섬들, 남으로는 미야코제도와 야에야마제도의 여러 섬들을 복속함으로써 나라의 판도를 확장해갔다. 《중산세감》과 《중산세보》는 영조왕 때 여러 이도가 자발적으로 입공하였다고 기록하고 있다. 구메지마久米島, 게라마지마慶良間島, 이헤야지마伊比屋島(오늘날의 伊平屋島) 등 오키나와섬 주변의 이도는 물론이고, 북쪽 아마미제도의 오시마에서도 와서 조공하였다는 것이다. 영조왕이 "바다로 가로막혀 있어 내 다스림이 미치지 않는데 어찌하여 와서 조공하느냐"라고 물으니, 대답이 이러했다고 한다.

"근래 저희 섬과 저희 바다는 열풍熱風의 근심도, 맹우猛雨의 근심도 없어 오곡이 풍요롭습니다. 이는 왕국의 선정이 천지를 감동시킨 까닭이 아니겠습니까? 그렇기에 와서 조공하는 것입니다."[62]

영조왕의 선정 덕에 여러 이도가 자발적으로 입공하였다는 내용은, 중국의 천자가 여러 주변국의 입공을 받았던 것처럼 류큐 왕국 역시 그러했음을 은연중에 드러낸다. 《중산세감》은 아예 오시마를 북쪽 오랑캐라는 뜻의 '북이北夷'로 명명하고 있다. 《채온본 중산세보》는 영조왕이 도마리泊 마을에 공관을 세워 여러 섬들의 일을 맡아보게 하고, 공창公倉을 지어 여러 섬들의 공물을 거두어 모으게 했다고도 한다. 도마리의 공관은 '지금의 도마리우둔', 공창은 '지금의 천구산天久山 성현사聖賢寺'라는 기술을 통해, 《채온본 중산세보》가 영조왕 때 이루어진 이도의 입공을 증거물이 확실한 역사적 사실로 강조하고 있음도 알 수 있다.

• 극락산極樂山과 극락사極樂寺—영조왕은 우라소에 묘를 짓고 이를 극락산이라 하였다. 1부에서 보았던 우라소에 요도레가 이것이다. 《채온본 중산세보》에 따르면 영조왕은 또 우라소에성 서쪽에 극락사라는 절을 지었다고 한다. 류큐에 불교가 공식적으로 도입된 것이다. 선감禪鑑이라는 승려가 나하에 표착하자, 왕이 절을 짓고 선감을 그곳에 살게 하였다고 한다. 《채온본 중산세보》는 세월이 오래 흘러 그 절은 지금 존재하지 않지만, 이것이 '우리나라 불승佛僧의 시작'이라고 말하고 있다. 왕릉을 정비한 것도, 불교 사찰을 처음 세운 것도 영조왕이다. 국례國禮의 정비도 영조왕의 업적이다.

• 원元의 침략을 막다—《채온본 중산세보》의 기록이다. 원나라의 침공은 두 차례에 걸쳐 이루어진다. 첫 번째는 원나라 세조 때였다. 세조는 송을 멸망시킨 후 류큐에 군사를 보내지만, 원 군사는 상륙도 못해 보고 바다에서 패퇴하여 퇴각한다. 그다음 침략은 세조를 이은 성종 때 있었지만, 포로 130여 명만 사로잡은 채 소기의 목적을 달성하

지 못하고 되돌아갔다. 기록은 당시 '우리나라 신민이 깊은 왕화를 입어 모두 몸 바쳐 애국하는 마음이 있었기 때문에, 원나라 병사의 내침을 보고 모두 힘을 합쳐 싸워 항복하지 않았다'라고 한다. 영조왕의 다스림이 백성들을 감복시켰기 때문에 외침도 물리쳤다는 말이다.

이보다 더 훌륭한 왕이 있을 수 있을까? 백성들이 함포고복하며 법 없이도 살 수 있게 했고, 종교를 정비했으며, 외국이 스스로 찾아와 조공하게 했으며, 강성한 대륙 국가의 침입도 능히 막아내었다. 이 모든 것은 영조왕의 뛰어난 덕과 그로 인한 백성의 감화 때문이다. 《중산세감》과 《중산세보》에서 데다코 영조왕은, 왕이 갖추어야 할 덕목을 두루 갖춘 흠결 없는 성왕이다.

출생담이 빚어내는 데다코라는 신화적 형상은, 이 지점에서 왕조의 국왕이 지녀야 할 유교적 성덕과 조응한다. 데다코 영조왕은 이상적인 류큐의 국왕으로서, 왕가의 족보에 기록된 수많은 왕들 가운데에서도 가장 환하게 빛을 낸다. 희세의 성군이며, 왕통의 시조인 여러 국왕들 가운데 유일하게 선양에 의해 왕위에 오른 데다코 영조왕.

데다코는 왕의 신성과 권위를 보장하는 절대적 상징으로 기능하고 있다. 성덕이며 성군, 감화 등등은 《중산세감》과 《중산세보》의 기록이 유교적 정치 철학을 기반으로 하고 있음을 명백히 보여주지만, 영조왕의 이상적 군왕으로서의 모습은 그의 출생담이 말하듯 영조왕이 데다코였기 때문에 가능한 것이기도 했다. 데다코의 상징은, 유교적 왕권론 이면에서 여전히 기능하고 있었던 류큐 왕권의 독특한 요소였다.

유의해야 할 것은 여러 사서에서 이런 데다코의 상징이 영조왕과만 결부된다는 것이다. 데다코 사상의 성립 시기를 상태구왕까지 거슬러 올라갈 수 있다면, 이르면 제1 상왕조의 상태구왕과 그 아들 상덕왕, 늦어도 제2 상왕조의 상원왕이나 상진왕부터는 류큐국 중산 국왕은 곧 데다코였다. 그러나《중산세감》과《중산세보》의 편자들은 영조왕에게만 데다코의 상징을 부여한다. 데다코의 상징성을 인정하면서도, 동시에 그것을 이상적인 과거의 국왕 영조왕의 것으로 봉인하는 것. 그것은 데다코의 신성성이 흘러넘치던 과거의 고류큐를 인정하되, 그것과 결별하고 새로운 시대를 열어젖히려던 관료 지식인들이 취한, 과거를 기술하는 하나의 전략일 수 있다. 창세신화를 통해 확인되었던 이러한 전략은, 영조왕의 신화에서도 거듭 발견된다.

4

역사시대 왕통의 시조 신화

찰도왕의 신화

〈선녀와 나무꾼〉 혹은 〈날개옷〉 설화

옛날옛날, 한 가난한 나무꾼이 살았다. 나무를 하러 산에 올랐다가, 산 속 연못에서 몸을 씻고 있는 선녀들을 보았다. 선녀들이 서로 웃으며 물놀이에 여념이 없는 사이, 나무꾼은 몰래 날개옷 하나를 감추었다.

한참 동안 물놀이를 하던 선녀들은 옷을 찾아 입고 하늘로 돌아갈 준비를 하였다. 그런데 한 선녀는 그럴 수가 없었다. 놓아두었던 날개 옷이 없었던 까닭이다. 당황하여 어쩔 줄 모르는 선녀를 남겨두고, 다른 선녀들은 모두 하늘로 돌아가버렸다. 홀로 남은 선녀가 눈물을 흘리며 슬퍼할 때, 선녀 옷을 감추었던 나무꾼이 나섰다. 오갈 곳이 없으면 나를 따라오라는 것이었다. 선녀는 그를 따라나서지 않을 수 없었다. 선녀는 나무꾼의 아내로 살면서 자식 셋을 낳아 길렀다.

그러던 어느 날, 선녀는 옛날 물놀이를 하다 잃어버린 날개옷을 다시 찾게 되었다. 날개옷을 입은 선녀는 남편을 남겨둔 채 아이들을 데리고 하늘로 올라가버렸다.

유명한 〈선녀와 나무꾼〉 이야기다. 애초에 나무꾼이 선녀가 목욕하는 곳에 갈 수 있었던 것이 사슴이 도와주었기 때문이라는 내용이 포함된 것부터 여러 다양한 버전의 이야기가 전해지고 있다. 여기서 끝나지 않고 이야기가 더 이어지는 버전도 있다. 나무꾼도 하늘로 올라가 가족들과 함께 행복하게 살았다고도 하고, 하늘로 올라갔던 나무꾼이 어머니를 보기 위해 지상에 내려왔다가 다시는 돌아가지 못하고 수탉이 되었다고도 한다.

〈선녀와 나무꾼〉과 비슷한 이야기는 우리나라에만 있는 게 아니다. 동아시아를 비롯한 세계 각국에 이런 이야기가 있다는 것이 아주 오래전부터 알려져왔다. '천녀우의天女羽衣' 설화, '날개옷' 설화라는 이름으로 일찍부터 비교 연구의 대상이 되기도 했다. 오키나와에서도 이 이야기는 아주 유명해서, '구미오도리組踊'라고 하는 전통극의 소재로도 쓰였을 정도다.

지상의 인물에게 날개옷을 빼앗겨 그와 함께 살다가 빼앗긴 날개옷을 되찾은 후 하늘로 돌아가는 선녀 이야기를 소재로 한 오키나와의 전통극은 〈메카루시銘苅子〉라는 제목의 구미오도리다. '메카루시'는 〈선녀와 나무꾼〉에서 나무꾼에 해당하는 인물의 이름이다.

메카루시는 선녀의 날개옷을 숨겨서 선녀와의 사이에 아들 하나와 딸 하나를 낳는다. 어느 날, 선녀는 아이들의 노래를 듣다가 자신의 날개옷이 어디에 있는지를 알게 된다. 아이들의 노래 때문에 날개옷의 소재를 알게 되었다는 것도 좀 독특한데, 그 이후는 더 특이하다.

구미오도리 〈메카루시〉에서 날개옷을 찾아
하늘로 돌아가는 천녀와 지상에 남겨질 아이들의 이별 장면

구미오도리는 류큐 고유의 음악, 문학, 무용을 기반으로 일본의 노能와 같은
외부 문화를 수용하여 창안된 극 양식으로, 18세기 초 중국에서 온 책봉사들을 위한
연희에서 초연되었다. 2010년 유네스코 무형문화유산으로 등재되었다.
사진 출처: http://www2.ntj.jac.go.jp/dglib/contents/learn/edc19/sakuhin/img/sakuhin10_photo01.jpg

선녀는 아이들을 데리고 가지 않는다. 아마도 '못 하는' 것에 가까운 것인지, 아이들과 헤어져야 하는 선녀의 비통한 마음이 노래로 표현된다. 비탄의 절정은 선녀가 나무에 올라 구름 속으로 사라지는 장면이다. 무대 위에 설치된 나무 위에 올라가 있는 선녀와 나무 밑의 아이들. 어머니와 아이들의 슬픔이 교차되는 가운데 선녀는 무대 밖으로 사라진다. 어머니를 잡으려는 듯 온 힘을 다해 두 팔을 위로 멀리 뻗는 어린 아들의 모습이 인상적일 뿐만 아니라, 어린 동생을 달래는 누이의 마음을 노래하는 악사들의 노래도 마음 깊은 곳에 와 닿는다. 극은, 선녀가 아이들을 남겨두고 떠났다는 소문을 들은 왕이 남매 중 누이를 궁으로 불러들이고 메카루시에게는 사족의 지위를 주는 것으로 끝난다.

선녀가 지상의 한 남자와 결혼하여 아이를 낳은 후 홀로 천상으로 돌아갔고, 선녀가 낳은 아이는 고귀한 인물이 되었다는 이야기는,《중산세감》과《중산세보》에서 영조 왕통을 이은 찰도 왕통의 시조 찰도왕의 탄생담으로 기록되어 있다.

천녀天女의 아들 찰도왕

《채온본 중산세보》의 권3 찰도察度(삿토)왕 조條는 찰도왕의 아버지를 오쿠마 우후야奧間大親(오쿠마 오야), 어머니를 '천상신녀天上神女'로 기록하고 있다. 찰도왕은 오쿠마라는 곳에 살던 한 남자와 하늘에서 내려온 선녀 사이에 태어난 아들이었다.

오쿠마 우후야는 누구의 후예인지 모른다. 늘 농사를 업으로 삼았으나 집이 가난하여 아내를 맞아들일 수 없었다. 하루는 밭을 갈다가 돌아오는 길에 무이카森川에서 손발을 씻는데, 한 여인이 샘에서 목욕하는 것을 보았다. 용모가 매우 아름다운 여인이었다. 우후야는 생각했다.

'우리 마을에서는 저 여인을 본 적이 없어. 도성에서 온 사람일까? 어째서 혼자 여기에서 목욕하는 거지?'

우후야는 몰래 걸어가 나무 그늘에 숨었다. 나뭇가지에 옷이 하나 걸려 있는데, 역시나 보통 사람의 옷이 아니었다. 우후야는 전전긍긍하다가 몰래 그 옷을 가져다가 수풀 사이에 숨기고는, 일부러 인기척을 내며 샘으로 뛰어갔다. 여인은 깜짝 놀라 옷을 찾아 입으려 했다. 하지만 옷은 사라지고 없었다. 여인은 얼굴을 감싸고 흐느꼈다. 우후야가 물었다.

"어디에서 오신 분입니까?"

여인은 바로 대답하였다.

"저는 하늘에서 온 여자랍니다. 목욕을 하러 내려왔는데 날개옷을 도둑맞았어요. 하늘에 올라갈 수 없으니, 청컨대 대신 찾아봐주소서."

우후야는 기뻤지만 이를 속이고 말하였다.

"잠시 우리 집에 앉아 계시면, 내가 가서 대신 찾아보겠습니다."

천녀는 기뻐하며 우후야와 함께 초옥에 이르렀다. 우후야는 숨겨두었던 날개옷을 찾아 창고 안에 깊숙이 숨겼다.

세월이 흘러 흘러 십여 년이 지났다. 두 사람은 딸 하나와 아들 하나를 낳았는데, 그 딸이 자라 날개옷을 감춰둔 곳을 알게 되었다. 하루는 그 딸이 동생을 데리고 놀다가 노래를 불렀다.

"어머니의 날개옷은

여섯 기둥 창고에 있네

어머니의 날개옷은

여덟 기둥 창고에 있네."

천녀는 노래를 듣고 크게 기뻐하였다. 남편이 없는 틈을 타 창고에 올라가 보니, 볏짚으로 가린 궤 속에 날개옷이 들어 있었다. 천녀는 날개옷을 꺼내 입고 하늘로 올라갔다. 우후야와 딸은 하늘을 쳐다보며 목을 놓아 통곡할 뿐이었다. 천녀도 사랑하는 이를 두고 떠나기가 어려웠음인지, 바로 떠나지 못하고 내려왔다가 올라가기를 반복하였다. 그러나 천녀는 끝내 바람을 타고 날아가버렸다. 천녀의 아들이 바로 찰도이다.[63]

우라소에의 북쪽으로 기노완宜野灣·宜野湾이라는 도시가 연해 있다. 여기에, 앞의 이야기에서 찰도왕의 아버지인 오쿠마 우후야가 하늘에서 내려온 천녀를 만났다는 '무이카'가 있다. 지금 이름으로는 모리노카와森の川다.

찰도왕 탄생 신화의 배경 모리노카와(무이카)
오키나와 기노완시에 있다. 기노완시에서는 해마다 8월이면 찰도왕 탄생 이야기를 주제로 하는 '기노완 하고로모(날개옷) 축제'가 개최된다.

이곳에서 가난한 한 남자가 하늘에서 내려온 천녀를 얻어 낳은 아들이 훗날의 찰도왕이다. 찰도왕이 어렸을 때, 그 누이가 부른 노래로 인해 천녀는 자신의 날개옷이 어디에 있는지를 알게 된다. 천녀의 딸이 어떻게 그 사실을 알고 있었던 것인지 모를 일이나, 어쨌거나 결과적으로는 딸이 어머니가 하늘에 돌아갈 수 있도록 도운 셈이다. 오키나와는 덥고 습한 계절이 많기 때문에 곡식 창고를 땅바닥에서 높이 띄워 다락 형식으로 짓는다. 여섯 기둥 창고, 여덟 기둥 창고라고 하는 것이 그것이다. 천녀는 남편이 곡식 창고에 숨긴 날개옷을 찾아 입고 하늘로 돌아가버린다. 어머니는 하늘로 가버리고 말았지만, 이렇게 해서 태어난 찰도왕은 모계 쪽으로 천상의 혈통을 지니게 된다.

찰도의 결혼

구미오도리 〈메카루시〉에서, 천녀가 하늘로 돌아간 뒤 지상에 남은 가족들은 국왕의 은혜를 입어 신분도 상승하고 잘 살게 되었다. 그러나 찰도는 여전히 가난한 오쿠마 우후야의 아들일 뿐이었다. 찰도는 낚시나 하고 사방으로 놀러나 다니며 농사에도 힘쓰지 않았고, 아버지의 가르침도 제대로 따르지 않았다. 천녀의 아들은 오쿠마 우후야의 근심거리였다. 그런데 참으로 신통하게도, 찰도는 자신의 배필을 스스로 찾아 인생의 전기를 마련한다. 찰도의 아내가 된 이는 가쓰렌勝連 구스쿠의 지배자, 가쓰렌 아지의 딸이었다.

가쓰렌 아지에게는 딸이 하나 있었다. 재주와 미모를 겸비하여, 이름난 가문에서 온 중매장이들이 한둘이 아니었다. 가쓰렌 아지 부부는 딸에게 맞는 신랑감을 골라 주었으나, 딸은 매번 부모의 말에 따르지 않았다.

어느 날, 찰도는 가쓰렌 아지의 딸에 대한 소식을 듣고 가쓰렌을 찾아갔다. 아지를 뵙자는 말에, 문지기가 웃으며 말했다.

"너는 한낱 걸인이 아니냐?"

"나는 얻어야 될 것이 있어 특별히 온 것이라오."

문지기는 아지에게 이 사실을 알렸다. 아지는 이상한 일도 다 있다며 찰도를 불러오게 하였다. 찰도는 아지가 있는 뜰로 뛰어들어와 말했다.

"이 댁 따님이 아직 시집갈 곳을 안 정했다고 들었소이다. 지금 바로 내가 혼인하기를 청하오."

뜰에 모여 있던 아지와 그 신하들은 입을 가리고 미친 듯이 웃었다. 이 소란에 아지의 딸은 문틈으로 밖을 엿보았다. 아지의 딸이 찰도를 보니, 마치 군왕의 양산을 머리 위에 이고 있는 것 같았다. 보통사람의 기상이 아니었던 것이다. 아지의 딸은 아지에게 고하였다.

"저 사람은 제 배필이 되기에 충분합니다."

딸의 말에 아지는 크게 노했다.

"전에는 좋은 집안의 구혼마저 허락하지 않더니, 지금은 저 천한 남자의 구혼을 받아들이는구나. 세상 사람들의 웃음거리가 되지 않겠느냐?"

아지의 딸이 말하였다.

"제가 저 사람을 보니, 비록 의복은 비천하나 정말이지 보통사람이 아닙니다. 후에 반드시 큰 복이 있을 것입니다."

아지의 딸은 평소 지혜와 재주를 지니고 있었다. 아지는 딸을 믿었기에 억지로 강요하지는 못했다.

"네 뜻이 정녕 그러하다면 점을 쳐서 길흉을 알아보자꾸나."

바로 점을 쳐 보니, 과연 왕비가 될 징조였다. 아지는 크게 기뻐 찰도와의 결혼을 허락하였다. 아지는 찰도에게 말하였다.

"길일을 택하여 내 딸을 맞으러 오라."

찰도는 기뻐하며 길일을 골라 아지의 딸을 맞으러 다시 갔다. 아지는 찰도의 빈곤함을 긍휼히 여겨 재물을 함께 보내려 하였다. 하지만 찰도는 기뻐하지 않았다.

"당신은 부유하게 태어나 사치에 익숙할지 모르나, 나는 실로 빈천하니 이 예를 감당할 수 없소."

찰도의 말에 아내가 대답하였다.

"오직 천명에 따를 뿐입니다."

아내는 모든 시종들과 재물을 돌려보내고, 오직 찰도만을 따라 함께 찰도의 초가집에 이르렀다. 벽이며 창이 기울어 바람을 막지 못하고 비가 새는, 매우 가난한 집이었다. 화로는 가로 세로 한 자 정도인데, 숯과 재가 쌓여 있고 사방 주위에는 송진을 둘렀다. 자세히 들여다보니, 송진인 듯했던 그것은 바로 황금이었다. 아내가 괴이하여 물었다.

"이건 어디에서 난 것이길래 나무 태우는 화로에 쓰십니까?"

찰도가 말하였다.

"이것은 우리 밭에 가득 쌓여 있다오."

아내가 찰도와 함께 밭에 가 보았더니, 과연 밭에 금과 은이 가득 쌓여 있었다. 부부는 크게 기뻐하며 그것을 수습하여 감춰두고, 그 땅에는 누각을 지어 '금궁金宮'이라 하였다. 지금의 오자나손大謝那村 마을의 금궁사金宮社가 곧 이것이다.[64]

가난하고 보잘것없어 문지기에게 거지 취급을 받던 찰도가 가쓰렌 아지의 딸과 혼인한다. 곤궁한 처지에 있던 이가 그 인물을 알아봐준 사람에게 발탁되어 성공에 이르는 이야기, 이른바 지인지감知人之鑑 화소는 우리나라의 이야기에도 종종 나오는데, 찰도의 결혼은 가쓰렌 아지의 딸, 곧 찰도의 아내가 될 이의 지인지감 덕분이었다. 가쓰렌 아지의 딸은 찰도가 왕이 될 인물임을 한눈에 알아보았고, 장인은 점을 쳐 그것을 확인한 후에 찰도를 사위로 맞는다.

찰도왕 이야기에는 이밖에도 또 다른 유명한 이야기 삽화가 포함되어 있다. 우리나라의 향가 〈서동요〉의 배경 설화로도 잘 알려져 있는 이야기다. 한 여인이 아버지에게 쫓겨나 가난한 남자에게 의탁하는데, 그 남자의 집-또는 일터-에서 황금을 발견하여 잘 살게 되었다는 줄거리다. 부유하게 자라난 딸이 아버지의 복이 아니라 "내 복으로 잘 산다"라고 하여 아버지에게 쫓겨난 후 가난한 숯쟁이를 만났는데, 역시 그곳에 황금이 가득했던지라 이로 인해 부자로 잘 살았다는 내용의

찰도왕 신화의 유적 황금궁 자리로 알려져 있는 곳
'황금궁 입구'라는 푯말이 분명하다. 수풀 안에는 역시 배소가 자리하고 있다.

설화로도 많이 전승되어, 흔히 〈내 복에 산다〉형 설화로 분류되곤 한다. 이 이야기가 찰도왕 신화에 이르면, 가쓰렌 아지의 딸이 찰도의 아내가 된 후 남편의 밭에 있던 황금의 존재를 알게 되었고 이로 인해 찰도가 큰 부자가 되었다는 내용으로 구체화된다.

금이 나온 밭에 세웠다는 금궁은 오늘날에도 '황금궁'이라는 이름으로 남아 있다. 기노완시 오자나大謝名의 주택가, 정말 이런 곳에 유적지가 있을까 싶은 주택가 한켠에, 울창한 나무들에 둘러싸인 황금궁이 자리하고 있다.

찰도, 사람들이 받들어 왕이 되다

황금궁이 있는 곳에서는 바다가 바로 내려다보인다. 저 곳에, 마치나토(마키미나토)라는 항구가 있다. 미나모토노 다메토모가 일본으로 떠났을 때, 손톤 모자가 그곳에서 그의 귀환을 기다렸기에 그런 이름이 붙었다는 이야기가 전해지는 그곳이다. 마치나토는 매우 유명한 항구였던 듯하다. 1372년 처음으로 명과의 교통을 시작한 곳이라고 알려져 있을 뿐만 아니라, 찰도왕 관련 이야기에도 마치나토가 국제적 교류의 장이었음을 알 수 있는 부분이 있다.《채온본 중산세보》의 원문을 조금 다듬어 옮겨 본다.

일본 상선이 철괴鐵塊를 가지고 와 마치나토에서 팔았다. 찰도는 이 철괴를 다 사서 경작하는 이들에게 나누어 주면서 농기구를 만들게 하였다.[65]

마치나토는 일본 상선이 드나들며 교역을 하는 항구였다. 찰도가 일본 상선이 와서 파는 철괴를 모두 샀다고 하니, 찰도는 마치나토 교역의 이른바 '큰 손'이었던 것이다. 《중산세보》는 찰도왕의 업적 중의 하나로 처음으로 중국과 통교한 것을 든다. 중국과의 통교는 바닷길을 통해 이루어졌으므로, 찰도왕이 해상교역에 능한 인물이었음을 짐작할 수 있다. 아마도 찰도는 국제 교역항 마치나토를 근거지로 해상교역을 통해 부를 축적한 인물이었던 듯하다. 《중산세감》은 명나라 태조가 사자를 보내 여러 나라를 효유했고, 이때 중산왕 찰도와 산남왕, 산북왕 등이 조공하였다고 기록하고 있다. 바닷길을 통해 중국과 교역할 수 있었던 이들은 모두 해상교역의 주체였을 터이고, 여러 지역의 유력 지배자들이 중국 입공을 통해 자신의 세력을 강화하고자 했던 것이 역사적 실제에 가까울 터다. 류큐는 해상교역을 통해 축적된 부를 경제적 토대로 하여 성립된 국가였던바, 찰도 역시 그런 활동을 통해 부를 축적한 세력가였던 것이다.

찰도는 이렇게 축적된 부를 사람들에게 베풀어 민심을 얻기도 했다. 철괴를 사서 농사에 필요한 기구를 만들게 했을 뿐만 아니라, 주변 사람들을 구휼하기도 했었다.

당시의 마치나토는 다리가 없었기 때문에, 마치나토 항구가 있는 바다를 사이에 둔 남과 북 사람들은 모두 금궁 앞을 거쳐 빙 둘러가야 했다. 많은 사람들이 오가는 가운데, 찰도는 배고픈 자에게는 먹을 것을 주고 추위에 떠는 이들에게는 옷을 주었다.[66]

찰도 부부의 이런 선행에 사람들은 그들을 부모와 같이 우러름으로써 보답하였다. 마침내 찰도는 우라소에의 아지로 받들어졌다. 가난하고 보잘것없던 찰도가, 우라소에의 아지가 된 것이다. 찰도는 아지가 된 후 우라소에를 잘 다스렸기 때문에, 그 주변 사람들은 찰도의 백성이 되기를 바랄 정도였다고 한다.

이런 가운데 영조 왕통의 중산왕 서위西威(1337~1349)가 죽었다. 세자는 왕위에 오르기에는 아직 어렸다. 대신들 중에는 세자를 보좌하여 왕으로 세우려는 사람도 있었지만, 민심은 이미 찰도에게 가 있었다. 《채온본 중산세보》를 보자.

> 그때 서위왕이 죽었다. 세자는 다섯 살이었는데, 대신 중에는 세자를 보좌하여 왕으로 세우려는 사람도 있었으나 국인國人들은 입을 모아 이렇게 말했다.
>
> "선군의 정치는 인의가 두텁지 못하고 포학무도하였다. 신민이 원망할지언정 감히 말로 할 수는 없었는데, 지금 또 어린 세자를 세우면 무슨 정치를 기대할 수 있겠는가? 우라소에 아지는 어진 사람이니, 진실로 백성의 부모가 되기에 족하다."
>
> 마침내 세자를 폐하고, 우라소에 아지 찰도를 추대하여 임금으로 삼았다.[67]

가난하게 자랐으나 결혼으로 부를 얻은 찰도는, 사람들에게 덕을 베푼 끝에 추대를 받아 우라소에 아지가 되고, 종국에는 중산의 왕위에 오른다. 아마도 역사적 실상은, 유력한 해상무역 세력 중의 하나였던 가쓰렌 아지의 사위 찰도가 그 세력을 키워 우라소에를 정복하고, 더 나아가 중산왕까지 무너뜨려 그 자리를 차지한 것일지도 모르겠다. 실제로야 어떻든 왕통 시조 신화는, 사람들이 찰도를 받들어 찰도가 중산왕 찰도가 된 것으로 묘사하고 있다. 천녀의 아들 찰도는 이렇게 중산왕이 되었다.

찰도의 검은 손

왕이 된 찰도의 위세는 날로 커져 갔다. 영조왕 때 바다 밖의 여러 섬에서 입공을 했던 것처럼, 찰도왕의 치세에는 남쪽의 미야코와 야에야마에서 입공을 해온다. 그러나 찰도왕은 이상적 성군 영조왕이 아니었다. 영조왕은 줄곧 어진 정치를 베풀어 사후에 백성들이 마음으로 슬퍼했을 정도의 성군이었지만, 찰도왕은 이내 교만에 빠진다.

> 왕은 교만해져서 사치에 빠졌다. 수십 길이나 되는 높은 누각을 짓고 멀리 내려다보며 즐겼다. 하루는 누각에 오른 왕이 웃으며 말했다.
> "이 누각에 있으면 설령 독사인들 나를 해할까."
> 그날 밤, 뱀이 와서 왕의 왼손을 물었다. 뱀에게 물린 자국이 곪아 끝내 손을 잘라내야 할 지경이었다. 찰도왕을 가까이 모시던 신하가 아뢰었다.
> "임금께서 왼손이 없으면 무엇으로 임금의 대례를 행하겠습니까? 원컨대 제 손 하나를 바치겠나이다."
> 말이 끝나자 신하는 자기의 왼손을 잘라 바쳤다. 왕은 신하의 손을 받아 붙여 그것을 치료하였다. 이로 인해 찰도왕의 왼손은 검은 색에 털이 나 몸의 다른 부분과 같지 않았다.[68]

사치스럽게 높은 누각을 짓고 교만하게도 그 무엇도 자신을 해할 수 없다며 자신만만해 하는 찰도왕은 그만 독사에게 물리고 말았다. 오키나와는 독사가 많고 또 독하기로 유명하다. 지금도 오키나와를 여행하다 보면, 뱀을 주의하라고 쓴 입간판을 종종 본다. 독사가 무서운 것은 피할 곳이 없다는 것이다. 맹수는 나무 위로 올라가 피하기라도 하지, 독사는 그 어디든 기어 올라온다. 그런데도 찰도는 자신의 누각이 높고도 높으니 뱀이라 한들 올라오지 못할 것이라 자신한다. 《중산세감》이 "천도天道가 그 교만함을 징벌했다"라고 쓰고 있듯, 이 사건의 의미는 교만함에 대한 징벌이다.

독사에 물린 찰도왕은 손 하나를 잃는다. 교만한 왕에 대한 징벌이나 손을 자르는 화소는 세계 보편의 설화소다. 그런데 여기에 아주 낯선 이야기 하나가 덧붙여진다. 신하가 자신의 손을 잘라 손을 잃은 찰도왕의 손목에 이어 붙였다는 것이다. 도대체 무슨 뜻일까? 찰도왕에게 자신의 신체를 바칠 정도로 충직한 신하가 있었다는 의미일까? 이야기의 의미는 결말이 결정하는 법이다. 이 이야기의 마지막은, 찰도왕의 신체적 특징에 대한 설명으로 마무리된다. 찰도왕의 왼손은 신하의 손을 이어 붙였기 때문에 몸의 다른 부분에 비해 색이 검고 털이 나 있었다는 것이다.

검은 피부색에, 털이 나 있는 손. 오키나와 사람들 중에는 구릿빛 피부에 진한 눈썹과 풍성한 머리카락을 지닌 사람들이 많다. 대부분 몸에도 털이 많다. 눈썹이 진해서인지, 이목구비 생김새도 희미하지 않고 진한 편이다. 살결이 검고 거기에다 털이 나 있는 손은, 어쩌면 오키나와의 '보통'사람이 지니는 신체적 특징을 뜻하는 게 아닐까? 비루한 차림새로 가려도 지인지감이 있는 사람의 눈에는 다르게 보였던 찰도왕은, 천녀의 피를 물려받아 원래 보통사람과 구분되는 천인에 가까운 몸을 지니고 있었을지도 모른다. 만약 찰도왕이 보통사람들의 몸과 같았다면, 신하의 손을 붙였더라도 그 손이 몸의 다른 부분과 구분되지는 않았을 것이리라. 천녀에게서 물려받은 몸을 지녔던 찰도왕은 교만하고 사치했던 탓에 보통사람의 손을 지니게 되었다. 찰도왕의 신체적 신성성이, 교만과 사치로 인해 훼손된 것이다.

이 이야기는 후대 왕들에 대한 경계일 수도 있다. 천녀의 아들인 찰도왕조차, 교만과 사치로 인해 평범한 인간의 손을 신체의 일부로 지니게 되었다. 평범한 인간의 후손인 후대 왕들이라면 교만과 사치에 대한 징벌이 어찌 되겠는가? 조심하고 또 조심하지 않을 수 없다.

중산왕 찰도 왕통은 겨우 2대 만에 끝나고 만다. 찰도왕의 사후 왕위에 오른 무녕(1396~1405)은 주색잡기와 사냥에만 골몰하였다. 어진 신하와 간신을 구분하지 못했고, 백성들의 근심이 무엇인지 알고 덜어줄 생각은커녕 밤낮으로 노는 데 바빴다. 산남의 왕이 중산을 침략했지만 이미 중산왕에게 등을 돌린 주변의 아지들은 무녕왕을 도와 산남왕에 저항하지 않고 도리어 무녕왕을 외면했다. 중산왕 무녕왕을 항복시킨 산남의 왕이 중산왕의 자리에 올랐으니, 그가 곧 제1 상왕조의 시조 상파지왕이다.

상파지왕의 신화

사시키佐敷의 소아지小按司

중산왕 무녕을 항복시킨 후 중산왕의 자리에 오른 이가 누구인가에 대해, 《중산세감》과 《중산세보》는 다르게 설명한다. 《중산세감》은 상파지가 스스로 중산왕이 되었다고 하지만, 《중산세보》는 상파지가 산남왕을 토벌하여 산남의 왕이 되고, 이후 중산을 토벌한 끝에 자신의 아버지인 사소思紹(시쇼)를 받들어 중산의 왕이 되게 했다고 기록하고 있다. 특히 《채탁본 중산세보》는 사소가 중국의 책봉을 받았음을 근거로 사소가 살아있는데 그 아들인 상파지가 중산의 왕위에 올랐을 리가 없다면서, 상파지가 중산을 토벌하고 왕위에 올랐다는 것은 잘못이 분명하니 그 잘못을 바로잡는다고 기록하고 있다.

사소는 사시키佐敷라는 곳의 아지였다. 백성들의 추대로 사시키의 아지가 되었다고 한다. 구비 전승이나 여러 지방 사족들 가문에서 전해지는 유래기에 따르면, 사소는 사시키의 토박이는 아니었다. 〈사메카 우후슈 유래기佐銘川大ぬし由來記〉가 전하는 상파지왕의 가계에 따르면, 상파지왕의 조상은 오키나와 본섬도 아닌, 이헤야지마라는 작은 섬 출신이었다.

이헤야지마伊平屋島에 사메카 우후슈라는 사람이 살았다. 고아였지만 자라서 경작을 하게 되면서부터는 부유해졌다. 주변 사람들에게 후히 베푸니, 우후슈[大主]라 불리게 되었다.

그러던 어느 해였다. 한발이 계속되는 바람에 섬사람들의 삶이 궁핍하기 이를 데 없었다. 사람들은 사메카 우후슈를 죽이고 우후슈의 곡식 창고를 뺏으려 하였다. 고기잡이에서 돌아오던 우후슈는 어떤 노인에게서 이 소식을 전해 듣고 섬을 빠져나가기로 마음먹었다.

이헤야지마를 떠난 사메카 우후슈는 여러 곳을 돌아다니다가 사시키의 바텐馬天이라는 곳에 이르렀다. 이곳의 지배자는 오시로大城 아지였는데, 어느 날 아지는 이상한 꿈을 꾸었다. 한 노인이 "물고기를 파는 젊은이에게 딸을 시집보내라"라고 말하는 거였다. 마침 우후슈가 물고기를 팔기 위해 나타났다. 오시로 아지는 우후슈와 딸을 결혼시켰다.

오시로 아지의 딸과 결혼한 우후슈는 아들 묘대와 딸 한 명을 낳았다. 묘대는 훗날 한 여인과 밀통하였는데, 이 때문에 임신한 여인은 집에서 쫓겨나고 말았다. 여인은 홀로 남자 아이를 낳았는데, 이때 백발노인이 나타나 "이 아이는 보통사람이 아니다. 국주國主가 될 운명을 타고 났으니, 묘대에게 데려다 주라" 하고는 사라졌다. 이 아이는 후일 사시키 소아지小按司로 불리며 사람들의 존경을 받았고, 나라를 통일하여 중산왕의 자리에 올랐다.[69]

상파지왕(1422~1439)의 조부는 이헤야지마 출신의 사메카 우후슈이다. 사정이 있어 이헤야지마를 떠나게 된 상파지의 조부는 사시키 지역에 정착하여 그곳의 지배자인 오시로 아지의 사위가 된다. 사메카 우후슈와 오시로 아지의 딸 사이에서 태어난 이가 묘대인데, 이가 곧 사소다. 이 이야기를 굳이 사실화하자면, 외래자 사메카 우후슈의 아들 사소는 토착 세력가인 외가의 힘에 기대어 사시키의 아지가 될 수 있었을 것이다. 구비 전승에 따르면 상파지를 낳은 여인 역시 아지의 딸이었다고 하니, 사소가 사시키의 아지가 되는 데에는 처가의 힘도 있었을 터다. 이와 유사한 이야기가, 노인들이 전하는 말이라고 해서 《채온본 중산세보》에도 전해진다. 사메카 우후슈가 터전을 일구었던 사시키의 바텐이 포구 마을이었음에 주목하면, 아마도 사메카 우후슈가 가세를 키울 수 있었던 데에는 혼인 외에도 해상활동을 통한 경제력의 축적도 중요한 원인이지 않았을까 짐작할 수 있겠다.

아지 사소의 아들 상파지는 키가 작은 것으로 유명했다. 다섯 척이 채 되지 않았다고 한다. 한 척이 30센티미터 남짓이라고 치면, 150센티미터에서 160센티미터 정도였다는 말이다. 때문에 상파지의 소싯적 별명은 '사시키의 소아지', 즉 사시키의 키 작은 아지였다.

하지만 '사시키의 작은 아지'라는 별명이 단지 그의 키 때문만은 아니었던 듯하다. 상파지는 아버지인 사소가 세상을 떠나기 전에도 이미 아버지 대신 사시키의 아지 역할을 하고 있었다.《채탁본 중산세보》는 아들에게 어지러운 난세를 다스릴 능력이 있다는 것을 알고 아버지 사소가 사시키를 그에게 넘겨주었다고 기록하고 있다.《채온본 중산세보》역시 그러하다.

사소는 사람됨이 순박하였기에 백성들이 그를 추대하여 사시키 아지로 삼았다. 때는 류큐가 솥발과 같이 나뉘어 있을 때인지라 전쟁이 그치지 않았다. 사소는 적자嫡子 파지가 영명하고 신무神武하여 그 웅재雄才가 세상을 뒤덮는 것을 보고 치세안민할 수 있음을 알았다. 마침내 파지에게 명하여 사시키 아지가 되게 하고 스스로 자리에서 물러났다.[70]

사소 조條에서 이 사실을 기록한《채온본 중산세보》는 상파지 조條에서 다시 이 일을 상술한다.

파지는 사람됨이 담대하고 뜻이 높아 웅재가 세상을 뒤덮었다. 홍무 25년(1392) 21세에 아비 사소가 파지에게 말하였다.
"옛날 다마구스쿠 왕은 덕을 잃고 정치를 폐하니 나라가 셋으로 나뉘어져 정세가 솥발 같았다. 그 이후 거의 백 년이나 되었으나 전쟁이 그치지 않으니, 백성들의 삶이 도탄에 빠진 것이 지금보다 더 심한 적이 없었다. 내가 지금 여러 아지들을 보니, 각자 자기 병사를 거느리고 있으나 모두 집을 지키는 개에 불과할 뿐, 더불어 일을 도모할 만하지 않다. 이 세상에서는 오직 너 하나만이 할 수 있다. 너는 나를 대신하여 사시키 아지가 되어, 물과 불 속에 있는 것처럼 위험에 처한 백성을 구하라. 내 소원은 그것뿐이다."

파지는 한숨을 쉬고 한탄하며 말하였다.

"오직 명을 따르겠나이다."[71]

어지러운 세상을 다스릴 자가 되라는 사소의 명을 받들어, 파지는 아버지를 대신하여 사시키의 아지가 된다. 아버지의 자리를 아들이 폭력적으로 차지했을 수도 있지만, 연유가 어찌되었든 아버지 사소가 살아 있을 때 상파지가 아지가 된 것만은 분명해 보인다. 어쩌면 '사시키의 소아지'라는 파지의 별명은, 그 아버지인 사소 아지와 구분하기 위한 이름이었을지 모른다. 내친 김에 상상력을 더 발휘해보자면, 아버지 아지와 구분하기 위한 이름이었던 '소아지'라는 별명이 설화적으로 형상화되어 '키가 작다'는 이야기가 덧붙여진 것은 아닌가 짐작해볼 수 있을 것이다.

적지 않은 구비 전승은 파지가 키가 작았음에도 힘이 센 것으로 매우 유명했다는 이야기를 전한다. 힘이 센 상파지가 키가 작았다는 이야기는 오히려 그의 영웅성을 강조하는 효과가 있다. 힘이 센 것은 보통 큰 체격에서 나오는바, 힘이 세었다는 파지의 영웅성은 그의 작은 키에 대조되어 더 강화되기 때문이다.

아버지 사소에게서 일찌감치 아지 자리를 물려받은 사시키의 소아지는, 과연 범상치 않은 어린 시절의 일화를 남기고 있다.《채탁본 중산세보》에는 그 일화가 특히 상세하다.

상파지의 검

(사시키의 소아지는) 평소부터 큰 뜻이 있었다. 어린 시절, 요나바루與那原의 대장장이에게 검을 만들어달라고 했다. 대장장이는 농기구를 만드는 데 바빠 검을 만들 여유가 없었다. 소아지가 자주 찾아와 검이 다 되었느냐고 물었지만, 그때마다 대장장이는 잠시 쇠를 달구어 검을 만드는 척하다가 소아지가 돌아가면 멈추었다. 검은 이렇게 조금씩 쇠를 다듬은 지 3년 만에 완성되었다.

소아지가 완성된 검을 가지고 배에서 놀고 있는데, 우연히 바다 한가운데에서 큰 물고기가 쏜살같이 헤엄쳐 와 소아지를 삼키려 하였다. 그런데 물고기는 소아지가 지닌 칼을 보더니 물러나 감히 덮치려 하지 않았다.......[72]

물고기마저 두려워하는 검이라니! 어린 시절부터 만든 소아지의 검이 빼어난 보검이었음을 뜻하는 이야기이다. 류큐와 오키나와의 설화 세계에서 검은 무력을 행사하는 영웅적 아지의 상징이다. 가령 《채탁본 중산세보》는 산북의 왕이 지녔던 검에 대해 다음과 같은 이야기를 전한다.

상파지가 중산의 왕이 되어 산북 지역에까지 그 세력을 넓혀갈 때, 산북왕이 병마를 정돈하여 중산을 정벌하려 한다는 소식이 들려왔다. 상파지는 여러 아지들을 보내어 산북왕을 치게 했다. 산북왕은 무용이 빼어난 데다 방비책마저 치밀하여 굳게 성을 지켜나갔으나, 결국에는 중과부적으로 대패하여 죽은 자가 이루 다 헤아릴 수 없을 정도였다. 힘이 다한 산북왕은 검을 빼들어 성의 신석神石을 베고 스스로 자신의 목을 찔렀다.

여기서의 신석이란, 아마도 오키나와의 전통 제의에서 말하는 '이비'를 말하는 것일 터다. 오키나와의 성소 우타키에는 '이비'라는 돌이 놓여 있기가 일쑤인데, 이 이비를 통해 신이 제의 장소에 내려온다고들 한다. 북산을 지켜주는 신이 내려오는 통로를 없애고 스스로 목을 찔러 북산의 운명을 마감한 왕은 마지막으로 그 칼을 물속에 던져넣고 죽음을 맞는다. 무력으로 서로를 정복하고 정복당하는 시기, 보검은 그것을 소유한 자의 힘을 상징하는 사물이었다.

소아지의 검이 커다란 물고기마저 두려워하는 보검이었다는 일화는 소아지의 영웅성을 극명하게 보여준다. 소아지의 검이 보검이라는 증명, 다시 말해 소아지가 그런 보검의 주인인 영웅이라는 증명이 하필이면 바다에서 일어난다는 것도 예사롭지 않다. 소아지의 보검은 사람을 잡아먹는 바다 속 큰 물고기가 피해 갈 정도의 힘이 있다. 다시 말해 소아지의 보검은 바다에서 일어나는 위해를 막는 힘이 있었다는 것이다. 아지들의 분립 시대, 아지들은 해상활동에 주력하여 부를 축적하고 무력으로 다른 아지들과 경쟁했음을 떠올리자. 소아지의 검은, 소아지가 단순한 군사 영웅이 아니라 해상활동의 영웅이기도 했음을 뜻하게 된다. 어려서부터 스스로 검을 준비한 소아지, 스스로를 갈고 닦은 인간적 영웅, 이가 곧 사시키의 소아지이다.

그런데, 소아지는 이 검을 다른 나라 사람에게 팔아치운다.

한 이국인이 철괴를 실은 너댓 척의 배를 이끌고 요나바루에 와서 사람들에게 철을 팔고 있었다. 그 사람은 소아지의 검을 기이하게 여겨 철괴와 바꾸고 싶어했다. 소아지는 처음에는 바꿀 뜻이 없다가, 결국에는 검을 주고 여러 척의 배에 실린 철괴로 바꾸어왔다. 소아지는 이 철을 얻어 백성들에게 나누어 주고 농기구를 만들게 했다. 백성들이 감복하여 크게 민심을 얻었다.[73]

소아지는 오랜 시간을 들여 만든 검을 다량의 철과 바꾸어 농기구를 만들게 한다. 이국선이 싣고 온 철을 사서 그 철로 농기구를 만들게 한 이는 그전에도 있었다. 왕이 되기 전 찰도왕이다. 검은 사시키의 소아지가 영웅이었음을 뜻하는 표지이지만, 이 검을 포기하고 철제 농기구를 선택함으로써 이 이야기는 또 다른 의미를 지니게 된다. 철검을 지녔을 때 소아지는 그저 위력을 지닌 아지일 뿐이었다. 그러나 그 철검을 포기하고 다량의 철과 바꾸어 농기구를 만들게 했을 때, 소아지는 백성들의 감복과 민심을 얻는다. 소아지는 군사 영웅 아지에 그치지 않고 '왕'이 될 수 있는 계기를 마련한 것이다.

금병풍과 샘의 교환

사시키의 소아지가 바꾸어 가진 것은 농기구가 될 철괴만이 아니었다. 《채탁본 중산세보》는 소아지가 자신의 금병풍을 샘과 바꾼 일화를 전한다.

소아지에게는 금병풍이 있었다. 시마지리島尻 오자토大里의 아지는 그 금병풍을 가지고 싶었다. 오자토 아지는 가다시가嘉多志川라는 샘을 소아지의 금병풍과 바꾸었다. 가다시가를 얻게 된 소아지는 사람들이 이 샘의 물을 함부로 쓰는 것을 금하였다. 자기에게 귀복하는 자에게는 물을 쓸 수 있게 하고, 귀복하지 않는 자에게는 그 물을 쓰지 못하게 하였다. 오

자토 백성들은 물이 없으면 밭에 씨를 뿌릴 수 없었기 때문에 소아지에게 많이 귀복하였다.[74]

'가ヵー'란, 물이 솟아나는 샘이나 우물을 통칭하는 오키나와 말이다. 물이 귀한 섬이었기 때문인지, 가는 보통 신성한 장소로 여겨졌다. 그런데 오자토의 아지는 금병풍에 눈이 멀어 이 소중한 가를 소아지에게 넘겨버리고 만다. 샘을 얻은 소아지는 이를 백성들을 복속하는 수단으로 쓴다. 검을 버리고 철괴를 얻어 농기구를 만들게 한 것이 백성들의 마음을 얻었듯, 소아지는 금병풍을 주고 샘을 얻어 사람들의 귀복을 얻는다. 소아지는 화려한 장식품일 뿐인, 의미가 있다고 해봐야 지배자의 부와 위세를 자랑하는 소품에 불과한 금병풍을 버리고 샘을 택한 것이다.

검을 버리고 철괴를 택한 소아지이자, 금병풍을 버리고 샘을 택한 소아지. 무력과 부로 백성들을 지배하는 아지에서, 백성들의 삶에 필요한 농기구와 물을 줌으로써 백성들의 감화와 귀복을 이끌어내는 왕이 될 수 있는 자격을 차근차근 밟아 나간 소아지의 모습을 보여주는 데 모자람이 없다.

이 이야기는, '교환'에 초점을 맞추어 구비로도 전승된다. 보잘것없는 사소한 것을 차근차근 바꾸어 더없이 귀한 것을 손에 넣게 된다는, 잘 알려진 유형의 설화가 사시키의 소아지를 주인공으로 하는 이야기로 전해지는 것이다.

사시키의 소아지는 어머니에게서 볏짚을 받았다. 소아지는 된장을 싸는 데 볏짚을 필요로 하는 곳에 가서 볏짚과 된장을 바꾸었다. 소아지는 또 솥을 만들고 고치는 곳으로 갔다. 된장이 다 떨어진 솥집에서는 무쇠 조금을 소아지의 된장과 바꾸었다. 소아지는 무쇠를 가지고 대장간으로 갔다. 대장장이에게 무쇠를 주고, 칼 하나를 받았다. 소아지는 칼을 들고 요나바루로 갔다. 향과 병풍을 싣고 온 중국 배가 있었는데, 닻줄을 자르지 못해 출항을 못하고 있었다. 소아지는 닻줄을 자를 칼을 주고 금병풍을 받았다. 소아지에게 금병풍이 있다는 소문을 들은 남산의 왕은 병풍을 받는 대신 우물을 주었다. 사시키의 소아지는 결국 우물을 차지한다.

구비 전승은 작은 것에서부터 시작하여 점차로 크고 중요한 것을 얻어낸 과정을 좀 더 자세하게 여러 단계로 그려낸다. 사시키의 소아지가 점차 세력을 키워나간 과정을 설화화하고 있다는 점에서는, 구비 전승과 과거의 문헌이 서로 다르지 않다.

삼산 정복과 중산으로의 통일

《중산세보》는 상파지왕의 성을 중국으로부터의 사성賜姓이라 기록하고 있다. 명나라에 책봉을 청하여 '상'이라는 성을 하사받았고, 그 아비 사소도 추봉되었다. 찰도왕과 무녕왕 때에도 중국 진공이 있기는 했지만 부정기적이었던 반면, 이때부터는 정기적인 납공의 예가 정해졌다고 한다. 상파지왕 때부터 명실 공히 동아시아 조공-책봉 체제의 일원인 류큐국 중산이 확립된 것이다.

상파지의 최대 업적은 오키나와섬에 존재했던 중산 이외의 정치 세력인 남산과 북산을 정복하여 중산이라는 이름으로 통일한 것이다. 《중산세감》과 《중산세보》의 기록만 보더라도 이 과정은 자못 흥미롭다. 원래 상파지는 사시키라는 곳의, 그다지 세력이 크지 않은 아지였을 뿐이다. 그러나 상파지는 점점 사람들의 마음을 얻어 산남왕을 치기에 이른다. 《채탁본 중산세보》는 상파지가 점점 세력을 키워가는 데 분노한 산남왕이 상파지를 치려 했으나, 여러 아지들을 귀복시켜 세를 불린 상파지가 오히려 산남왕을 정벌했다고 기록하고 있다. 산남왕 정벌 이후, 상파지는 귀복해온 중산과 산북 백성들을 기반으로 그 병세兵勢를 강화해 마침내 중산의 무녕을 정벌하고 또 북산을 복종시켰다.

《채온본 중산세보》는 그 통일 과정을 조금 다르게 그려낸다. 상파지는 아버지의 명을 받아 사시키 아지의 자리를 이어받고, 병마를 조련하며 삼산 정립鼎立의 종식을 준비한다. 상파지는 먼저 시마조에 오자토島添大里를 정벌하고 기세를 몰아 중산을 토벌한 다음, 산북을 멸하고 마지막으로 산남을 평정한다.

파지는 아버지를 이어 사시키 아지가 되어 병마를 조련하였다. 시마조에 오자토가 군신들을 불러 말하였다.

"여러 아지들은 두렵지 않다. 그러나 사시키 아지의 아들인 파지는 현명하고 신기에 가까운 무공이 있는 데다 아버지를 이어 사시키를 다스리고 있으니 매우 두렵다. 어찌 내가 파지와 불목不睦하랴? 이 일을 어찌하면 좋겠는가?"

말이 채 끝나기가 무섭게 함성이 크게 일어나며 파지가 병사를 이끌고 와 공격하였다. 오자토 아지가 크게 놀라 병사를 재촉하여 막았으나 파지는 희세의 영웅인 데다 또 용맹한 병사가 많았으므로 막아낼 힘이 없었다. 오자토 아지는 마침내 파지에게 멸망당했다.

파지는 오자토 등을 얻어 위세와 명성을 크게 떨쳤다. 때는 중산 무녕왕 때였는데, 무녕왕이 선군先君의 전형典刑을 무너뜨렸기 때문에 여러 신민들은 은거하며 숨어 있었다. 여러 아지들은 서로 말하였다.

"파지가 오자토를 얻었는데 그 땅은 (중산이 있는) 슈리와 매우 가깝다. 지금의 왕은 덕을 잃었으니, 화를 입을 날이 멀지 않았다."

아지들은 각기 흩어져 숨어 중산에 조회하지 않았다.

파지는 여러 신하들에게 말하였다.

"류큐는 개벽 이래로 하나의 왕이 세상을 다스렸으니, 산남과 북산은 모두 가짜 왕이다. 지금 중산왕은 덕을 잃고 바른 다스림을 폐하였으니 언제 그 이산二山을 평정하여 통일치세에 이르겠는가?"

제신들이 모두 대답하였다.

"무녕왕은 덕을 잃었고 국세는 날로 쇠하고 있습니다. 산남과 산북은 강포함이 날로 심해지고 있습니다. 이를 보건대 무녕왕은 백성을 구하는 임금이 아니라 나라를 망치는 벌레입니다. 청컨대 먼저 중산을 토벌하시어 대업의 기초를 세우소서. 연후에 이산을 평정하시고 사직을 편안케 하십시오. 이것이 만민의 행복이고 천리에 따르는 것입니다."

파지가 곧 많은 군사를 거느리고 중산에 가서 그 죄를 물으니, 무녕이 황망히 군사를 재촉하여 저항하였다. 그러나 모든 아지들이 문을 닫고 베개를 높이 하여 쉬면서 무녕을 구하려 하지 않았다. 무녕은 크게 후회하며 성에서 나가 죄를 받았다.

모든 아지들이 파지를 추대하여 군주로 삼고자 했으나, 파지가 고사하여 아비 사소를 받들어 군주로 삼았다. 스스로 보왕을 보좌하여 정치를 일으키고 잘 다스리니, 신민과 여러 아지가 모두 복종하였다. 후에 산북을 멸하고 드디어 산남을 평정하여 일통지치—統之治에 이르렀다.[75]

그 세세한 과정은 조금씩 다르게 기록되었지만,《중산세감》과《중산세보》는 모두 상파지가 산남 지역의 작은 아지였다가 중산의 왕이 되었고 또 산남과 산북을 쳐서 통일 중산 왕조의 기틀을 닦았다고 말하고 있다. 산남의 아지 출신이었던 상파지가 중산을 중심으로 삼산을 통일한 것이다. 《조선왕조실록》에는 류큐국 중산왕 사소가 사신을 보내어 찰도왕을 선조왕先祖王으로, 무녕왕을 선부先父로 칭하는 상황이 등장한다. 류큐의 내전이 대외적으로는 비밀에 부쳐졌다는 뜻이기도 하고, 중산을 류큐의 정통으로 간주하여 대외적으로도 나라의 이름으로 중산을 내세우는 인식이 당대에도 일반적이었음을 시사하기도 한다. 류큐는 중산으로 통일되었고, 중산의 역사는 이렇게 지속될 수 있었다.

사족을 덧붙이자면, 중산과 남산, 북산의 정립은 실제가 아니라 류큐 사서의 역사적 환상이라고 말해지기도 한다.[76] 남산 지역에서 발흥한 여러 세력이 다투다가 사시키 아지가 주도권을 잡았고, 그 후 중산왕의 지위에 올랐다는 것이다. 이런 주장에 따르면 북산왕은 정립과 통일이라는 관념 때문에 빚어진 환상의 존재다. 《중산세감》의 북산왕 정벌 삽화가 일본 군기소설[軍記物語]의 표현을 가져오고 있다는 점이 그 근거로 지적되기도 했다. 구체적 정황이야 어떻든, 제1 상왕조의 시조격인 상파지가 사시키 지역의 작은 아지였다가 여러 세력을 병합하여 중산의 왕통을 이은 왕이 되었음은 분명하다.

상원왕의 신화

상파지왕 사후의 골육상쟁

남산왕과 북산왕을 토벌하고 중산왕을 쳐서 삼산三山을 통일했든, 남산 지역의 여러 아지들을 규합하여 오키나와섬 전역을 지배하는 왕국을 건설했든 간에 사시키 출신의 파지가 상 성을 내세워 상왕조를 개창한 것은 부인할 수 없는 사실이다. 제1 상왕조는 이렇게 시작되었다.

강력한 군주였을 상파지가 세상을 떠난 후, 왕권을 둘러싸고 첨예한 갈등이 발생했다. 상파지의 뒤를 이은 것은 둘째 아들 상충尙忠(쇼추 1440~1444)이었다. 그런데 상충은 재위 5년여 만에 세상을 떠나고 그의 아들 상사달尙思達(쇼시타쓰 1445~1449)이 왕위에 올랐다. 상사달의 재위 역시 5년여 만에 끝났다. 그 뒤를 이은 것은 상사달의 숙부이자 상파지의 셋째 아들인 상금복尙金福(쇼킨푸쿠 1450~1453)이었다. 상금복의 재위 또한 4년 정도에 불과했다. 상금복이 죽자, 조카와 숙부 사이에 왕위를 둘러싼 쟁탈전이 일어난다. 1453년 상금복의 아들 시로志魯와 상금복의 아우이자 상파지의 넷째 아들인 후리布里가 왕위를 차지하고자 병란을 일으킨 것이다. 이를 '시로와 후리의 난'이라 한다.

무력으로 고려 왕조를 무너뜨린 조선 왕조에서 벌어졌던, 왕위를 둘러싼 건국 초기의 골육상쟁을 떠올리게 하는 사건이다. 아마도 상파지의 중산 건립에는 그의 아들들의 힘도 적지 않았던 듯하다. 건국에 공을 세웠던 자식들이 각기 자신을 내세워 왕이 되고자 했던 게 아니었을까? 결국 왕위를 차지한 것은 조카 시로도, 숙부 후리도 아니었다. 시로와 후리 모두 목숨을 잃었고, 상파지의 다섯째 아들 상태구尙泰久(쇼타이큐 1454~1460)가 상금복의 뒤를 이었다.

골육상쟁 직후 왕위에 오른 상태구는 왕권을 강화하기 위해 고심했을 터다. 불에 타버린 중산의 왕성 슈리성을 재건하고, 만국진량의 종을 만들어 류큐국의 위세를 표명했다. 상태구왕의 재위 역시 7년 정도로 길지는 않았지만, 그의 사후에는 아들 상덕尙德(쇼토쿠 1461~1469)이

무사히 아버지의 뒤를 이어 중산의 왕이 되었다. 상태구왕의 왕권 강화책이 성과를 거둔 덕이리라.

구스쿠와 아지 시대의 종말

상태구왕은 왕자 시절 고에쿠越來 지역을 관할하는 아지였다. 상파지왕은 여러 아들들을 각 지역의 요충지를 관할하는 아지로 내려보내 지배의 거점으로 삼았던 듯하다. 상태구왕의 왕자 시절 명칭이 '고에쿠 왕자'였던 것은 이런 연유가 있다.

상태구왕이 관할하던 고에쿠 지역은 정치적으로 매우 중요한 지역이었다. 걸출한 영웅이었던 상파지왕은 여러 아지들을 진압하여 중산왕의 자리에 오르기는 했지만, 기존의 유력 아지들도 여전히 그 세력을 유지하고 있었다. 굳이 말하자면 중산왕의 제후라고 할까, 복종은 하되 자치도 하는 아지 세력이 상존하고 있었던 것이다. 그 대표적인 아지가 '아마와리阿麻和利'와 '고사마루護佐丸'였다.

아마와리는 가쓰렌勝連 구스쿠의 아지였다. 가쓰렌은 찰도왕이 장가를 들었다던 그 가쓰렌이니, 일찍부터 나름의 세력을 형성하고 있었던 아지의 근거지였던 듯하다. 가쓰렌 구스쿠에 올라가보면 구스쿠 아래로 마을과 바다가 차례로 펼쳐진다. 찰도의 황금궁 근처에서도 보았던 조망이 좀 더 스케일이 커진 형태로 이곳에 재현되어 있는 느낌이다. 아마와리는 가쓰렌 반도와 구시가와其志川 일대를 지배하는 아지였다. 가쓰렌의 위치상 역시 해상활동을 통해 세력을 키워나갔던 것으로 보인다. 남산 지역에서 여러 아지 세력이 서로 투쟁할 때, 아마와리는 가쓰렌반도에서 알차게 힘을 키웠던 것이다.

고사마루는 자키미座喜味 구스쿠의 성주였다. 자키미 구스쿠는 요미

오키나와 우루마시에 있는 가쓰렌 구스쿠의 전경

자연물을 최대한 이용해서 산 위에 세워졌다.
가쓰렌 구스쿠에 들어가려면 경사가 급한 계단을 올라가야 한다.

해발 98미터의 가쓰렌 구스쿠의 최상부에 오르면, 사방으로 막힘이 없어
어느 방향에서든 멀리까지 조망할 수 있다.

탄讀谷에 있다. 자키미 성을 쌓은 고사마루가 이곳의 아지로서 요미탄과 온나恩納 지역에서 위세를 떨치고 있었다. 고사마루는 구스쿠를 쌓는 데 일가견이 있는 당대의 건축가였다고도 전해진다. 원래 근거지는 자키미 구스쿠가 아니었는데, 자키미 구스쿠를 새로 지어 이곳에 옮겨 왔다고 한다. 성곽의 아름다운 곡선으로 유명한 자키미 구스쿠를 보면 고사마루의 축성술을 짐작하기 어렵지 않다.

슈리를 도성으로 삼은 상파지의 입장에서 보면 가쓰렌의 아마와리와 자키미의 고사마루는 불안한 존재였다. 두 아지의 세력이 결코 약하지 않았고, 위치상 만일 두 아지가 협력한다면 슈리는 꼼짝없이 양쪽에서 협공당할 수밖에 없는 형편이었기 때문이다. 상파지는 두 세력을 견제하기 위해 가쓰렌과 자키미 사이에 있는 고에쿠에 아들 태구를 아지로 내려 보냈다. 아마와리와 고사마루의 연횡을 미연에 방지하는 동시에, 두 아지를 감시할 목적도 있었을 것이다.

은밀한 견제와 불안한 균형은 오래 가지 않았다. 먼저 움직인 것은 고사마루였다. 이미 '국왕'이라는 위치를 점유한 슈리의 중산왕, 해상 교역으로 얻은 부를 기반으로 세력을 확장해갔던 아마와리에 비해 상대적으로 열세에 있던 고사마루의 움직임은 어쩌면 당연한 것이었다. 만약 고에쿠 아지와 가쓰렌 아지가 연합하여 공격해 들어온다면 고사마루의 패퇴는 불 보듯 뻔한 일이지 않은가? 설령 가쓰렌 아지와 연합한다 하여도 유리할 게 없었다. 고에쿠를 공격한다면 슈리에서, 슈리를 공격한다면 고에쿠에서 역습해 들어올 터이기 때문이다.

고사마루가 선택한 방법은 중산 왕권과 혼인 관계로 묶이는 것이었다. 고사마루는 자신의 딸을 고에쿠 아지에게 보낸다. 고사마루는 왕자 고에쿠 아지의 장인이 됨으로써 왕가와 혼인 관계로 엮이게 된 것이다. 이를 통해 고사마루는 가쓰렌 아지 아마와리, 또 고에쿠 아지나 슈리 조정의 공격을 차단할 수 있는 최소한의 안전장치를 얻는다.

이후 고사마루는 자신의 근거지였던 자키미 구스쿠를 떠나 나카구스쿠中城를 증축하여 그곳으로 옮겨 갔다. 나카가미中頭에 있는 나카구스쿠는 슈리와 가쓰렌 구스쿠의 사이에 위치해 있다. 가쓰렌 구스쿠나 자키미 구스쿠에 비하면 그 규모가 상대적으로 크고 여러 시대의 축성 기술을 확인할 수 있어, 오늘날의 오키나와 관광 코스에도 종종 포함되곤 하는 명승지이다.

고사마루가 나카구스쿠로 옮겨간 까닭은 가쓰렌의 아지 아마와리를 견제하기 위해서였다고 한다. 슈리 왕권이 나카구스쿠를 고사마루에

게 방비하게 함으로써, 아마와리의 공격을 방비하고자 했다는 것이다. 고사마루는 슈리 왕권을 아마와리의 위협으로부터 지키기 위해 자신의 근거지였던 자키미 구스쿠를 버리고 나카구스쿠로 이주해온 충신이라고 설명되곤 한다.

하지만 다른 시각에서 보면 고사마루의 나카구스쿠 이주는 고사마루 자신에게 더없이 좋은 정치적 선택이었다고도 할 수 있다. 자키미에서 나카구스쿠로 옮김으로써, 고사마루는 슈리의 중산왕과 가쓰렌 아마와리의 연합을 단절시키고 경우에 따라 그 누구와도 연합할 수 있는 지정학적 위치를 차지했다고도 볼 수 있기 때문이다.

아지들 사이의 암투가 물밑에서 벌어지던 와중, 고사마루의 사위이

자키미 구스쿠의 아치형 석문과 성벽의 곡선
사진 출처: http://www.okinawainfo.net/isan/zakimi/images/zakimi-000.jpg

자 중산의 왕자였던 고에쿠 아지가 중산왕의 자리에 오른다. 슈리에서 벌어진 왕위를 둘러싼 골육상쟁의 결과, 시로와 후리가 아닌 고에쿠 아지가 중산왕 상태구왕이 된 것이다. 불에 탄 슈리를 재건하고 왕조의 권위를 강화해나가던 상태구에게, 나카구스쿠의 고사마루는 아내의 아버지이기도 했지만 언제든 정적으로 변할 가능성이 있는 불안한 존재였다. 가쓰렌 아지 아마와리를 막기 위한 나카구스쿠의 고사마루라 하더라도, 슈리와 지리적으로 가까운 나카구스쿠에 고사마루와 같은 아지 세력이 있다는 것, 그리고 그 세력이 가쓰렌과 슈리의 단절을 야기할 뿐 아니라 언제든 가쓰렌과 연합하여 슈리를 위협할 수 있는 곳에 있다는 것은 슈리의 중산왕으로서는 위험한 조건이었다.

상태구왕은 장인 고사마루가 썼던 방책을 따라 한다. 고사마루가 고에쿠 왕자에게 딸을 시집보냈듯, 상태구왕은 가쓰렌의 아마와리에게 자신의 딸 모모토 후미아가리를 시집보낸다. 아마도 상태구왕은 아마와리를 자기 편으로 삼아 고사마루를 견제하려고 했을 것이다.

이 불안한 견제와 균형은, 아마와리의 간계로 전투로 이어졌다. 아마와리는 고사마루가 반란을 꾀하고 있다는 거짓을 중산왕에게 흘린다. 중산왕은 가쓰렌 아지에게 중산의 군대를 함께 인솔하여 나카구스쿠의 고사마루를 치도록 명령한다. 이 싸움의 패자는 고사마루였다. 고사마루는 아마와리의 간계를 알면서도, 중산왕의 신하로서 중산왕의 군대에 감히 맞서 싸울 수 없었기에 항전을 포기하고 스스로 죽었다고 한다. 오키나와에서 유명한 '충신 고사마루'의 이미지가 생겨나는 순간이다.

고사마루를 패퇴시켜 장애물을 제거한 아마와리는 이제 중산왕에게 칼을 겨눌 계획을 세운다. 하지만 아마와리의 곁에는 상태구의 딸 모모토후 미아가리가 있었다. 아마와리의 계획을 알게 된 모모토후 미아가리는 자신의 시종과 함께 가쓰렌 구스쿠를 탈출하여 아버지 상태구왕에게 이 사실을 고한다. 아마와리의 공격을 미리 준비할 수 있었던 상태구왕은 아마와리의 침략을 막아냈을 뿐만 아니라, 종국에는 가쓰렌까지도 공격하여 승리를 이끌어낸다. 소위 '아마와리의 난'이라고 하는, 중산왕에 대한 아마와리의 공격은 이렇게 끝난다. 아지에 대한, 중산왕의 승리였다.

충신 고사마루와 역신 아마와리. 고사마루와 아마와리에 대한 역사의 평가다. 구미오도리의 〈니도테키우치二童敵討〉는 고사마루의 두 아들이 어머니의 허락을 받아 아마와리에게 복수하는 내용으로 이루어

상태구왕 시기 주요 구스쿠의 대략적 위치

져 있다. 영웅이지만 악인 아마와리와, 억울하게 죽은 고사마루의 이미지가 여기에서도 반복된다.

고사마루와 아마와리의 죽음은 가쓰렌 및 나카구스쿠의 아지와 슈리 중산왕 사이의 긴장이 중산왕의 승리로 끝났음을 의미하는 사건이었다. 중산 왕권을 위협할 수도 있었던 양대 아지 세력이 이렇게 소멸되고 만 것이다. 고사마루와 아마와리는, 아지 세력을 제거하려던 상태구왕의 '설계'에 당한 것인지도 모른다. 역사는 군신 관계와 충의 윤리로 상태구왕과 아마와리, 고사마루가 얽힌 이 사건을 설명하고 있지만, 기실 이는 서로를 견제하고 제압하려던 영웅들의 쟁투가 중산왕의 승리로 종결된 사건이라고 보는 것이 진실에 가까울 듯싶다. 고사마루는 중산과 인척 관계를 맺어 나카구스쿠에 진출했고, 상태구왕은 아마와리를 이용해 고사마루를 제거했다. 아마와리 역시 이용만 당한 것은 아니었다. 고사마루를 공격할 때, 아마와리의 최종 목표가 실제로도 상태구왕이었을지 모를 일이다. 나카구스쿠에 진출한 고사마루의 약진을 경계한 상태구가 이 모든 것을 기획하여 딸 모모토 후미아가리를 아마와리에게 세작으로 보냈고, 아마와리는 그만 그 기획의 덫에 걸려버리고 만 것은 아니었을까?

어쨌든, 구스쿠를 기반으로 하던 영웅, 아지들의 시대는 이렇게 막을 내린다. 구스쿠와 아지들의 시대는 저물고, 본격적인 '왕'의 시대가 열린 것이다. 제1 상왕조 초기의 혼란은 상태구왕에 이르러 극복되었다고 말할 수 있다. 그러나 제1 상왕조의 치세는 상태구왕의 바로 다음 대에서 상태구왕의 아들 상덕을 끝으로 막을 내린다.

상덕왕 다음으로 중산왕의 자리에 오른 이는 이제나지마라는 작은 섬 출신의, 상태구왕의 신하였던 '가나마루'라는 사람이었다. 이가 곧 제2 상왕조의 시조 상원尚圓(쇼엔 1470~1476)이다. 선왕의 신하가 왕위에 올라 새로운 왕조를 개창했다니, 이것이 무슨 뜻이겠는가? 여기에서 쿠데타나 역성혁명을 떠올리는 것은 전혀 무리가 아니다. 가능성이 매우 농후한 추측 앞에,《중산세감》과《중산세보》는 이와는 다른 가나마루의 내력을 들려준다. 이것이 곧 제2 상왕조의 시조 상원왕의 신화다.

고에쿠 왕자, 가나마루를 발탁하다

상태구왕이 고에쿠 왕자였을 때의 일이다. 어느 날, 한 남자가 와서 자신을 신하로 써달라고 한다. 가나마루金丸였다. 고에쿠 왕자가 가만히 두고 보았더니 보통사람이 아니었다. 고에쿠 왕자는 지혜로운 사람이었기에, 가나마루에게 더 좋은 자리를 찾아주어야 한다고 생각했다.

"이 자는 내 밑에 있을 사람이 아니다."

당시의 왕은 상사달이었다. 고에쿠 왕자는 상사달왕에게 가나마루를 천거했다. 상사달왕은 가나마루에게 '게라헤아쿠가미家來赤頭'라는 직책을 주었다. 높은 자리는 아니었지만, 가나마루는 맡은 바 임무를 충실히 해내었다. 당시 게라헤아쿠가미는 천 명이나 되었다고 하는데, 가나마루가 그 직책을 맡은 지 몇 년이 지나자 다른 게라헤아쿠가미 동료들이 모두 가나마루를 신뢰하고 존경하게 되었다. 이에 상사달왕은 가나마루를 고위 관리로 삼았다.

상사달왕이 죽고, 왕위를 둘러싼 싸움 끝에 상태구왕이 왕위에 올랐다. 때마침 우치마內間라는 곳의 영주 자리가 궐석이어서, 상태구왕은 가나마루를 그곳의 영주로 보냈다. 1년이 지나자 우치마 백성들은 가나마루에게 크게 감복하여 스스로 가나마루를 높이 받들었다.

이런 사실은 크게 소문이 나 임금의 귀에까지 들어갔다. 상태구왕은 가나마루를 조정에 불러들인다. 가나마루는 나하에 있는 슈리 조정의 창고를 담당하는 '오모노구스쿠 오사스노소바御物城御鎖側'가 되었다. 나하는 슈리성 근처의 항구로 이도離島의 배들이 슈리 조정으로 입공할 때 드나드는 곳이었다. 이곳의 창고를 맡았다는 것은, 말하자면 슈리 조정의 재정장관이 되었다는 뜻이다. 가나마루는 이 일도 훌륭히 잘 해냈다. 임금을 잘 섬길 뿐만 아니라 믿음으로써 사람을 부리고, 상벌을 사리에 맞게 하고, 언행은 법도에 맞았다. 그러니 나하 인근의 백성들뿐만 아니라 나하항을 드나드는 이도 사람들까지 모두 가나마루에게 감복하지 않는 이들이 없었다고 한다.

상태구왕은 가나마루를 깊이 신뢰하였다. 평소의 자잘한 일은 물론이고, 중요한 정사에도 가나마루를 불러 상의하였다고 한다. 하지만 가나마루는 여전히 나하의 창고를 담당하는 관리였을 뿐, 그보다 더 높은 지위에 올랐다는 기록은 없다. 가나마루는 어쩌면, 일이 있을 때마다 왕의 부름을 받아 모종의 임무를 수행한, 일종의 실무형 측근이었던 건 아닐까? 고에쿠 왕자가 상사달왕에게 가나마루를 천거한 것도, 영리한 가나마루를 이용하여 슈리의 사정을 파악하기 위해서였는지 모른다. 왕권을 둘러싼 혼란, 여전히 지역 아지들이 득세하고 있는 상황 속에서, 고에쿠 왕자는 슈리 조정에서 어떤 일들이 벌어지고 있는지 파악할 필요가 있었을 것이다. 상상을 더 보태보자면, 상태구왕이 왕위에 오른 후 우치마의 영주로 내보낸 것은 그의 충성심을 시험해보기 위해서였는지도 모르겠다. 이렇게 해서 시험에 통과한 가나마루는, 상태구왕 조정의 재정에 매우 긴요한 나하의 창고를 맡게 된 게 아니었을까?

왕족도 아니고, 그렇다고 아지 집안의 사족도 아니다. 그런 가나마루가 류큐 조정의 관리가 될 수 있었던 것은 자신의 능력도 능력이거니와 훗날 상태구왕이 된 고에쿠 왕자가 그를 발탁해준 덕분이었다. 아마도 가나마루는 영리하고 민첩하여 슈리의 사정을 염탐할 이로 뽑혔다가 점차 승진을 거듭하여 재정장관까지 된 입지전적 인물이었을 터다.

이제나지마의 농부 가나마루, 오키나와섬으로 가다

가나마루는 원래 이제나지마伊是名島 사람이었다. 고에쿠 왕자에게 발탁되기 전, 가나마루는 고향 섬을 떠나 오키나와섬에 와서 이곳저곳 정착할 곳을 찾아 돌아다니던 백성에 불과했다.

이제나지마는 오키나와섬의 북서쪽에 위치한 작은 섬이다. 오늘날에도 오키나와섬에서 이제나지마섬으로 가려면, 순천왕의 아버지 미나모토노 다메토모의 전설이 전해지는 운텐항에서 배를 타고 들어가야 한다. 옛날부터 벼농사를 많이 지었던 지역이라, 작은 섬임에도 불구하고

이제나지마에 있는 상원왕의 선조묘 이제나 다마우둔

들이 넓다. 미곡이 필요했던 류큐 왕조의 입장에서는 중요한 지역이었다. 가나마루, 즉 제2 상왕조의 시조 상원왕이 이곳 출신이니 왕의 고향이기도 해서 더 중요해지기도 했을 것이다. 이제나지마에는 상원왕의 선조를 모셨다는 이제나 다마우둔도 잘 조성되어 있다.

한편, 이제나지마에는 제2 상왕조의 시조뿐만 아니라 제1 상왕조와도 관련되는 유적이 있다. 현재 이제나 다마우둔은 이제나지마 성터의 성벽에 자리하고 있는데, 이 성터는 제1 상왕조의 시조 상파지의 조부인 사메카 우후슈佐銘川大主가 쌓았다고 전해지고 있다.

이제나지마에는 가나마루의 탯줄을 묻어두었다고 하는 곳도 유적으로 기념되고 있다. 이제나지마 마을의 전통적 의례가 행해지는 '아사기'가 가나마루의 탄생지 바로 옆에 있다는 사실도 이곳에서의 가나마루의 위상을 엿볼 수 있는 것 같아 인상적이지만, 바닷가 쪽으로 조성

상원왕의 생가터에 그의 탯줄을 돌로 눌러두었다고 하는 미호소도코로

된 조그만 공원에 놓인 동상 하나도 이에 못지않다.

동상의 설명판에 따르면 1995년에 제작된 동상이다. 이제나촌伊是名村, 이제나지마 사람들이 합심하여 만든 것이다. 섬을 사랑하면서도 새로운 인생을 찾아 길을 떠난 가나마루의 결의를 나타내고 있다는 이 동상은 탄생 580년째의 길일을 골라 이제나지마의 발전을 염원하는 모든 사람들의 마음을 담아 그의 탄생지에 설립되었다.

새로운 인생을 찾아 떠나는 가나마루의 '결의'를 나타내기 위해서인지 동상은 왼쪽 팔을 높이 치켜들고 있다. 왼쪽 손이 가리키는 방향은 오키나와 본도 방향이다. 동상의 설명판은 가나마루가 이제나지마를 사랑했으면서도 새로운 인생을 찾아 이제나지마를 떠났다고 한다. 하지만, 왕조의 기록에 따르면 가나마루의 출도는 축출에 가까운 것이었다.

가나마루는 '오모이도쿠가네思德金'라고 하는 평범한 백성이었다. 《중산세감》과 《채탁본 중산세보》는 가나마루가 이제나지마의 백성이

오른손에 배를 저어 갈 노를 쥔 가나마루의 동상
상원왕 탄생 580주년을 기념하여 조성한
상원왕 우나 공원에 이제나지마 출신 작가
나카 보쿠넨名嘉睦稔이 제작한 동상을 세웠다.
이제나지마섬의 상원왕 관련 유적을 좀더
상세히 보고 싶다면, 다음 사이트를 찾아보기를 권한다.
https://www.izena-story.com/kr/

었다고 하면서도, 그가 선왕의 후윤後胤이었으리라 짐작한다.《중산세감》은 그 선조가 누구인지는 정확히 알 수 없지만, 가나마루가 선왕의 후윤이었기 때문에 나중에 왕이 되었을 것이라는 기술도 덧붙인다.[77] 가나마루가 이제나지마의 평범한 백성이었기 때문에, 국왕의 혈통을 고귀한 데서 찾으려는 찬자들의 의도가 이런 짐작을 낳았을 듯하다.

가나마루는 농사를 업으로 삼는 백성이었다. 이제나지마는 너른 들의 벼농사가 유명한 지역이었기 때문에, 가나마루 역시 다른 백성들과 다르지 않게 벼농사를 짓고 있었을 터다. 그런데, 가나마루는 바로 이 벼농사 때문에 섬에서 쫓겨나다시피 떠나간다. 매번 가뭄이 들 때마다 다른 사람들의 논은 모두 메마르는데, 가나마루의 논에만 물이 가득했다. 사람들은 가나마루가 물을 훔친다고 의심하여 늘 가나마루와 불목하고 심지어 그를 해치려고까지 했다. 하지만 가나마루는 변명할 도리가 없었다. 자신조차 그 연유를 알 수 없었기 때문이다. 이에 가나마루는 처와 동생을 데리고 오키나와섬의 구니가미로 건너간다.

《중산세감》은 이때의 가나마루의 마음을 구체적으로 서술하기도 한다.

어느 때인가 한발의 재앙이 들어 논에 물이 말랐다. 사람들은 모두 밤낮으로 물대기에 바빴지만, 상원공尚圓公은 그러지 않았다. 그럼에도 불구하고 상원공의 논은 마치 비가 온 것처럼 물이 가득하였다. 사람들은 이것이 성스러운 조짐임을 알지 못하고, 상원공이 물을 훔치기 때문에 그렇다고들 하였다. 상원공은 크게 놀라 섬의 수장에게 호소하였다. 그러나 섬의 수장도 마찬가지로 탐욕스러운 소인이어서 들은 척도 하지 않았다. 상원공은 화가 났다.

"분하구나! 불행히도 이 작은 섬에 태어나 이런 더러운 속인들과 교류하며 벌레만도 못한 이들에게 제압당하다니! 대붕은 한 번 날아 만 리를 간다 하니, 나도 그리하리라!"[78]

가뭄이 들면 논에 물이 마르는 것이 정상인데, 가나마루의 논은 늘 물이 가득하였다. 이상하다면 이상하고, 신이하다면 신이한 일이다. 만일 이것이 신이한 것으로 받아들여졌다면, 이는 경외의 대상이 되었을 것이다. 그러나 이제나지마에서 이것은 이상한 것으로, 가나마루가 물을 훔쳐 자기 밭에만 대지 않았다면 있을 수 없는 일로 받아들여져 불목의 원인이 된다. 분노한 가나마루는 섬을 떠난다. 《중산세보》에서는 사람들의 질시를 피해 어쩔 수 없이 섬을 떠난 것으로 설명하고 있지만, 《중산세감》에서는 섬 사람들의 질시에 분노를 느끼며 오히려 더 큰 세상으로 가겠노라는 의지를 불태우는 가나마루의 모습을 그린다.

오늘날의 구비 전승 가운데에는 가나마루의 논에만 물이 마르지 않았던 것은 가나마루가 워낙에 잘 생긴 미남이었기 때문에 동네 여인들이 가나마루를 위해 논에 물을 대어주었기 때문이라고 설명하는 각편도 있다. 여인들이 가나마루만 좋아하니 다른 남자들이 가나마루를 질시했고, 그 때문에 가나마루가 이제나지마를 떠나지 않을 수 없었다는 것이다.[79] 신이한 현상의 설화적 합리화다. 사건을 '신이한 것', '상서로운 기운'으로 이해하는 문헌의 기록과 다른 점이다.

가나마루는, 가뭄에도 논에 물이 마르지 않는다는 이상한 사건을 계기로 이제나지마를 떠나 오키나와섬으로 향한다. 처음에는 구니가미에 살았지만, 정착은 순탄하지 않았다. 《중산세감》은 구니가미 역시 '이중夷中', 즉 오랑캐와 같은 사람들이 사는 곳이었기 때문에 그 풍속이 가나마루가 떠나온 고향과 다르지 않았다고 말한다.[80] 이제나지마에서 사람들의 질시를 받았던 것처럼, 이곳에서도 그러했다는 말이겠다. 이에 가나마루는 아예 슈리로 상경하기로 마음먹는다. 알다시피 가나마루는 이후 고에쿠 아지를 만난다. 가나마루의 입신출세가 시작되는 순간이었다.

상원왕이 된 가나마루

고에쿠 아지가 눈여겨본 가나마루. 고에쿠 아지가 상태구왕이 된 후, 가나마루의 환로는 승승장구였다. 그러나 최고의 자리인 재상에까지는 이르지 못했던 듯하다. 상태구왕이 중요한 일이 있을 때마다 불러들여 의논했다는 사서의 기술은, 그다지 높지 못했던 그의 관직을 보완하면서 그가 중요한 신하였다는 사실을 말하기 위함일 것이다.

상태구왕의 사후, 그의 아들 상덕이 왕위에 올랐다. 《채온본 중산세보》에 따르면 "자질이 민첩하고 재주가 남보다 뛰어난" 인물이었다. 바다 밖 이도離島에 대한 정벌과 개선 기사가 있는 것을 보면, 왕으로서의 업적도 부족한 인물은 아니었다. 그런데 상덕이 왕위에 오르면서, 선왕의 총신이었던 가나마루는 환로를 떠나 상태구왕 때 영주 노릇을 했던 우치마次間로 물러난다.

사서는 가나마루의 은퇴에 특정한 의미를 더한다. 새로 왕이 된 상덕왕은 신하들의 간언을 듣지 않는 포학무도한 왕이었다. 충신 가나마루는 왕이 잘못을 저지를 때마다 간언하며 신하로서의 소임을 다하지만, 왕은 오히려 불쾌하게 여겼다. 왕의 잘못을 간하였으나 그것이 받아들여지지 않는다면 신하는 어떻게 해야 하는가? 임금에게 쓰이지 않는다면 임금 옆을 떠나 은거하는 것이 신하된 도리다. 가나마루의 은퇴는, 신하의 간언을 받아들이지 않는 임금 때문에 선택한 피은避隱

으로 설명된다.《채온본 중산세보》의 기록은 다음과 같다.

왕이 돌아가시니 세자 상덕이 왕위에 올랐다. 자질이 민첩하고 재력才力이 남보다 뛰어났지만 지모를 스스로 사용하며 현인의 간언을 용납하지 않았고, 교언으로 잘못을 포장하며 함부로 양민을 죽였다. 가나마루가 진언하여 아뢰었다.

"신은 군왕의 도란, 덕으로 자기를 지키며 인으로 백성을 돌보는 것이며, 군왕의 의무는 백성의 부모가 되는 데 있다고 들었습니다. 지금 왕께서는 조정의 기강을 폐하고 전법을 무너뜨리며, 충성스러운 간언을 막고 무고한 사람을 함부로 죽이시니, 이는 부모의 도리가 아닌 듯합니다. 엎드려 바라옵건대, 널리 충성스러운 간언을 받아들이시어 이전의 잘못을 뼈아프게 개혁하시고, 어진 선비를 가려 쓰시되 불초한 자를 물리치소서. 정치를 일으키고 어짊을 베풀어 백성을 자식처럼 대하시면, 백성들의 원망이 그치고 사직이 편안할 것입니다."

왕이 노하여 말하였다.

"나에게 순종하는 자는 상을 줄 것이요, 나를 거스르는 자는 벌 줄 것이다. 너는 어찌하여 감히 망령되이 나에게 아뢰는가?"

그 후, 왕이 구다카에 행행하여 예에 따라 제를 지내고 돌아올 때 요나바루에 이르렀다. 그때 어가를 따르는 이들이 모두 배고픈 기색이었으나 왕은 어가를 급히 재촉하면서 술과 음식을 내리지 않았다. 가나마루가 아뢰었다.

"선왕은 구다카 행행 때 신하들의 굶주림과 노고를 깊이 생각하셨습니다. 이곳에 이르면 반드시 술과 음식을 내려주신 연후에야 어가를 일으키셨습니다. 전례에도 있으니, 잠시 어가를 멈추고 술과 음식을 내려주

시기를 바라옵니다."

왕이 발연히 성난 기색을 띠니, 군신들은 두려워 더 이상 말하지 않았다. 가나마루가 옷을 끌며 울면서 간하고 감히 물러나지 않으니, 비로소 왕은 그 말을 따랐다.

이후 왕의 포학이 날로 심해졌다. 가나마루가 거듭 간해도 듣지 않았다. 성화 4년 무자戊子 8월 초9일, 가나마루는 54세에 하늘을 우러러 탄식하며 자리에서 물러나 우치마에 은거하였다.[81]

왕에게 쓰이지 않아 은퇴했던 가나마루가, 어떻게 류큐의 왕이 될 수 있었던 것일까? 사람들은 권세를 잃은 가나마루가 역성혁명을 일으켜 상덕을 폐위하고 그 자신이 왕위에 오른 것이 실상에 가깝지 않을까 짐작하곤 한다. 왕조 창고를 오랫동안 관리하면서 쌓아온 자신의 재력과 네트워크를 이용하여 다른 신하들을 포섭했을지도 모를 일이다. 그러나 사서는, 상덕왕이 죽은 후 그 세자가 왕위에 오르려 할 때, 여러 사람들이 세자를 폐하고 가나마루를 받들어 왕으로 모셨다고 기록하고 있다.

왕이 세상을 떠났다. 법사法司가 세자를 왕으로 세우려고 전례에 따라 군신들을 모으고 이 일을 알렸다. 군신들은 모두 법사의 권세가 두려워 잠자코 아무 말도 하지 않았다. 그런데 홀연, 눈처럼 머리가 하얀 늙은 신하가 몸을 일으켜 나와 큰 소리로 말하였다.

"국가는 곧 만백성의 국가이지 한 사람의 국가가 아니다. 내가 선왕 상덕의 행위를 보니, 포학무도하여 조종의 공덕을 생각지 않고 신민의 간고를 돌아보지 않았으며, 조정의 기강을 폐하고 전법을 무너뜨렸다. 망녕되이 양민을 죽이고, 어진 신하를 함부로 죽였다. 나라 사람들이 모두 원망하니 천재지변이 거듭되어 스스로 멸망하였다. 이는 하늘이 만민을 구하신 것이다. 다행스럽게도 오사스노소바 가나마루는 인품이 어질고 경우가 발라 사방에 은덕을 베풀었으니 백성의 부모가 될 만하다. 이 또한 하늘이 우리 군주를 내신 것이다. 이때를 틈타 세자를 폐하고 가나마루를 왕위에 올려 하늘의 뜻과 사람들의 바람을 따르는 것이 마땅하다. 안 그런가?"

말이 채 끝나기도 전에 만조의 신하들이 한 목소리로 대답하니, 그 소리가 마치 벼락같았다. 귀족과 왕의 근신들은 그 변고를 보고 앞다투어 도망하였다. 왕비와 유모는 세자를 안고 마다마 구스쿠眞玉城에 숨었는데, 병사들이 추적하여 그들을 죽였다.

군신들은 봉연鳳輦과 용의龍衣를 받들고 우치마로 가 가나마루를 맞이하였다. 가나마루가 크게 놀라 말하였다.

"신하가 군주의 자리를 빼앗는 것이 충인가? 아랫사람이 윗사람을 배반하는 것이 의인가? 너희는 마땅히 슈리로 돌아가, 귀족 가운데 어질고 덕이 있는 자를 택하여 군주로 삼으라."

말을 끝낸 가나마루는 눈물을 비처럼 흘렸다. 고사하며 일어나지 않더니, 또 해안으로 피하여 숨었다. 군신들은 가나마루를 쫓아가 간절히 청하였다. 가나마루는 어쩔 수 없이 하늘을 우러러 크게 탄식하고는, 마침내 야복野服을 벗고 용의를 입은 채 슈리에 이르러 대위大位에 올랐다.……[82]

손에 피를 묻힌 것은 가나마루가 아니라 여러 신하들이었다. 신하들은 상덕왕이 죽은 것도 또 때마침 가나마루라는 현인이 있는 것도 하늘의 뜻이니 가나마루를 왕으로 삼아야 한다고 하고, 유모와 함께 피할 정도로 어렸던 세자를 죽인다. 가나마루는 이를 기획하거나 동조하지 않았다. 자신을 왕으로 모시러 온 사람들을 거절하고 심지어 도망까지 간 끝에, 가나마루는 어쩔 수 없이 왕의 옷으로 갈아입고 중산왕의 자리에 오른다.

역사가 승리자의 기록임을 주장하는 사람들은 이 기록 뒤의 진실을 이렇게 읽을지도 모르겠다. 상덕왕의 등극 이후 사사건건 임금과 대립하면서 세력을 잃어가던 가나마루는, 역성혁명을 계획하고 우치마에 은거한다. 어쩌면 관직에서 파면당하여 우치마에 은거하게 되었고, 그 결과 역성혁명을 기획하게 된 것인지도 모르겠다. 가나마루는 자신은 전면에 나서지 않은 채 배후에서 일을 도모한다. 상덕왕의 최후도, 기획에 따른 살해일지도 모른다. 어린 세자까지 죽인 후, 가나마루는 추대에 의한 등극이라는 형태로 자신의 기획을 완성한다.

추론만 무성할 뿐 진실이 무엇인지는 아무도 모른다. 다만 확인할 수 있는 것은, 류큐의 사서가 상원왕의 등극을 여러 사람들의 추대에 의한 결과로 묘사하고 있다는 사실이다. 특히 《채온본 중산세보》는 가나마루가 상원왕으로 즉위하기 이전에 있었던 여러 '신기한 일', 즉 가뭄에 밭이 말랐는데 상원왕의 밭은 오히려 물이 가득했다는 것, 섬 사람들이 그를 시기하여 죽이려 했으나 끝내 해를 입지 않았다는 것, 상덕왕의 조정에서 여러 번 간언하였으나 죽임을 당하지 않았다는 것 등을 열거하면서, 이것은 상원왕이 '천명天命의 군주'였기 때문에 일어났던 일이라고 마무리한다.

작은 섬 이제나지마의 가난한 백성 출신으로 상태구왕 때 나라의 창고를 담당하던 관리가 새로운 왕통의 시조가 된 데에 대해, 사서는 상원왕이 가나마루였던 시절의 여러 일화들을 열거하며 그가 왕이 된 것이 너무나 당연하다고 말한다. 이 일화들이야말로, 왕이 된 가나마루, 상원왕을 위해 사서가 재편해낸 '신화'였을 터다. 토를 다는 게 허용되지 않는, 일말의 의심 없이 믿어야만 하는 이야기로서의 신화 말이다.

5

왕통 시조신화 재편의 논리

유교적 천명론과 왕통 교체의 방법—선양, 방벌, 추대

류큐국 중산 왕조는 여러 왕통이 계승해온 나라다. 왕씨 왕통을 제거하고 이씨 왕통이 서면서 고려에서 조선으로 왕조가 바뀌었던 한반도의 경우와 다르고, 이민족 왕통의 왕조가 서기도 했던 중국과도 다르다. 천황의 자리를 만세일계의 황족이 이어온 일본과도 같지 않다. 류큐국의 역사는 중산의 역사다. 왕통이 바뀌어 새로운 혈통의 인물이 왕위에 올라도 대외 관계에 있어서는 선왕과의 연속성을 강조했던 것도, 이런 맥락에서 이해할 수 있다. 《중산세감》과 《중산세보》가 여러 왕통 시조의 신화를 내세울 수 있었던 것도, 여러 왕통이 '중산'이라는 이름하에 하나의 왕조를 지속해왔다는 생각에 기반했을 터다.

《중산세감》과 《중산세보》는 각 왕통의 시조 신화를 통해, 류큐국 중산왕의 왕통이 교체되어온 역사를 '천명'에 의한 필연적인 것으로 설명한다. 이른바 천명론이다. 천하를 다스리는 왕 노릇을 하는 것은 하늘의 명에 따른다는, 유교적 왕권론의 기본 논리다.

천명론에 따를 때 왕통의 교체는 대략 두 가지 방법으로 나뉜다. 하나는 왕이 다른 왕에게 왕위를 물려주는 선양이고, 다른 하나는 왕위에 올라 있는 자를 강제로 끌어내리는 방벌放伐의 방식이다. 선양은 천명이 자신에게 있지 않다는 것을 알게 된 왕이 왕이 될 만한 다른 이를 찾아 왕위를 넘겨주는 방식이고, 방벌은 지금 왕이 천명에 어긋난 인물임을 내세워 무력으로 쫓아내는 방식이다. 이상적 방식은 선양이지만, 이는 요순 시대에나 있던 아름다운 모습일 뿐 대부분의 왕통 교체는 방벌의 방식으로 이루어진다.

선양이든 방벌이든, 왕위가 선왕에게서 다른 왕으로 넘어가는 것은 선왕이 덕을 잃어 천명을 받들 능력을 상실했기 때문으로 설명된다. 스스로 덕이 없음을 깨달은 왕은 덕 있는 자를 찾아 왕위를 넘겨주고, 부덕하여 천명을 받들 수 없음에도 그 스스로 깨닫지 못하는 왕은 방벌에 의해 축출되는 것이다.

유교적 왕도론에 입각한 이런 천명론은, 신화 시대 왕통인 순천 왕통의 시조 순천왕 신화에서부터 표명되었다. 우라소에 아지 손톤이 역신 리유를 치는 장면을 묘사하는 《채온본 중산세보》를 보자.

손톤이 의병을 이끌고 와 성을 에워싸고 죄를 물었다. 리유가 노하여 말하였다.

"선군先君은 덕이 없어서 내가 천명을 받들어 국군國君이 되었다. 너는 고궁孤窮한 필부로서 어찌 감히 망녕되이 병사를 움직이는가?"[83]

리유는 자신을 토벌하려는 손톤을 꾸짖는다. 자신이 왕위에 오른 것은 '천명'인데, 한낱 필부에 불과한 손톤이 어찌 감히 군사를 일으켜 자신을 치는지 책하는 것이다. 그러나 손톤은 천명이 자신에게 있다는 리유의 말에 반박한다. 도리어 그를 토벌하는 이유로 '하늘(의 뜻)을 거역하고 왕위를 찬탈'한 잘못을 들고, '의義를 일으켜 적을 죽임으로써 천인의 원한에 사죄하겠다'고 선언한다. 요컨대, 리유와 손톤은 천명이 누구에게 있는가를 두고 상반된 주장을 하고 있는 것이다.

여기에서 누구의 말이 옳은가, 즉 천명이 누구에게 있는가를 증명하는 것은 '국인國人의 추대'이다. 손톤은 사람들이 받들어 우라소에 아지가 될 만큼 덕이 있는 자였던 데다, 리유를 토벌한 후 나라 사람들의 추대에 의해 군주의 자리에 오른다. 손톤은 덕 있는 자로 천명에 따라 리유를 토벌하고 왕위에 올라 순천왕이 된 것이다. 순천왕이 리유를 토벌하고 왕위에 올라 순천 왕통을 개창한 이야기는, 천명론적 왕권론에 기반하는 '방벌의 서사'다. 리유가 권신이나 역신, 독부獨夫 등으로 명명되는 것은, 《중산세감》이나 《중산세보》의 편자들 역시 천명이 손톤에게 있었음에 동의하고 있다는 뜻일 터다.

영조 왕통의 개창은 의본왕의 선양에 의해 이루어진다. 순천 왕통의 마지막 왕 의본왕은 기근과 질병으로 백성들이 도탄에 빠지고 세상이 어지러워지자, 자신의 부덕을 탓하며 자신을 대신할 인물을 찾는다. 사람들이 영조를 천거하자, 의본왕은 그를 섭정으로 삼아 국정을 돌보게 하여 그가 덕 있는 인물인지 아닌지를 살핀다. 영조가 섭정에 오르고 난 후 역병이 그치고 풍년이 들어 인심이 평안해지니, 의본왕은 영조에게 왕위를 물려준다. 부덕한 선왕이 유덕한 자에게 왕위를 넘기는, 이상적인 왕위의 교체가 의본왕에 의해 이루어진 것이다. 《중산세감)은 이를 "의본왕의 덕은 요 임금과 같고 영조왕의 덕은 순 임금과 같다"라고 하여 의본왕에서 영조왕으로의 왕위 교체를 순에게 선위한 요 임금의 선양과 같은 것으로 노골적으로 등치시킨다. 이렇게 해서 영조왕의 등극 이야기는 영조왕의 덕을 강조하는 선양의 서사가 된다.

찰도왕의 즉위는 어떤가? 찰도는 사람들에게 은혜를 베푼 덕으로 우라소에 아지가 되었는데, 중산왕 서위가 죽자 사람들의 추대로 중산왕이 되었다고 한다. 표현이 조금 더 상세한《중산세감》을 보자.

> 중산왕 서위가 죽자 당시의 섭정과 다섯 살의 세자가 즉위하는 것을 나라 사람들이 의논하였다.
> "망군亡君 서위가 상 주고 벌 준 것을 돌이켜보면, 선왕의 옛 법규에 맞는 것이 하나도 없다. 이 때문에 나라에 재해가 그칠 날이 없고 천하의 백성들이 도탄에 빠졌다. 이는 선왕이 어렸을 때 왕위에 올라 그 모후가 정치를 경영했기 때문이다. 지금의 세자는 태갑太甲이나 성왕成王이 아니고, 지금의 섭정 또한 이윤伊尹이나 주공周公이 아니니, 어려서 왕위에 오르는 것이 어떻겠는가? 고전에도 천하는 천하의 천하이지 한 사람의 천하가 아니라고 하였으니, 세자를 폐하고 덕 있는 사람을 세워 나라를 평안케 하자."
> 이에 세자를 폐하고 우라소에 아지를 즉위시켰다.[84]

중국의 고사를 인용하면서 서위왕의 세자나 섭정이 그만한 인물이 아님을 들고, '덕 있는' 사람을 세워야 함을 역설하고 있다. 찰도왕 또한 덕 있는 인물이기에, 다시 말해 천명을 수행할 수 있는 인물이기에 왕이 된 것이다. 이상적 방법인 선양이나 일반적 방식인 방벌과는 다른, '추대'라는 또 다른 방식이 활용되고 있다. 천명이 누구에게 있는가를, 많은 사람들의 동의와 그것이 겉으로 표명되는 추대 방식을 통해 드러낸다는 점에서, 이 또한 천명론에 기반한 왕통 교체의 서사라고 말할 수 있다.

제1 상왕조의 실질적 시조인 상파지의 경우, 다시 방벌의 서사가 활용된다. 중산왕 무녕이 주색에 빠져 정사를 돌보지 않고, 산남과 북산에 왕을 참칭하는 '가짜 왕'들이 득세하는 가운데, 여러 신하들이 상파지에게 아뢰는 내용을 보자.

> 제신들이 모두 말했다.
> "무녕왕은 덕을 잃었습니다. 국세는 날로 쇠하고, 산남과 산북은 강포함이 날로 심해지고 있습니다. 무녕왕은 백성을 구하는 임금이 아니라 나라를 망치는 벌레입니다. 청컨대 먼저 중산을 토벌하시어 대업의 기초를 세우소서. 연후에 이산(남산과 북산)을 평정하시고 사직을 편안하게 하십시오. 이것이 만민의 행복이고 천리에 따르는 것입니다."[85]

신하들은 상파지가 중산왕 무녕을 토벌해야 할 당위성을 그 실덕失德에서 찾고, 상파지가 중산과 나머지 이산二山을 토벌하는 것이 곧 천리, 하늘의 이치라고 그 당위성을 설파한다. 덕과 천리가 동원되는, 천명론적 왕권론이 여기에서도 드러난다. 한편 《중산세감》은, '사람들의 말'을 빌려 상파지가 북산의 왕을 토벌하고 삼산을 통일한 데 대해 다음과 같은 의미를 부여한다.

산북왕은 매우 용맹한 자이고, 그를 따르는 병사들도 일당백의 무사들이기에 그들이 쉽사리 패하리라고는 생각조차 못했다. 그런데 사나흘 사이에 싸움에 패해 자해한 것은 오직 중산왕의 덕이 천리에 맞았기에 하늘이 내려준 결과다.[86]

군사를 일으켜 무녕왕을 폐한 후 상파지는 북산왕을 정벌한다. 무용이 뛰어난 북산왕의 군대를 혁파한 것을 두고, 앞의 인용문은 중산왕 상파지의 덕이 천리에 맞았기 때문이라고 말하고 있다. 다시 말해 상파지왕의 북산 정벌은, 천명에 의한 덕자의 통일이라는 의미를 부여받고 있는 것이다.

중산왕 무녕의 정벌과 삼산의 통일로 이루어진 상파지왕의 신화는, 유교적 왕권론에 입각한 방벌의 서사가 그 주축을 이루면서도 다른 한편으로 추대의 요소도 포함하고 있다. 상파지는 여러 아지들의 추대에 기반하여 덕을 잃은 왕들을 정벌했다고 하는데,《채온본 중산세보》는 아지들이 상파지를 중산왕으로 추대하였다는 내용을 분명히 기록하기도 했다.

추대에 따른 왕통 교체의 서사는 제2 상왕조의 시조 상원왕의 신화에서 가장 분명하게 드러난다. 게다가 여기에서는 '피은'이라는 화소까지 등장한다. 가나마루는 왕의 옆을 떠나 우치마에 은거한다. 이전 왕통의 시조 신하에서 왕통의 시조는 모두 특정 지역의 아지였다. 아지가 중산왕의 지위에 오르는 것은 천명을 받은 제후의 등극으로 이해될 수 있다. 그러나 상원왕의 경우, 선왕의 가신이었던 가나마루가 왕위에 오르는 것은 그야말로 신하의 도리를 어기는 하극상의 쿠데타와 같았다. 그렇기 때문에《중산세감》과《중산세보》는 상원왕의 신화에 추대에 이은 피은의 화소와 여러 번에 걸친 적극적인 고사固辭 화소를 동원한 듯하다. 사람들을 피해 숨었음에도, 또 여러 번 사양하였음에도 추대는 이어진다. 백성의 뜻은 곧 하늘의 뜻이니, 백성들의 바람이 직접적으로 드러나는 추대에 의한 즉위는 즉위의 정당성을 천명에서 구하는 가치 부여의 서사다. 상원왕의 서사 역시 천명론적 왕권론에 기반하여 왕통의 정당성을 확보하는 신화라 말할 수 있겠다.

이렇듯 역대 왕통의 시조 신화는 왕통의 계보를 천명의 실현에 따른 덕 있는 자들의 계보로 의미화한다. 이를 위해 방벌이나 선양, 추대, 피은 등 중국의 역대 제왕 신화에 보이는 관습적 화소들이 원용된다. 순천 왕통에서 제2 상왕조에 이르는, 아니 그 이전의 천손 왕통으로부터 제2 상왕조에 이르는 다단하고 단절적인 별개의 혈연 왕통을 중산 왕통, 다시 말해 '류큐 국왕'의 계보로 일원화하는 신화적 논리는, 다름 아닌 '천명'을 핵심으로 하는 유교적 왕권론에 기반하고 있었던 것이다.

천명론적 왕권론의 내용을 더 세밀하게 고찰하면, 《중산세감》과 《중산세보》에 나타나는 유교적 왕권론의 차이를 지적할 수 있을지도 모른다. 예를 들어 의본왕의 선양을 요 임금의 선양에 빗대며 그 현명함을 말하는 《중산세감》과, 요 임금이나 탕 임금과 같은 성군도 재변을 면하지 못했거늘 덕을 닦고 이치에 맞게 잘 다스려 재변을 사라지게할 생각을 하지 않은 의본왕을 탓하는 《채온본 중산세보》의 천명론은 그 결이 같아 보이지만은 않기 때문이다. 류큐 유학의 계보, 《중산세감》과 《중산세보》의 편찬에 관여한 이들의 유학적 교양 및 식견에 대한 이해가 깊어질 때, 이들 왕통 시조 신화에 나타난 유교적 왕권론의 위상을 좀 더 입체적으로 드러낼 수 있을 것이다. 아쉽지만, 지금은 여기에서 멈춘다.

왕통 시조 신화의 서사 구성 방법

《중산세감》과《중산세보》는 천손씨 왕통으로부터 순천 왕통, 영조 왕통을 거쳐 찰도 왕통, 제1 상왕통, 제2 상왕통에 이르기까지 각 왕통의 시조를 신화화했다. 창세신화와 결부되어 있는 천손씨 왕통을 제외한 순천 왕통부터는 유교적 천명론에 기반한 시조 신화로 구성되어 있다.

이들 시조 왕들에 대한 신화는 서사의 구성 방식이라는 측면에서 국왕의 신이한 혈통이나 초월적 능력을 강조하는 고대 왕권 신화의 일반적 패턴과는 구분된다. 왕의 절대적 권위가 초월적 신이성보다는 유교적 천명에서 비롯되는 것으로 강조될 때, 시조에 대한 신화 역시 그 구성 방식을 달리할 수밖에 없었다.

천명론적 즉위담

《중산세감》과《중산세보》가 기록하고 있는 왕통 시조 신화의 기본적인 논리는 각 왕통 시조를 천명의 구현자로 의미화하는 것이다. 모든 왕통 시조 신화는 각 왕통의 시조가 덕이 있는 이였고, 그래서 천명을 받을 수 있었다고 한다는 점에서 공통적이다. 그래서 모든 왕통 시조 신화는 왕이 어떻게 왕위에 오를 수 있었는가를 이야기하는 삽화, 다시 말해 '즉위담'을 공통적으로 가지고 있다.

왕통 시조 신화가 즉위담을 공통적으로 가지고 있는 것은 당연하다. 《중산세감》과《중산세보》가 그려내고 있는 역사는 류큐국 중산 왕조의 지속이라는 전제하에 그 중산의 왕위를 어느 왕통이 차지해왔는가 하는 것이다. 역사가들의 눈으로는 과거 왕통의 교체가 늘 정당할 수는 없는 노릇이겠지만,《중산세감》과《중산세보》는 새로운 왕통의 등장과 교체를 비난하거나 비판하지 않는다. 왕통의 교체는 유교적 천명론의 관점에서 필연적이고 정당한 것으로 그려진다. 이에 따라 중산 왕조 역시, 천명의 구현에 따라 지속되어온 왕조로 미화되는 것이다. 왕통 시조 신화의 즉위담은, 바로 이 미화의 장치로 활용되었다. 미화를 위한 구체적 수단이 선양과 방벌, 추대였다는 사실은 바로 앞에서 본 바다.

즉위담은 모든 왕통 시조 신화의 필수적 구성 요소일 뿐만 아니라, 그 서사적 비중도 꽤 높은 편이다. 그만큼 왕통 시조 신화에서 즉위담이 강조된다는 뜻이다. 류큐국 중산 왕조의 왕통 교체는 힘 있는 자의 폭력에 의한 것이었을 가능성이 크다. 그러나 《중산세감》과 《중산세보》는 폭력을 폭력이라 말하고 비판하려 하지 않는다. 폭력은 방벌로 규정되고, 선양과 추대와 피은의 화소가 동원됨으로써 폭력이 은폐되고 왕통의 교체는 정당화된다. 천명론에 기반한 즉위담을 통해 왕통 교체의 당위성을 드러내는 것, 그것이 왕통 시조 신화의 문자화 뒤에 자리 잡은 주요한 재편 동기 중의 하나였을 터다.

탄생담과 가계담—혈통적 신이성의 약화

한 나라의 시조에 대한 신화는 일반적으로 그 시조의 신성성을 강조한다. 시조의 신성성은 보통 신이한 출생(출현)이나 혈통적 신성성, 혹은 이 둘의 결합을 통해 나타나기 마련이다. 우리나라의 경우를 예로 들어보자. 고구려 시조 주몽은 천신天神이라 할 수 있는 해모수의 아들이다. 주몽은 어머니가 햇빛을 받고 임신하여 알로 태어난다. 고조선의 시조 단군은 어떤가? 단군 역시 천신의 아들이다. 환웅의 아들 단군은, 원래 곰이었다가 사람으로 변한 어머니의 몸을 빌려 출생한다. 어머니의 배를 가르고 나왔다는 몽골 황제 칭기스칸이나, 동물 아버지와 사람 어머니와의 사이에서 태어났다는 청 태조 누르하치에 대한 신화 역시 시조 탄생의 신이성을 통해 그 신성성을 강조하는 이야기들이다. 시조의 신이한 출생은 시조 신화의 필수적 요소에 가깝다. 시조의 출생담은 그의 혈통이 신성한 초월적 세계에 닿아 있음을 보여주며 이는 시조의 신성성에 대한 절대적 증거로 작용하기 때문이다.

《중산세감》과 《중산세보》의 류큐국 중산 왕조의 왕통 시조 신화는 이런 면에서 좀 특이하다. 왕통 시조의 출생이 신성한 혈통이나 신이한 탄생으로 묘사되는 경우가 매우 드물기 때문이다. 그나마 시조 신화 탄생담의 전형적 모습과 가까워 보이는 것이 영조왕의 신화다. 영조왕은 어머니가 해(또는 천제)의 꿈을 꾸고 임신하여 낳은 아이이기 때문이다. 주몽이 그러했듯 햇빛을 받아 임신한다는 이야기는 동아시아 신화 세계에서 낯설지 않은 화소다. 태양을 꿈꾸고 임신했다는 것은, 햇빛을 받아 임신했다는 '일광감응' 신화소의 한 변주라고 여겨지고 있다. 태몽에 불과한 게 아닌가 싶기도 하겠지만 단순한 태몽이기만 한 것은 아니다. 영조왕이 태어날 때 산실에 신이한 기운이 서리고 좋은 향내가 풍겼다는 것은, 탄생의 신이성에 대한 묘사이기 때문이다. 탄생담의 신성성이 감지되는 영조왕의 신화에서조차도, 신화적 신성성의 정도는 다소 약화되어 있다.

혈통적 신이성은 찰도왕의 탄생담에서도 보이기는 한다. 찰도왕은 아버지가 평범한 인간이기는 했어도, 그 어머니는 날개옷을 입고 천상과 지상을 오가는 '천녀'였다. 찰도왕의 몸에 흐르는 절반의 피는 천녀에게서 물려받은 것이다. 하지만 《중산세감》과 《중산세보》에서는 이런 혈통이 찰도의 신성성을 보장하는 증거로 활용되지는 못한다. 찰도는 천녀의 아들이기 때문에 특정한 자질을 지니고 있었을지 몰라도, 모계로부터 얻은 혈통이 왕위에 오르는 데 직접적 계기가 되지는 못한다.

중계적 왕통의 시조인 순천왕은 일본 귀족의 아들인 것으로 그려진다. 그의 혈통이 일본에 가 닿는 것이다.《중산세감》과《중산세보》의 기록 당시 일본은 류큐에 정치적 영향력을 행사하는 '권위 있는 외부' 였다. 하늘 위 천상이나 바다 속 용궁과 같은 초월적 외부는 아니더라도, 정치적으로 우월한 외부이기는 했던 것이다. 시조의 혈통을 권위 있는 외부와 연결시키는 것, 이것은 시조의 혈통을 신성한 초월적 공간 혹은 그 공간에서 비롯한 인물과 연결시키는 신화적 장치의 속화俗化된 버전이다.

이런 방법은 예컨대 제주도의 신화에서도 보인다. 제주도의 신 가운데에는 제주도에서 태어난 신들도 있지만 외부에서 들어온 신들도 있다. 제주도가 섬이어서일까, 그 초월적 외부는 바다 속 용궁인 경우가 많다. 그러나 바다를 격해 있는 어떤 육지가 초월적 외부로 그려지는 경우도 없지 않은데, '강남 천자국'이나 '한양 서울'처럼 중국이나 서울과 같은 정치적 외부로 구체화되는 경우가 많다. 순천왕이 미나모토노 다메토모의 아들이라고 하는 출생담은 왕의 혈통을 권위 있는 외부와 연결지음으로써 그 혈통의 우위를 강조하고 왕권을 강화하려는 의도가 엿보이는 게 사실이다. 그러나 여기에서도, 그 혈통의 신이성이나 신성성의 정도는 다른 나라의 시조 신화에 비할 때 매우 약한 편이다.

상파지나 상원의 신화에 이르면, 출생에 대한 특별한 내력조차 서술되지 않는다. 대신, 그들의 가계가 제시될 따름이다. 상파지는 사시키 아지의 아들이고, 상원은 이제나지마의 평민이다. 왕통의 시조가 혈통적 특이성이 없다는 게 문제가 되었을까? 기록자들은 그들의 혈통에 대해 '아마도 선왕의 후윤'일 것이라는 짐작을 덧붙이기도 한다. 이런 가계에 대한 이야기, 즉 가계담은 시조 신화에 동반되기 마련인 출생담을 대신한다. 시조의 신성성을 혈통을 통해 보장하는 출생담은 후대 왕통의 왕으로 올수록 약화되고, 그 혈통담을 대신하여 가계에 대한 이야기가 덧붙여지는 구성상의 특징이 드러난다.

구비 전승으로는 상파지나 상원의 신이한 탄생담이 전해지기도 한다. 상파지는 한 아지의 딸이 결혼하기도 전에 임신하여 낳은 아이이다. 아지의 딸은 동굴에서 출산하여 아기를 그곳에 버려둔 채 집으로 돌아온다. 그러나 못내 신경이 쓰였던 아지의 딸은 며칠 후 다시 그 동굴을 찾아간다. 그런데 이게 무슨 일이란 말인가? 수리가 아기를 따뜻하게 감싸고, 개가 아기에게 젖을 먹이고 있었다. 아지의 딸은 자기가 낳은 아이가 보통 아이가 아니라는 사실을 깨닫고 아기를 데리고 집으로 돌아왔다. 이 아이는 커서 사시키의 소아지가 되었다.[87] 마을 늙은이들이 전하는 이야기를 기록한 〈사메카 우후슈 유래기〉를 떠올리게 하는 이야기인데, 버린 아기를 금수가 돌보았다는 신이한 이야기가 덧붙어 있다. 낳은 것이 알이라 내버렸더니, 들짐승과 날짐승이 보호했다는 주몽의 탄생 신화를 연상시킨다.

상원왕의 탄생에 대한 이야기는 《중산세감》과 《중산세보》에서는 전혀 찾아볼 수 없지만, 현재의 구비 전승으로는 전해진다. 한 어부가 고기를 잡으러 바다에 나갔는데, 상자 하나가 물 위를 둥둥 떠다니고 있었다. 어부가 상자를 건져 열어보았더니, 그 안에는 남자 아이 한 명이

들어 있었다. 어부는 서둘러 집에 돌아가 아내에게 아이를 보여주었다. 아내는 하늘이 내려주신 아이라고 기뻐하며 소중하게 길렀다.[88] 신라의 탈해가 상자에 담겨 신라에 표착했듯이, 모세가 바구니에 담겨 떠내려가다가 왕녀의 손에 목숨을 건졌듯이 상원왕도 상자에 담겨 떠다니다가 어부의 손에 키워졌다. 상원왕에 대한 구비 전승은, 상원왕이 귀한 인물임을 나타내는 보편적 신화소를 차용하고 있는 것이다.

상파지왕이나 상원왕의 탄생에 대한 구비 전승이 《중산세감》과 《중산세보》의 편찬 시기에도 있었으리라고 확인할 길은 없다. 다만 분명한 것은, 상파지왕이나 상원왕의 출생을 신이한 것으로 신화화할 수 있는 신화적 상상력의 계보가 있었음에도 문헌 신화에서는 시조 신화에 동반됨직한 탄생담 대신 시조의 가계담을 내세우고 있다는 것이다. 신화시대의 왕통에서 역사시대의 왕통으로 내려올수록, 왕통 시조의 혈통적 신성성을 보여주는 신이한 출생담은 약화되고 소멸된다. 시조들의 혈통적 신이성은 전반적으로 약화되는 경향을 보이며 왕의 출생 이야기는 출생담에서 가계담으로 분화된다는 것이, 《중산세감》과 《중산세보》에 보이는 왕통 시조 신화의 구성 원리 중의 하나다.

신성성의 보완─입신담立身譚과 혼인담의 역할

신성한 혈통에 대한 혈통담이 약화되거나 사라진다면, 왕통 시조의 절대적 권위를 확보하는 신화적 방법은 무엇일까? 《중산세감》과 《중산세보》는 시조의 권위를 보완하는 방식으로 입신담을 가져온다. 미천하거나 빈한한 처지의 인물이었다가 아지나 관리로 입신하기까지의 내력, 또는 유력 아지로 성장하게 된 내력을 서술하는 이야기가 그것이다. 입신의 내용이나 정도의 차이는 있지만, 순천왕과 찰도, 상파지왕과 상원왕의 신화에는 모두 이 입신담이 포함되어 있다.

공교롭게도, 이러한 입신담은 영조왕의 신화에서는 명확히 드러나지 않는다. 여러 왕통 시조 신화 가운데 영조왕 신화는 혈통적 신성성이 그나마 제일 잘 부각되어 있다고 말할 수 있다. 이런 영조왕의 신화에 입신담이 결여되어 있다는 것은 입신담의 신화적 기능을 짐작할 수 있는 하나의 단초가 된다. 시조 신화에 나타나는 혈통적 신성성은 왕의 절대성을 보증하는 기능을 한다고 볼 수 있기에, 출생담이나 가계담에서 혈통적 신이성이 약화되거나 소멸될 때 빈번하게 등장하는 입신담은, 바로 그 기능을 보완하는 삽화라고 생각할 수 있을 것이다. 신이한 탄생담과 입신담은 같은 것을 달리 표현하는, 마치 동전의 양면과도 같은 신화 구성 요소다.

신이한 탄생담을 대체하는 신화 구성 요소라는 측면에서 보면, 찰도왕 신화의 혼인담도 새삼 다시 살피지 않을 수 없다. 거지나 다름없는 행색의 찰도가 가쓰렌 아지의 딸과 혼인에 성공한다. 문지기에게 박대당할 정도로 미천했던 찰도가 아지의 딸과 혼인에 이를 수 있었던 것은 아지의 딸에게 지인지감이 있었기 때문이기도 했지만 더 근본적으로는 찰도에게 왕이 될 수밖에 없는 선천적 자질과 운명이 있었기 때문이다. 찰도는 왕이 될 수밖에 없는 인물이었다는 것이, 그의 신성한 혈통이 아니라 혼인 이야기를 통해 드러난다. 혼인담의 신화적 기능은, 약화된 탄생담을 대체하는 데 있다.

이형異形의 신체

《중산세감》과 《중산세보》의 왕통 시조 신화는 시조 등극의 정당성을 천명을 근거로 보여준다. 출생담에서의 신이성이 약화되고, 이에 따라 가계담이나 입신담, 혼인담 등이 보완되는 것은, 왕통 시조 신화의 근저에 흐르는 신화적 논리가 초월적 신이성神異性의 탈피를 지향하고 있음을 알게 한다.

신이성과는 거리를 두면서도,《중산세감》과《중산세보》는 왕통 시조가 범인과는 다른 비범한 인물이었음을 강조하였다. 그 대표적인 방법이, 왕통 시조의 범상하지 않은 신체적 특징을 언급하는 것이다. 태양이나 천제의 자손으로 고류큐 시대 태양왕의 전형인 영조왕의 경우를 제외하면, 모든 왕통 시조는 보통 사람과는 다른 신체적 특징을 갖는다.

순천왕의 경우, 그는 보통 사람과는 다르게 머리에 뿔 같은 혹이 나 있었다고 한다. 이를 가리기 위해 상투를 틀었고, 이것이 류큐식 상투의 기원이라고 한다. 찰도왕은 뱀에게 손을 물린 후 다른 사람의 손을 붙이는 바람에 색이 검고 털이 나 있는 손을 가지게 되었다. 찰도왕의 특이한 손은 교만과 사치에 대한 경계를 의미하는 동시에 찰도왕의 인간화를 뜻하기도 하지만, 다른 사람의 손을 이어 붙였다는 특이성으로 인해 그가 보통 사람과는 다른 인물임을 보여주는 화소로도 기능한다. 상파지는 어떤가? 상파지는 '소아지'라 불릴 정도로 유별나게 작은 키의 소유자였다. 상원왕도 범인과는 다른 신체적 특징을 가지고 있었다는 것이《채온본 중산세보》에 소개되어 있다. 상원왕은 태어나면서부터 발바닥에 사마귀가 있었는데, 특이하게도 그 색이 황금빛과 같았다 한다. 상원왕의 황금색 사마귀를 언급하면서,《채온본 중산세보》는 그것이 어떤 의미로 해석되는가를 직접적으로 보여준다.

왕은 태어나면서부터 덕위德威가 있어 그 모습이 용봉과 천일天日 같았다. 발아래 사마귀가 있었는데, 색이 마치 황금 같았다. 왕위에 오르기 전 도마리泊라는 마을의 한 사람이 이 사마귀를 보고는, "이 사람은 억조창생의 위에 있을 만한 사람이다"라고 하였다.[89]

나면서부터의 왕과 같은 기품과 용모가 있었다는 상원왕. 그의 발바닥에 난 황금색 사마귀는, '억조창생의 위에 있을 만한 사람', 즉 왕이 될 만한 사람임을 보여주는 표지다. 국왕의 신체적 특징은 범인과는 다른 '왕다움', 국왕의 비범성을 강조하는 화소로 활용되고 있음이 여기에서 확인된다.

상파지의 작은 키도 설화적 맥락에서 보면 결국은 비범성의 표지다. 일본 설화 중에 〈일촌법사一寸法師〉라는 것이 있다. 일촌밖에 안 되는 아주 키가 작은 주인공이 영웅적 힘을 발휘한다는 것이 핵심이다. 오키나와의 힘이 센 장사 설화 가운데에는, 키 작은 장사가 대나무를 구부려 허리띠로 삼을 정도로 힘이 세었다고 말하는 이야기도 있다. 상파지에 대한 구비 설화도, 그가 바다에 떠 있는 배를 혼자 힘으로 육지로 끌어올리는 등 비상한 힘의 소유자였다고 말한다. 강력한 힘과 결부되어 있는 작은 키는, 왜소함을 가리키는 게 아니다. 영웅적인 힘, 비범함의 표지가 곧 작은 키인 것이다.

'이형적 신체'라는 비범함의 표지는 영조왕을 제외한 모든 왕들에게 공통된다. 태생적 신성성이 확고한 영조왕에게는 신체의 이형적 특징을 제시하면서까지 그 신성성을 강조할 필요가 없었던 것이다.

농경왕의 탄생

왕들의 비범성을 드러내는 또 하나의 요소가 있다. 흥미롭게도 그것은, 농경이라는 특정한 생산 형태와 관련되어 주목을 끈다.

먼저 찰도의 경우를 보자. 찰도는 가쓰렌 아지의 딸을 아내로 맞은 후 아내 덕분에 자신의 집터에 가득했던 황금의 존재를 알게 되고 부유해진다. 부유해진 찰도는 자신의 부를 이용하여 사람들을 도왔고, 그로 인해 우라소에 아지로 받들어지게 된다. 그런데 찰도가 사람들을 도운 내용 중에 주목해봐야 할 것이 있다. 찰도가 일본 사람이 싣고 온 철을 사서, 다름 아닌 농사를 짓는 사람들에게 그것을 나누어주고 농기구를 만들게 했다는 것이다.

철을 바꾸어 농기구를 만들게 했다는 내용은 상파지 신화에도 보인다. 상파지는 자신의 검을 외국 상선이 싣고 온 철과 바꾸어 이것을 백성들에게 나누어주고 농기구를 만들게 한다. 찰도와 상파지 신화가 공통적으로 거론하는 두 사람의 비범성은, 사람들에게 농업에 긴요한 도구를 제공했다는 데 있다.

상원왕의 경우는 어떤가? 상원왕의 신화에는 철제 농기구에 대한 이야기가 없는 대신, 가뭄에도 밭에 물이 마르지 않았다는 이야기가 포함되어 있다. 물이 마르지 않는 밭, 농경지에 대한 신화인 게다. 《중산세감》은 이를 '성서聖瑞', 즉 성스러운 일이라 표현한다. 나중에는 상원왕이 되지만 이때에는 한낱 미천한 섬사람이었던 가나마루에게 심한 가뭄에도 논밭에 물이 마르지 않는 신기한 일이 발생한 것이다. 여기에서 범인과 구분되는 상원왕의 비범성은 '논농사에 필요한 물'을 통해 구현되고 있다. 찰도왕과 상파지왕의 농기구처럼, 상원왕의 비범성을 의미하는 물 역시 농경과 관련되어 있다.

혈통적 신이성이 약화되거나 소멸되는 역사시대 왕들의 비범성에 대한 이야기가 이처럼 농사와 관련되는 철제 기구나 물과 관련된다는 사실은, 혈통의 신성성을 대신하여 왕의 절대적 권위를 보장하는 것 가운데 하나가 바로 이것이라는 뜻이기도 하다. 왕권의 절대성을 보여주는 근거로 농경의 풍요를 위한 능력이 제시된다는 것은 매우 중요한 의미가 있다. 왕통 시조 신화가 그려내는 왕의 상징적 역할이 무엇인지를, 이러한 삽화가 시사하고 있다고 말할 수 있기 때문이다. 역사시대 이전의 왕들에 대해 생각해보면, 이상적 태양왕 영조왕의 업적 가운데 하나도 농경지를 정비한 것이었다. 농경의 기원이 이상적인 왕 영조왕의 업적 중의 하나로 제시되고 있을 뿐만 아니라, 농경의 풍요에 필요한 조건인 농기구와 물이 역사시대 시조 왕들의 신화에 결부되어 있다. 왕은, 이른바 '농경왕'으로 의미화되고 있는 것이다.

왕을 농경왕으로 간주하는 관념은 어디에서, 언제부터 비롯된 것일까? 류큐국 중산 왕조가 확립하기 이전, 오키나와 각 지역에 할거했던 정치적 지배자 아지들도 농경과 밀접한 관계가 있지 않았을까? 만약 그렇다면, 농경왕의 상징은 아지 시대로 거슬러 올라갈 수 있지 않을까? 그러나, 아지가 과연 농경의 주재자였는가에 대해서는 의문의 여지가 있다. '데다'의 상징은 태양의 빛/볕이 '세지'라는 초월적 능력과 동일시되어 이루어지는 것인데, 이때 데다의 세지는 농경에만 한정되는 능력이 아니기 때문이다.

게다가 류큐 왕국의 국가 형성 과정은 농경을 기초로 하여 이루어지는 일반적인 국가 형성 유형과 다르다. 해상활동을 기반으로 세력을 확장해간 아지들에 의해 왕조 국가가 형성되었다는 것은 류큐국 형성의 역사에서 상식에 가깝다. 농경사회를 기반으로 하는 아지가 농경국 가의 왕으로 진화한 것이 아니라는 말이다. 농경이 중요하지 않았을 리는 없지만, 아지의 경제력은 농경으로만 축적된 것이 아니기에 농경 왕의 상징이 아지 시대의 것이라고 단언할 수는 없다.

농경왕인 국왕의 권위는 오히려 아지의 권위와 대조적인 것으로 나 타난다. 앞에서도 인용한 바 있는 《채탁본 중산세보》의 상파지 조를 다시 떠올리자. 사시키 아지의 아들로 태어나 아직 입신하기 전, 큰 뜻 을 품은 파지는 오랜 시간에 걸쳐 자신의 철검을 제작한다. 그 검은 큰 물고기가 보고 물러날 정도로 위엄 있는 검이었다. 뜻을 품은 파지가 철검을 제작하였고 그것이 바다에서 일어날 수 있는 위해를 막는 기 능이 있었다는 것은, 왕조 확립 이전 아지 분립시대의 아지들이 해상 활동에 주력하여 경제력을 획득하고 무력으로 다른 아지들과 경쟁했 음을 뜻할 것이다. 여기에서 철검은, 무력으로 대표되는 아지의 능력 과 권위를 상징한다.

그런데 상파지는 이것을 다량의 철과 바꾸어 농기구를 만든다. 검 을 포기하고, 농기구를 택한 것이다. 철의 상징적 의미는 '검'에서 '농기 구'로 바뀐다. 그리고 결과적으로 그런 농기구를 나누어주는 덕을 베 푼 끝에, 상파지는 민심을 얻어 류큐왕이 될 수 있었다. 검으로 상징되 는 아지의 힘이, 농기구로 상징되는 왕의 덕으로 전환되는 순간이다. 혹자는 철기와 농업의 중시가 아지 영웅들이 활약했던 "고대 국가 시 기의 잔영"이라고 보기도 한다.[90] 그러나 신화에 따르면 철기와 농업이 결합되어 철제 농기구를 강조하게 된 것은 아지의 시대가 아니라 왕 의 시기, 거슬러 올라간다 하여도 그 전환기이다. 아지들이 활약했던 시대, 영웅 아지의 상징은 농업과 결합된 철기가 아니라 전쟁과 결합된 철기, 즉 '검'이다.

상파지의 신화는 철의 상징적 의미가 변화하는 양상을 보여줄 뿐만 아니라 물의 의미가 변화하는 양상도 가늠케 한다. 오자토의 아지는 상파지의 금병풍을 탐내어 가데시가라는 샘을 금병풍과 바꾼다. 물이 솟아나는 우물이나 샘은 신성한 장소가 아닌가? 구스쿠마다 보이는 많은 성소들 가운데 샘이 빠지지 않고 존재하는 것은 바로 이 때문이 아니던가? 샘을 내어주고 상파지의 금병풍을 가진 아지에게, 그 금병풍은 샘의 신성성을 대신하여 자신의 위엄을 드러내주는 소품이었을지도 모르겠다. 그러나 상파지는 금병풍 따위는 넘겨주고 샘을 취한 다음, 그것을 물이 필요한 사람들을 귀복시킬 수단으로 활용한다. 오자토 백성들은 물이 없으면 밭에 씨를 뿌릴 수 없었기 때문에 사시키의 소아지에게 귀복할 수밖에 없었다고 한다. 다시 말해 상파지의 것이 된 물은, 단순한 물이 아니라 농업용수를 필요로 하는 백성의 귀복을 보장하는 힘의 원천이 된 것이다.

상원왕의 신화에는 상원왕이 이제나지마의 미천한 백성이었을 때 가뭄에도 불구하고 그의 경작지에만 물이 가득했다는 삽화가 포함되어 있다. 농사에 필요한 물을 왕이 될 인물이 전유專有한 샘에서 얻게 되었다는 상파지의 이야기나, 가뭄에도 불구하고 그의 논밭에는 물이 가득했다는 상원왕의 이야기는, 농업용수로서의 물을 관장하는 능력이 장차 왕이 될 수 있는 자격임을 보여준다. 상파지왕이나 상원왕은, 물을 다룰 수 있는 농경왕의 자격을 지니고 있었다고 말해지고 있는 셈이다.

영웅 쟁투의 아지 시대나 왕권 성립 이후의 왕조 시대나 할 것 없이 철과 물은 중요한 대상이었음에 틀림없다. 그런데 왕통 시조 신화는,

철과 물의 상징적 의미를 유독 농사와의 관련 위에서 왕권의 권위를 보장하는 것으로 특화한다. 철은 검이 아닌 농기구로 제작되며, 샘은 농사를 위한 물로 왕에게 전유되는 것이다. 요컨대, 왕통 시조 신화는 '철'과 '물'을 농경왕의 상징으로 새롭게 재편하고 있다.

출생담에서 혈통적 신성성을 부여받지 못한 찰도와 상파지, 상원 등은 특히 입신담을 통해 농경왕으로서의 자질을 드러내고 있다. 순천왕을 중계의 왕으로, 영조왕을 데다코로 의미화했던 왕통 시조 신화는, 역사시대의 왕에게는 농경왕이라는 역할과 의미를 부여하고 있는 것이다.

왕통 시조 신화, 왕권의 논리를 재편하다

왕통 시조 신화는 고류큐 시대의 금석문에서도 확인되는 전통적인 류큐 왕조의 왕통 계보를 특정하게 의미화하는 이야기이다. 여기에 동원된 기본적 논리는 유교에 기반하는 천명론적 왕권론이었다. 이에 따르면 류큐국 중산 왕조는 덕자에 의해 통치되어온 나라라는 의미를 지니게 된다. 중국을 중심으로 한 동아시아 책봉 체제에서 정치와 외교 윤리의 기초가 되었던 것이 유학이었음을 염두에 둘 때,《중산세감》과《중산세보》의 찬자들은 자신들의 왕조가 동아시아라는 국제 질서 위에 존재하는 국가라는 사실을 분명히 자각하고 있었다고 말할 수 있다.

《중산세감》과《중산세보》의 편찬 시기는 사쓰마 침입 이후, 류큐가 중국의 책봉국이면서 동시에 일본의 에도 막부에도 경하사慶賀使와 사은사謝恩使를 보내야 했던 때였다. 이때 기록된 왕통 시조 신화의 기본적 논리는 중국적인 왕권 사상에 기반하고 있었던 것이다. 물론, 유교적 왕권론이 이 시기에 새롭게 도입된 것은 아니다. 고류큐의 왕권은 데다코로 대표되는 신화적 왕권론과 더불어 유교적 왕권론 위에 서 있는 왕권이었다. 왕통 시조 신화의 특징적 면모는 전통적인 신화적 왕권론을 전면에 내세우지 않고 유교적 왕권론을 표면화했다는 데 그 특징이 있다.

이러한 면모는 류큐 토착의 신화적 왕권론이라 할 수 있는 '데다코'에 대한 기술 방식과도 관련된다.《중산세감》및《중산세보》는 류큐 고유의 신화적 왕권론을 완전히 감추지만은 않는다. 영조왕을 데다코로 형상화하는 신화는 그러한 왕권론의 반영이다. 하지만 데다코의 형상이 신화시대의 왕인 영조에게만 집중되고 있음도 분명한 사실이다. 류큐의 왕이 데다코였음을 신화적으로 형상화하면서도, 그것은 류큐왕 일반의 속성이 아니라 영조왕의 혈통적 개성으로 특수화한다. 다시 말해 '데다코 영조왕'의 신화는 데다코의 신화적 왕권론을 과거의 것으로 한정하는 의미를 지니게도 되는 것이다. 데다코의 신화적 왕권론을 과거의 것으로 봉인하려는 왕통 시조 신화 편찬자들의 의도가 엿보이는 지점이다.

데다코 사상이 잘 구현되어 있는 문헌은 궁중 의례 가요 모음집이라 할 수 있는《오모로소시》다.《오모로소시》의 세계는 수직적 천상 타계관을 구축하고, 왕권을 배타적으로 그 수직적 천상 타계에 연결지으려 한다. 단순하게 말하자면 아지의 타계관은 수평적이고, 데다왕 혹은 데다코왕 시대의 타계관은 수직적이라고 말할 수 있다. 이런 세계관에 토대하는 왕권론에서 의례는 매우 중요한 기제였다.《오모로소시》의

많은 오모로가 이런 의례에서 구연된 노래였고, 그 의례에서 왕은 여성 사제를 매개로 하여 천상의 타계와 연결되었다. 류큐 왕조는 남성 국왕이 정치를, 여성 사제가 의례를 주관하는 신정 분리의 사회가 아니었다. 국왕을 위해 존재하는 의례를 여성 사제가 주관하는, 정치 우위의 신정 복합 사회였다. 왕권 강화를 목적으로 하는 의례를 위해 전국의 여성 사제들이 위계적으로 조직되었고, 그 정점에는 왕의 누이 등 왕가의 여인이 임명되던 기코에오기미가 있었다.

그런데 왕통 시조 신화에는 영조왕의 신화에서 보듯 데다코의 왕권론이 부분적으로나마 드러나 있기는 하되, 그 왕권론을 의례적으로 뒷받침하던 여성 사제, 즉 데다코의 '누이'에 대해서는 전혀 언급하지 않는다. 《중산세감》이나 《중산세보》에 여성 사제의 모습이 전혀 드러나지 않는 것은 아니다. 창세신화는 여성 사제의 기원에 대해 언급하며, 상진왕의 즉위 장면은 여성 사제의 역할이 얼마나 중요했는가를 보여주기도 한다. 그럼에도 불구하고, 이들에 대한 신화적 서사는 '없다'.

찰도의 어머니인 천녀에 대한 서사가 나오기는 하지만 천녀의 신성성은 신화 서사 내에서 별다른 기능을 발휘하지 못하며, 영조의 어머니나 순천의 어머니의 경우에서 보듯 여성은 왕통 시조를 '출산하는 자궁'으로서만 자리매김될 뿐이다. 미천한 찰도의 인물됨을 알아보고 황금을 발견한 찰도의 아내, 가쓰렌 아지의 딸조차도 의례와 관련되는 면모에 대해서는 언급되지 않는다. 향상현의 시책 중 하나가 여관女官, 즉 여성 사제들의 영향력을 배제하는 것이었고 채온 또한 이 정책을 이었음을 상기해본다면, 왕통 시조 신화에서 여성의 배제는 신화적 왕권론의 한 축인 여성 사제를 부인하는 것과 같은 의미를 지닌다고 볼 수 있을 터다. 요약하자면, 데다코의 신화적 왕권론은 영조왕에 국한되는 과거의 것으로 봉인되었을 뿐만 아니라 여성 사제라는 한 축을 제거한 형태로 재편되어 왕통 시조 신화로 구현되었다고 하겠다.

왕통 시조 신화는 데다코의 왕권론을 이렇게 재편하는 한편, 특히 역사시대의 왕들을 농경왕으로 의미화한다. 이런 현상은 17, 18세기에 이르러 류큐의 농경의례가 왕권과의 관련하에 특화되면서 류큐 왕권 의례 및 곡물 기원 신화가 재편되는 양상과 맞물린다. 왕통 시조 신화의 기록자들은, 류큐의 국왕을 보편적이고 초월적 신이성을 지닌 존재, 즉 '세지'라는 보편적 영력을 지닌 데다코가 아니라 국가적 농경의례의 주재자로 자리매김하고 싶었던 게 아닐까? 데다코 의례의 한 축인 여성 사제를 부인하면서 농경의례를 강조하게 되고, 그 결과로서 왕을 '농경왕'으로 의미화하는 삽화가 등장했을 가능성을 생각하지 않을 수 없다.

농업의 왕 염제 신농씨, 신상제新嘗祭의 주체인 일본 천황 등을 고려할 때, 왕을 중심으로 하는 농경의례와 농경왕 관념은 그 연원이 아주 오래된 것으로 여겨지기도 한다. 그러나 류큐 왕국의 경우, 이런 일반화는 다소 무리다. 왕통 시조 신화는 고류큐 시대를 떠받치던 두 가지 논리의 왕권론 가운데 데다코적 왕권론을 신화시대의 것으로 밀어넣는 한편 유교적 천명론에 기반한 왕권론을 전면화하는데, 그 전면화의 방법 가운데 하나로 '농경왕'이라는 특수한 왕의 모습을 제시하고 있기 때문이다.

이미 앞에서 보았지만 《중산세감》과 《중산세보》는 정전井田을 나누고 철법撤法을 행한 것을 영조왕의 업적으로 들고 있다. 이는, 왕의 상징적 역할을 농경에 두는 농경왕 관념과 유교적 이상시대에 대한 지식—즉 철법, 정전—이 결합되어 류큐 신화시대의 이상적 왕인 영조에게 덧붙여진 것이다. 여성 사제의 영향력을 약화시키고 전래의 의례를 폐지하는 동시에 국왕 중심의 농경의례를 강조하는 의례 체제의 재편 시도가,《중산세감》및《중산세보》의 왕통 시조 신화에도 반영되어 있다.

4

농경의례와
왕권 신화의
재편

아마미쿠를 찾아서
《류큐국유래기》의 농경 기원담
순행 의례의 변화와 신화의 재편

아마미쿠를 찾아서

곡물 전래자 아마미쿠

아마미코, 아마미쿄, 아마미쓰……. 아마미쿠를 지칭하는 여러 표기들이다. 아마미쿠는 《중산세감》의 창세신화에서 하늘의 흙과 돌, 풀과 나무로 여러 우타키를 만들어 류큐 왕토를 만들고 또 류큐에 인류가 번성할 수 있도록 했던 바로 그 신이다. 《중산세감》은 아마미쿠의 또 다른 신화적 행적으로, 아마미쿠 덕분에 천상의 오곡이 류큐에 전해지게 되었다는 태초의 사건을 전한다. 아마미쿠는 류큐의 곡물 전래자이다.

아마미쿠 덕분에 이 세상에 곡물이 있게 된 거라는 생각은 《중산세감》 창세신화만의 특수한 것은 아니다. 이를테면 구다카지마에서는, 아마미쿠가 쌀이며 보리, 콩 등을 표주박 속에 넣어 띄워 보냈다는 이야기가 전해진다. 섬의 시조가 그 표주박을 잡으려 했지만 어찌된 일인지 손에 넣을 수가 없었는데, 몸을 정결히 한 다음에야 비로소 표주박을 붙들 수 있었다는 이야기는 덤이다. 아마미쿠가 중국에서 볍씨를 가져왔다는 이야기도 있다. 처음에는 구다카지마에 왔는데, 구다카지마에는 논이 없었기 때문에 지넨에 볍씨를 심었다는 이야기가 벼농사를 많이 짓는 이제나지마섬에 전해지기도 한다.

그런데 《중산세감》과 다른 버전의 창세신화를 기록하고 있는 《중산세보》는, 류큐에 오곡을 전해준 특별한 인물을 언급하지는 않는다. 이에 따르면 오곡은 누가 전해준 것이 아니라 저절로 생겨난 것이다. 《중산세보》의 류큐 창세신화에도 아마미쿠가 등장하지만, 곡물의 전래자로서의 아마미쿠의 모습은 찾아볼 수 없다. 《중산세보》는 벼는 다마구스쿠에서, 보리나 조, 기장 같은 잡곡은 구다카지마에서 처음 싹텄다는 오곡 발상지에 대한 인식을 《중산세감》과 공유하면서도, 오곡의 전래자가 아마미쿠라는 이야기는 수용하지 않았다.

다마구스쿠의 아마미쿠 유적

오키나와의 구비 전승 세계는 아마미쿠를 곡물의 기원자로만 그리지 않는다. 아마미쿠는 시네리쿠와 짝을 이루는 어느 마을의 시조이기도 하고, 키가 아주 큰 거인이기도 하다. 거인 아마미쿠는 '아만추'라는 이름을 지니는 경우가 흔한데, 커다란 발자국을 남겨 실제로 존재했다는 증거를 오늘날까지도 보여주고 있다. 거인 아만추는 자신의 큰 몸으로 쓰나미로부터 섬을 지키다가 죽은 희생적 영웅이기도 했다는데, 이 역시 그가 쓰나미를 막기 위해 혹은 지쳐 쓰러져 모로 누웠을 때 생겼다는 바닷가 바위 위의 갈비뼈 자국을 그 증거로 삼고 있다.

곡물의 전래자로서의 아마미쿠와 관련되는 유적이나 유물들도 오키나와 전역에 산재해 있다. 오키나와섬 남부에 자리한 난조시南城市의 지넨·다마구스쿠 일대는 아마미쿠 관련 유적이 적지 않은데, 곡물 전래자, 특히 벼 전래자로서의 아마미쿠와 연관되는 중요한 유적도 이곳에 있다. 볍씨의 기원과 직접적으로 관련되는 다마구스쿠의 유적은 '우킨주受水·하인주走水'라는 샘과 '미후다三穂田', '웨다親田'라는 논이다. 류큐 왕국 시절에는 벼의 수확을 감사하는 국가적 의례를 지낼 때, 의례에 필요한 벼이삭을 이곳 미후다에서 따서 바쳤다고 한다. 아마미쿠가 처음으로 볍씨를 뿌려, 이곳에서 류큐의 벼농사가 시작되었기 때문이다.

아마미쿠는 다른 세상에서 이곳으로 온 인물이었다. 이 사실을 보여주는 유적이 다마구스쿠의 한 해변에 자리한 야하라즈카사ヤハラヅカサ다. 밀물 때면 잠겼다가 물이 빠지면 드러나는 널따란 바위 위에, 이곳이 야하라즈카사임을 표시하는 표지석이 서 있다.

야하라즈카사는 바다 저 멀리 타계에서 온 아마미쿠가 처음 발을 내디뎠다는 곳이다. 아마미쿠는 '니라이 카나이'에서 왔다고도 하고, '우후아가리지마大東島'에서 왔다고도 한다. 류큐 문헌 신화에서 하늘에서 내려왔다고 말해지던 아마미쿠는, 야하라즈카사의 전승에 따르면 바다 저편의 타계에서 온 인물이다.《중산세감》의 류큐 창세신화는 하늘에서 내려온 아마미쿠가 오키나와섬 북단의 헤도 미사키에서부터 차례차례 우타키를 만들며 내려왔다고 했지만, 야하라즈카사 전승은 아마미쿠의 첫 도착지를 이곳 다마구스쿠 해변이라고 말한다.

야하라즈카사를 등 뒤에 두고 바로 선다. 바다를 건너와 여기에 처음 발을 내디뎠을 신화 속 아마미쿠의 눈에 이 장면이 처음 들어왔을

아마미쿠 신화의 유적지 야하라즈카사

오키나와 난조시 다마구스쿠 햐쿠나百名 해안에 있다.

터다. 그다지 넓지 않은 백사장, 그 백사장이 끝나는 곳에 풍성한 숲이 우거져 있다. 아마미쿠는 백사장을 가로질러 숲을 통과했으리라. 숲을 지나면, 우타키 하나가 눈에 들어온다. 물론, 아마미쿠가 이곳에 처음 이르렀을 때에는 우타키가 아니었다. 작은 샘이다. 아마미쿠는 이 샘물로 오랜 여행으로 지친 몸을 달랬다고 한다. 사람들은 아마미쿠의 피로를 달래준 이 샘을 우타키로 삼았다. 하마가와濱川 우타키다.

이외에도 아마미쿠 관련 유적은 아마미쿠가 정착해 살았다는 민툰ミントゥン구스쿠, 아마미쿠가 쌓아 그 후손이 살았다는 다마구스쿠 성터 등이 남아 있다. 다마구스쿠에 있었던 아마미쿠의 성(구스쿠)은 슈리성이 그랬듯 원래는 삼중 구조의 성곽이 있었다고 하는데, 원래의 모습은 희미하다. 성벽을 허물어 미군 기지를 짓는 자재로 쓰였다는 이야기가 전해진다. 여느 구스쿠나 그렇듯, 이 구스쿠도 고지대에 자리 잡고 있다. 오키나와섬의 남부뿐만 아니라, 바다 저편의 구다카지마도 한 눈에 들어오는 전망이다.

하트 모양의 특이한 입구를 지나 성벽 안으로 들어서면, 바로 아마쓰즈雨粒天次 우타키가 자리하고 있다. 《중산세감》에서 아마미쿠가 구니가미의 혜도邊戸에서부터 차례차례 만들며 내려왔다는 우타키 중의 하나다. 여기에도, 아마미쿠의 흔적이 남아 있다.

아마미쿠가 타계에서 와서 처음 발을 내디딘 야하라즈카사에서부터 잠시 쉬었다는 하마가와 우타키, 직접 쌓아 그 후손까지 살았다는 구스쿠, 그리고 볍씨를 처음 뿌렸다는 미후다까지. 이 유적들은 '저 머나먼 곳에서 볍씨를 가져와 심은 아마미쿠'라는 형상을 구성한다. 아마미쿠가 하늘에서 내려와 북쪽에서부터 차례차례 우타키를 만들어 나가다가 이곳에 이르러 아마쓰즈 우타키를 만들었다는 《중산세감》의

하마가와 우타키 또는 (하마가) 우타키

아마미쿠가 왔다는 우후아가리지마의 요배소이기도 했다고 한다. 원래는 바닷가에 더 가까이 있었는데, 밀물 때 기도하는 사람들이 위험할 수 있다고 현재의 자리로 옮겼다는 말이 있다.

신화와는 아마미쿠의 출자出自 및 행로에서 충돌되는 부분이 있기는 하지만, 그럼에도 불구하고 잘 정리된 유적의 목록들이다.

그런데, 이렇게 '잘 정리된' 모습이 못내 석연치 않다. 볍씨의 기원과 관련되는 아마미쿠의 유적들은 현재와 연동된 과거를 설명하는 여러 목소리들이 혼재하는 구비 전승의 세계와 거리가 있어 보이기 때문이다. 서로 다른 장소들이 너무나 정연하게 아마미쿠를 매개로 연결되는 상황은, 그것이 의도적 질서화의 결과물이 아닌가 하는 의구심이 들게 한다.

실제로 오키나와의 구비 전승 가운데에는 우킨주·하인주가 벼의 발상지라는 인식에 동의하면서도 그 전달자로서의 아마미쿠는 배제하는 다음과 같은 이야기도 전한다.

옛날, 신이 새들을 모두 모아놓고 명했다.

"오키나와에는 벼가 없으니, 벼가 있는 곳으로 가 물어오너라."

먼저 까마귀가 자기가 가겠다고 나섰으나 신은 눈빛이 좋지 않다며 허락하지 않았다. 결국 수리가 선발되어 벼이삭을 물어왔으나, 우킨주·하인주에서 힘이 다하고 말았다. 오키나와의 벼농사는 여기에서 시작되었다.[91]

새가 벼이삭을 물어온 것이 벼의 기원이라는 내용의 설화다. 새가 벼이삭이나 볍씨를 처음 물어왔다는 삽화는 오키나와에서 종종 볼 수 있는데, 위의 설화에서는 우킨주·하인주에 처음 벼농사가 시작된 계기로 이 삽화가 포함되어 있다. 이에 따르면 이곳이 벼의 발상지가 된 것은 아마미쿠가 아니라 새 덕분이다.

새가 스스로 벼이삭을 물어다 준 게 아니라, 누군가의 지시나 명령에 의해 벼이삭을 가져왔다는 이야기도 있다. 위의 설화에서는 그저 '신'이라고만 표현되어 있는데, 그 신을 구체적 인물로 표명하는 것이다.

아마미쿄의 자손 중 아마미쓰라는 사람이 견당사로 중국 복건성에 갔다. 그곳에서 쌀을 맛보았는데, 대단히 맛있어서 어떻게든 씨를 구해보려고 했지만 좀처럼 얻을 수가 없었다.

그 후, 북산의 이하伊波 아지라는 이가 중국에 건너갔을 때 역시 볍씨를 구하고 싶어 했다. 한 중국인이 일러주기를, 볍씨는 가지고 갈 수 없게 하니 학을 길들여 볍씨를 매달아 보내면 될 것이라고 하였다. 이하 아지는 그 말을 따라 학을 날려 보냈다. 그러나 학은 도중에 노에지ノエジ라는 곳에 떨어져 죽고 말았다.

이하 아지는 학이 올 때가 되었는데도 오지 않자 작은 움막을 지어놓고 학을 찾았다. 이때 떨어져 죽은 학이 물고 있던 벼이삭을 심은 곳이 미후다三穂田라는 곳이다. 그때부터 점점 벼가 널리 퍼졌다.[92]

이 설화는 새가 벼이삭을 전해준 것을 이하 아지라는 사람의 덕으로 설명하고 있다. 아마미쿄의 자손이 볍씨 구하기를 시도했으나 실패했다는 이야기를 앞에 덧붙인 것은, 아마미쿄(아마미쿠)가 벼의 기원자라는 이야기가 퍼져 있음을 인식한 화자의 의도적 기술일 수도 있으리라. 아마미쿄나 그 자손이 벼를 여기에 있게 한 것이 아니라, 이하 아지라는 인물이 새를 이용하여 이곳에 벼가 번식할 수 있도록 했다는 주장이 담겨 있는 설화다.

유적과 함께 전해지는 '볍씨를 가져와 심은 아마미쿠' 이야기는, 어떤 질서화의 과정을 거친 결과일지 모른다. 그 질서화의 주체가 류큐 왕권일 가능성을, 류큐 왕권이 구축했던 '세계 체계'가 담겨 있는《류큐국유래기》라는 문헌을 거쳐 확인해보기로 하자. 그 과정에서, 이런 질서화의 배경으로 작용했던 류큐 왕권 의례의 역사적 변천도 확인할 수 있을 터다.

2

《류큐국유래기》의 농경 기원담

유래기의 세계

《류큐국유래기》(1713)라는 문헌이 있다. 류큐의 조정과 지방 의례 및 제반사의 유래 등을 서술한, 류큐 왕조의 종합적 지지地誌로 알려져 있다. 류큐 조정의 기록 및 전승, 그리고 각 지방에서 전해지던 기록물인 여러 유래기들을 토대로 편찬된 것이다. 《류큐국유래기》는 《중산세감》처럼 한자와 가나 문자를 이용하여 기록되었는데, 이를 한문으로 옮겨 편찬한 것이 《류큐국구기琉球國舊記》(1731)다.

《류큐국유래기》의 구성을 보면, 궁궐과 수도 슈리의 제반사에서부터 시작하여 여러 우타키와 사찰의 유래를 정리하고, 권12에서 권21까지 왕국 곳곳에서 거행되는 여러 제사의 유래를 기록하고 있다.

　권1 조정의 공사公事

《류큐국유래기》는 지방 제사에 대한 기록이 적지 않은 분량을 차지
한다. 《류큐국유래기》를 위한 자료 작성을 목적으로, 각 지방에서는 그
지역의 유래기를 따로 작성하여 조정에 제출하기도 했다. 가령 미야코

지마의 경우,《류큐국유래기》편찬 자료를 위해 여러 차례 지역 유래기가 작성되기도 하였다. 아마도 구비로 전해지는 지역 전승이나 지역 고유의 유래기들을, 지역의 유래기 정리 담당자들이 문서화했을 것으로 짐작된다. 문자화는 질서화를 동반한다. 이미 지역 유래기의 작성 단계에서, 지역의 여러 전승들은 유래기를 제출받을 류큐 조정을 의식하며 정리되었을 터다.

《류큐국유래기》는 더더욱 말할 나위가 없다. 이미 질서화된 유래기를 자료로 새로운 문헌을 만들면서, 기존의 전승은 관리되고 통합된다. 고미네 카즈아키小峯和明가《류큐국유래기》를 일컬어 각 지역의 전승을 관리하고 집중 통합화하여 창출해낸 '류큐라는 세계 체계'라고 말한 것도[93] 이런 맥락에서다.《류큐국유래기》는 지역의 전승을 충실히 반영한 카오스의 세계가 아니라, 지역의 전승을 재배치하고 질서화한 결과물이라고 말할 수 있다.

농경과 곡물의 기원, 아마미쿠와 농경, 아마미쿠와 벼농사 등등의 주제에 대해《류큐국유래기》는 어떤 전승을 어떻게 질서화했을까?《류큐국유래기》가 구축하고 있는 '류큐라는 세계 체계' 속에서, 농경 신화는 어떻게 배치되어 있는가?

《류큐국유래기》의 벼 기원담

《류큐국유래기》에는 곡물이나 벼, 농경의 기원이라 할 만한 이야기가 네 가지 유형 정도 있다. 어느 권에 어떤 일의 유래로 기록되었는지도 다르고, 그 내용도 유사해 보이지만 각기 다르다. 곡물 기원담은 류큐 조정의 공식 행사를 다룬 권1의 〈구다카지마 행행〉조에 가장 먼저 등장한다.

> 아마미쿠가 하늘에 올라가 오곡 종자를 내려주기를 빌었다. 그래서 보리, 조, 콩, 기장 몇 종류를 처음으로 구다카지마에 뿌렸고, 지넨 다마구스쿠에는 벼를 심었다. 이런 유래로 임금께서 친히 구다카지마에 행행하여 제례를 행한다.[94]

이 기사에 따르면 국왕이 직접 구다카지마에 가서 행하는 제례는 '미시쿄마'라는 이름의 의례다. 2월 보리 미시쿄마 때 2년에 한 번 구다카지마에 행행했다고 하면서 위의 곡물 기원담을 전하고 있다. 상정尙貞(쇼테 1669~1709)왕 강희 12년(1673)부터 당역當役, 즉 담당 관리를 대신 보내어 제례를 올리게 했다는, 이른바 구다카지마 행행 금지 내용도 포함되어 있는 항목이다.

이 기원담은 2월 구다카지마에서 행하는 보리 미시쿄마의 기원담일 뿐만 아니라, 4월 지넨·다마구스쿠에서 행하는 벼 미시쿄마의 기원담이기도 하다. 같은 권1의 〈지넨·다마구스쿠 행행〉조에는 4월 벼 미시쿄마 때 격년에 한 차례 지넨·다마구스쿠에 행행하여 제례한다고 하고, 상정왕 강희 12년부터 당역을 보내어 제례하도록 고쳤다고 기록하고 있다. 그 유래는 구다카지마 행행 기록에 있다고 적고 있으니, 결국 아마미쿠가 오곡 종자를 가져왔다는 위의 유래담을 반복하는 셈이다.

아마미쿠가 하늘에 올라가 오곡 종자를 가져왔고, 그것을 구다카지마와 지넨·다마구스쿠에 나누어 뿌렸다는 이 신화는 우리도 익히 알고 있는 것이다. 《중산세감》의 창세신화 〈류큐개벽지사〉가 말했던 오곡 기원 신화가 바로 이것이다.《류큐국유래기》는 〈구다카지마 행행〉 기사에서 이 기원 신화를 소개하면서, 이 유래가《중산세감》에 상세하다고 하여 기사의 출처가 어디인지를 직접 밝히고 있다.《중산세감》의 〈류큐개벽지사〉에서 이야기된 곡물 기원 신화가《류큐국유래기》에 직접 수용되고 있는 것이다.

또 다른 기원담은 권3에 나온다. 제목부터가 〈오곡五穀〉이다.

> 우리나라는 초매草昧의 태고 때에 농사법을 몰라 초목의 열매를 먹고, 불을 쓸 줄 몰라 금수의 피를 마시고 그 털을 먹었다. 그 후 세월이 흐른 뒤 오곡 종자가 저절로 자라났다. 보리를 구다카지마에 뿌리고, 벼를 지넨 웃카大川 뒤 다마구스쿠 오케미조에 뿌렸다. 보리는 봄에 익고 벼는 여름에 익기에, 예부터 국군國君이 3년에 두 번 2월에 구다카지마에 행행하고 4월에 지넨 다마구스쿠에 행행하였다.[95]

권1에서는 아마미쿠와 곡물의 기원을 연결짓던《류큐국유래기》가, 여기에서는 아마미쿠의 존재를 지운다. 2월 구다카지마 행행, 4월 지넨·다마구스쿠 행행의 유래담이기도 하고, 보리는 구다카지마에, 벼는 다마구스쿠 오케미조(우킨주)에 처음 심었다는 내용도 같지만, 그 종자가 저절로 생겨났다고 하여 전래자로서의 아마미쿠를 지워버린 것이다.

이미 알아차렸겠지만, 아마미쿠가 사라진 곡물 기원담은 내용도 내용이거니와 구체적 표현에 있어서도《중산세보》의 창세신화가 이야기했던 오곡의 유래와 비슷하다.《중산세보》는《중산세감》의 곡물 기원담에서 아마미쿠를 지웠는데,《류큐국유래기》는《중산세감》의 유래담을 국가적 행사와 관련된 기사를 다루는 권1에서 다루고 《중산세보》의 유래담은 제반사의 유래를 언급한 권3의 〈오곡〉 조에서 언급한다. 곡물 씨앗을 처음 뿌린 것을 기념하는 국가적 행사의 공식적 기원담으로 채택된 것은, 《중산세보》형의 '저절로 생겨난 곡물' 신화가 아니라 《중산세감》형의 '아마미쿠가 가져온 곡물' 신화였던 것이다.

한편, 《류큐국유래기》에는 왕조 차원의 곡물 기원담뿐만이 아니라 특정 지역에서 전승되는 곡물의 유래담도 수록되어 있다. 권1의 〈구다카지마 행행〉 기사에는, '구다카지마의 노인들이 전하는 속설'이라고 해서 다음과 같은 이야기가 기록되어 있다.

옛날 천손씨의 몇 대 후손인지는 모르지만, 그 후손 중에 아나고노코 또는 아나고노시アナゴノ子라는 사람이 있었다. 그는 구다카지마에 살기 시작하여 닛추[根人]가 되었다. 그의 아내는 '아나고의 할미'라 한다. 하루는 아나고노코가 고기를 잡으러 이시키하마 백사장에 나갔을 때, 흰 항아리 하나가 백사장 가까이 떠밀려온 것을 보았다. 아나고노코가 이것을 주우려 했으나 잡히지도 않고 또 멀리 떠나가지도 않았다. 이렇게 두세 번이나 했어도 끝내 잡지 못했는데, 항아리는 여전히 흘러가지도 않고 가까이에 머물러 있었다.

아나고노코는 서둘러 집에 돌아가 아내에게 이 사실을 말했다. 아내는 그 항아리는 필시 연유가 있는 항아리일 것이라고 하면서, 목욕재계를 하고 가서 그것을 붙잡으라 하였다. 남편 아나고노코는 목욕을 하고 흰 옷으로 갈아입고는 다시 백사장으로 갔다. 아나고노코가 소매를 펼치고 기다리자, 홀연 항아리가 다가오는 파도를 타고 와 소매 위로 올라왔다. 아나고노코가 집에 돌아와 항아리 입을 열어보니, 그 안에는 보리, 조,

기장, 콩, 빈랑, 아자카, 시쿄 등 일곱 종류의 씨앗이 들어 있었다. 아나고노코는 이것들이 모두 재배하는 씨앗임을 알아차리고 섬 곳곳에 이 종자를 뿌렸다. 시간이 지나자 모두 싹이 터 자라났는데, 그 가운데 보리는 봄에 익었기에 2월에 맥수제麥穗祭라고 하여 제례를 지낸다. 조, 기장, 콩은 여름에 익는다. 빈랑은 다른 나무들보다 높이 자라고, 아자카와 시쿄는 무성하여 우타키 숲을 이룬다.……[96]

곡물 항아리가 바다에서 떠내려왔다는, 이른바 표착형 곡물 기원 신화다. 구다카지마에 처음 건너와 살게 된 시조가 바닷가에 떠밀려온 항아리 안에서 곡물 종자를 발견했다는 이야기는 현재의 구비 전승으로도 전해지는데, 구다카지마의 속설로 기록되어 있는 것을 보면 이 전승은 《류큐국유래기》의 시기에도 구다카지마에서 전해지고 있었을 터다. 곡물을 발견한 닛추를 '천손씨의 후예'라 한 것은 좀 특이한데, 곡물만이 아니라 곡물의 발견자 역시 특별하고 신성한 존재로 의미화하는 신화적 장치라 할 수 있다.

구다카지마의 속설이었다는 이 이야기는, 지방의 제사를 기록한 《류큐국유래기》 권13에서 구다카지마 나카모리中森 우타키 조에도 기록되어 있다. 내용이 거의 비슷하지만, 표현이 미묘하게 조금씩 다른 부분이 있으므로 그대로 옮겨본다.

위 두 우타키(고보 모리, 나카모리 우타키)의 유래는 이렇다. 얼마나 오래전인지는 모르지만 옛날 구다카지마에 아나고노코라는 사람이 있었다. 구다카지마에 처음 거주한 닛추이다. 어느 날 이시키하마 해변을 거니는데, 흰 항아리 하나가 떠오기에 잡으려 했으나 잡히지 않았다. 집에 돌아가

아내에게 말하자 아내가 말하기를, 물로 몸을 깨끗이 씻고 흰 옷을 입고 가면 잡을 수 있을 것이라고 했다. 물로 몸을 씻고 흰 옷을 입고는 해변에 나가 떠내려오는 항아리를 향해 소매를 펼치니, 항아리가 파도를 타고 와서 옷소매에 안겼다. 아나고노코가 기뻐하며 항아리를 가지고 집에 돌아와 입구를 열어보니, 그 안에는 보리, 조, 기장, 콩 종자와 고바, 아자카, 시쿄 종자가 들어 있었다. 꺼내어 곳곳에 뿌렸더니, 자라나는 것들은 거의 먹을 수 있는 것이었다. 고바, 아자카, 시쿄는 2, 3년에 걸쳐 자라났다. 몰래 감추어 남들이 훼손하는 것을 금한 까닭에 고바는 높이 자라나고 아자카, 시쿄는 무성해졌다.……[97]

국가적 행사인 행행 기사의 기록과 구다카지마 우타키 조의 기록을 비교해보면, 우타키 조에는 아나고노코가 천손씨의 후예라는 점과 2월의 보리 관련 의례에 대한 서술이 빠져 있다. 하지만 구다카지마의 닛추가 떠내려온 항아리 안에서 보리와 조, 기장, 콩 등 곡물 종자를 얻어 뿌리고, 빈랑(고바), 아자카, 시쿄 등 나무의 종자를 심었다는 내용에 있어서는 서로 같다. 잡곡과 나무의 종자가 바다에서 흘러들어왔고, 그것을 섬의 시조가 처음 얻어 뿌렸다는 게 구다카지마 곡물 기원담의 핵심이다.

《류큐국유래기》에는 곡물 기원에 대한 또 다른 지방 전승도 기록되어 있다. 권13의 다마구스쿠 마기리 항목에는 "옛날 아마미쿠가 기라이 카나이에서 볍씨를 가지고 와서 다마구스쿠 마기리 햐쿠나百名 마을 사람에게 경작하는 법을 가르쳤다"는 내용의 유래담이 기록되어 있다. 권3의 〈논밭田·陸田〉 조에도, 이와 유사한 내용의 유래담이 올라 있다.

우리나라의 논밭은 옛날 아마미쿠가 기라이 카나이에서 볍씨를 가지고 와서 지녠 웃카, 다마구스쿠 웨다親田, 다카마시노 마시카마노다高マシノ マシカマノ田에 벼를 심은 것이 시작이다.……[98]

아마미쿠가 볍씨의 전래자이며 전래의 근원은 하늘이 아니라 기라이 카나이라는 다마구스쿠 지역의 전승을 답습하고 있다. 《류큐국유래기》의 한문 버전인 《류큐국구기》는, 권4의 〈논밭水田·陸田〉 기원 항목에서 똑같은 이야기를 전하면서 "유로전遺老傳에 이르기를"이라는 어구를 기사의 제일 앞에 덧붙이고 있다. 지방 전승이라는 뜻이다. 다마구스쿠의 벼 기원 신화가, 《류큐국유래기》에서는 벼를 경작하는 논밭의 기원 신화로 수용되고 있음을 확인할 수 있다.

곡물 및 농경 기원 신화의 배치

사쓰마의 침입이라는 충격적 사건 이후 진행된 국가 재건의 과정에서 고류큐의 전통적 의례 체제도 변화를 겪었다. 향상현이 주도한 구다카지마 행행 폐지, 여성 사제의 권한 축소는 잘 알려진 사례들이다. 이런 사례들만 보면 전통적 의례가 일방적으로 폐지되었을 듯하지만, 근세 류큐의 의례 재편은 과거의 의례를 묵살하고 없애는 방향으로 이루어지지는 않았다. 이전의 의례에 새로운 의미를 부여해가면서 의례 체계를 재편해나갔다는 것이 사실에 부합할 터다. 아지 시대의 태양왕 의례가 류큐국 중산왕 시대의 데다코 의례로 재편된 것처럼, 이 시기에도 시대적 요청에 따른 의례의 재편이 이루어졌던 것으로 보인다. 새

롭게 재편된 제사 체계, 그것은 바로 《류큐국유래기》에 구축되어 있는
의례 체계와 멀지 않다.

《류큐국유래기》에는 내용상 곡물 기원 신화로 볼 수 있는 적어도 네
가지 유형의 신화가 존재하되, 각각이 자리하는 위치가 다르다. 각 신
화가 어디에 어떻게 배치되어 있는가를 통해, 곡물에 대한 제사 체계
가 재편된 양상을 엿보기로 하자.

의례에 남은 고류큐의 세계관

네 유형의 곡물 기원 신화 가운데 《중산세감》에 출처를 두고 있는, 아
마미쿠가 하늘에서 곡물을 가지고 내려와 잡곡과 벼를 각각 다른 곳
에 심었다는 신화와 곡물이 자연스럽게 생겨났다는, 《중산세보》와 맥
을 같이 하는 신화는 《류큐국유래기》에서 각각 권1과 권3에 자리해 있
다. 권1은 류큐 조정의 공식적인 일들(〈王城之公事〉)을, 권3은 여러 기원
담을(〈事始〉)을 모은 것인데, 《류큐국유래기》의 전체 구성으로 보면 국
가적 차원에서 중요한 여러 제반사를 다루는 부분이라 할 수 있다. 이
전 자료들을 섭렵하여 간행된 것이 《류큐국유래기》인 만큼, 그 이전의
관찬 문헌들에서 다룬 곡물의 기원은 모두 국가적 차원의 공적 유래
담으로 《류큐국유래기》에 수용되었다.

하지만 그 두 유형의 곡물 기원 신화는 서로 위상이 달랐다. 아마미
쿠가 하늘에 올라가 곡물의 종자를 가져왔다는 《중산세감》의 곡물 기
원 신화는, 《류큐국유래기》에서는 왕이 직접 행행하는 중요한 국가 의
례의 유래담으로 배치되어 있다. 이에 비해, 곡물이 저절로 생겨났다
는 《중산세보》의 곡물 기원 신화는 의례의 기원담이라기보다는 오곡
또는 미맥米麥의 유래담으로 배치되었다. 조정의 의례를 '공식적으로'

뒷받침하는 신화는《중산세보》의 기원 신화가 아니라《중산세감》의 신화였던 것이다.

아마미쿠가 하늘에서 곡물을 가지고 내려왔다는 곡물 기원을 포함하는 신화는, 고류큐의 신국神國적 세계관에 기반한 신화다. 이를 대체하여 유교철학적 원리를 반영하는 창세신화가 재편되었음에도 불구하고,《류큐국유래기》는 구다카지마와 지넨·다마구스쿠에서 행해지는 국가적 의례의 공식적 기원담으로는《중산세감》의 오곡 기원 신화를 취했다.《중산세보》에 보이는 화생형 기원 신화는 오곡이라는 '사물'의 유래담으로 그 위상이 상대적으로 격하되었다.

이런 상황은《류큐국유래기》가 구축하고 있는 의례 세계가, 최소한 국왕이 직접 행행하는 구다카 및 지넨·다마구스쿠 의례만큼은 여전히 고류큐적 세계에 기반하고 있었음을 보여준다.《류큐국유래기》가 간행되기 훨씬 이전에 향상현이 구다카지마 행행을 금지했음에도, 여전히 구다카지마와 지넨·다마구스쿠의 의례는 고류큐적 세계관에 기반한 신화가 그 기원담으로 작용하고 있었던 것이다.

고류큐와 결별하기 위해 의례 체제를 정비한 향상현의 기획은, 신화와 의례의 현장에까지 속속들이 실현되지는 못한 것 같다. 구다카지마 행행조차도, 행행 자체가 폐지되었을 뿐 의례는 지속되었다. 의례의 지속과 함께, 그 의례가 상기하는 신화적 관념 또한 상보적으로 소멸되지 않고 이어졌을 터다.

우타키 유래담의 국가적 포섭

씨앗이 담긴 항아리가 바다에서 흘러들어왔다는 신화는 구다카지마에서 전승되던 이야기이다. 구다카지마 행행의 기원담을 '천상에서 아마미쿠가 가지고 내려온 곡물'에 초점을 맞추어 이야기하면서도,《류큐국유래기》는 민간에서 하는 이야기라는 전제를 달고 이 이야기를 병기했다. 구다카지마의 신화를 삭제하거나 외면하지 않고, 지방의 이야기라는 위상을 부여한 채 류큐의 세계 체제 안으로 끌어들인 것이다.

하지만 《류큐국유래기》는, 구다카지마의 이 전승을 곡물의 기원담이 아닌 다른 의미를 지닌 이야기로 규정하고 있다. 무엇보다 이 이야기는 각 지방의 제사 유래를 기록하고 있는 권13에서, 구다카지마에 있는 나카모리 우타키의 유래담으로 제시되고 있다. 나카모리 우타키의 유래담은, 앞에서 본 곡물 기원 신화 유형에 다음과 같은 이야기가 덧붙어 있다.

> ……그때부터 긴마몬君眞物이 출현하여 매번 이 산(나무가 무성한 우타키를 가리킨다: 필자)에서 놀았다. 신이 노는 곳으로 여겨 기도하면 과연 영험이 있었기 때문에, 그때부터 우타키를 숭경하기 시작하였다. 항아리를 묻은 곳은 돌을 둘러쌓았다. 한 사람이 가래로 파내려다가 큰 바람이 불어 멈추었는데, 홀연 병이 들어 죽었다고 한다.……[99]

표착해온 종자 중에는 곡물의 씨앗만이 아니라 나무 종자도 들어 있었다. 그것을 심었더니 무성하게 자라 숲을 이루었는데, 그곳에 신이 출현하여 놀고 사람들의 기원에 응답하였기 때문에 사람들이 우타키로 숭경하게 되었다는 이야기를 덧붙임으로써 우타키 유래담으로서의 성격이 명확해진다. 우타키를 범하려던 이를 징벌했다는 영험담까지 더해져 있어, 그 종교적 성격이 더욱 분명하다.

구다카지마의 우타키 유래담으로 규정된 이 이야기가, 구다카 행행의 공식적 기원담이 있음에도 지역 전승으로 덧붙은 까닭은 무엇일까? 구다카지마의 전승이 어떻게 마무리되고 있는지를 보자.

> 보리가 익을 때 조정에 바치면 임금께서 "이것은 인민을 양육하는 곡물"이라 하여 기뻐하시니, 이로 인해 격년에 한 번 2월에 날을 골라 구다카지마에 행행하여 신기神祇에 제례를 시작했다고 한다.[100]

이러한 결말로 인해, 구다카지마의 우타키 유래담은 2월 국왕 행행 의례와의 접점을 지니게 된다. 《류큐국유래기》가 구다카지마 행행의 유래를 설명할 때 구다카지마의 한 속설을 인용한 것은, 구다카지마 섬에서 자라난 곡물을 국왕에게 바쳤던 과거를 상기하기 위해서다. 《류큐국유래기》에서 구다카지마의 표착형 곡물 기원 신화는 우타키 유래담으로 고착되고 있고, 또 행행의 기원은 섬에서 난 곡물을 국왕에게 바친 것을 기념하기 위한 것으로 규정된다. 왕조의 곡물 전래신인 아마미쿠 이야기가 있음에도 굳이 '속설'이라 하여 구다카지마의 전승을 병기하는 효과는 바로 여기에서 가늠할 수 있을 것이다. 구다카지마의 곡물이 국왕에게 바쳐지는 곡물로 전환되고, 지역의 전승은 왕조가 인정하는 지역 우타키의 전승으로 한정된다.

《류큐국유래기》는 2월 보리 미시쿄마 때 임금이 직접 구다카지마에 행행하는 국가적 행사가 있다고 말하면서, 그 유래는 아마미쿠가 하늘에 올라가 곡물 종자를 가지고 내려왔다는 국가적 곡물 기원 신화로 제시한다. 하지만 왕이 행행하는 구다카지마에는 또 다른 곡물 기원 신화가 있다. 《류큐국유래기》는 그 신화를 구다카지마의 우타키 유래담으로 한정하는 한편, 그 신화를 왕권을 위해 봉사하는 신화로 포섭했다. 구다카지마 행행을 둘러싼 조정의 곡물 기원 전승과 구다카지마의 곡물 기원 전승이 이렇게 병존하면서, 왕의 행행은 풍성한 의미와 효과를 가지게 된다.

도작稲作 유래담의 국가적 포섭

《류큐국유래기》에서 왕조 차원의 논밭 기원담으로 자리매김되고 있는 이야기는, 지넨과 다마구스쿠 지역의 지역 전승에 기반을 둔 것이었다. 《류큐국구기》는 아마미쿠가 니라이 카나이에서 볍씨를 가져와 뿌렸다는 이야기를 논밭의 유래로 전하면서도, 이것이 '노인들이 전하는 말遺老傳曰'임을 명확히 제시하고 있다.[101] 그런데 《류큐국유래기》는 이 지역 전승을 국가적 차원의 유래로 포용하면서도, 왕조 차원의 또 다른 의미를 덧붙인다.

> 그 제도가 미비하니 경정景定 연간에 영조왕이 스스로 사방을 순수巡狩하고 주周의 철법撤法을 본받아 경계를 바르게 하고 균정均井하였다. 오곡이 풍요하여 만민이 평안하였다.[102]

아마미쿠가 니라이 카나이에서 처음 볍씨를 가져와 논밭에 심었다는 신화에 더하여, 그 논밭이 제대로 정비된 것은 영조왕 때라고 설명하는 것이다. 이는 《중산세감》 및 《중산세보》와 같은 왕통보에서 이미 정서된 바 있는 영조왕의 업적 가운데 하나다. 《류큐국구기》에 따르면 아마미쿠가 니라이 카나이에서 볍씨를 가져와 처음 심었다는 이야기는 '유로전', 즉 지역의 노인들이 전하는 이야기인데, 이것이 국가적 차원에서 수용될 수 있었던 것은 여기에 논밭의 제도를 정비한 영조왕의 행적이 더해졌기 때문이다. 《류큐국유래기》나 《류큐국구기》의 논밭 항목은, 니라이 카나이에서 온 아마미쿠를 주인공으로 하는 다마구스쿠의 곡물 기원 신화를 포섭하여 영조왕의 선정善政이라는 역사적 행적을 덧붙여 그 의미를 완성시켰다고 말할 수 있다.

여기에서 지넨·다마구스쿠의 아마미쿠는, 위계적으로 왕의 아래에 있게 된다. 아마미쿠의 신화적 행위에 의해 벼를 심는 논이 마련되었다고 하면서도, 그 제도가 미비하여 영조왕의 업적 이후에야 오곡이 풍요로워 만민이 안녕하였다고 말하는 것은 무슨 뜻이겠는가? 논밭을 일구어 벼를 경작하는 다마구스쿠의 수도작은 그 기원이 아마미쿠에 있을지 몰라도, 그 제도를 정비하고 만민을 안녕케 한 것은 아마미쿠가 아니라 류큐의 국왕, 그것도 태양왕의 전형으로 그 위상이 확정된 바 있는 영조왕이라는 말이다.

《류큐국유래기》는 니라이 카나이와 아마미쿠가 결합된 볍씨의 기원 신화를 다마구스쿠의 지역 전승으로도 기록하고 있는데, 국가적 행사인 '벼 미시쿄마'라는 의례, 즉 벼가 처음 익을 무렵의 4월 행행 때 어떤 지역 행사가 이루어지는지 상세히 서술한다. 아마미쿠가 처음 경작한 논에서 얻은 벼이삭을 국왕의 벼 미시쿄마 때 바친다는 내용도 여기에서 제시된다.[103] 2월 구다카지마 행행을 매개로 지역 전승을 국가 전승으로 포섭하되 위계화했던 재편의 전략이 여기에서도 반복된다. 다마구스쿠의 지역 전승 또한, 이런 맥락에서 국가적 차원의 신화로 포착, 상승되고 있다고 말할 수 있을 것이다.

'헌상'이라는 장치와 '유로전'의 세계

구다카지마의 보리는 왕에게 '헌상'되었다. 다마구스쿠의 벼 또한 왕에게 '헌상'된다. 바다로부터 표착한 보리를 키워 왕에게 바친다는 것, 아마미쿠에게 배워서 가꾼 벼이삭을 왕에게 바친다는 것은 무엇을 뜻하는가? 표착해온 신성한 보리, 니라이 카나이라는 성스러운 공간에서 유래한, 아마미쿠가 전해준 성스러운 벼를 왕을 위해 바치는 것이다. '헌상'이라는 기제를 통해, 지역의 신화는 국가의 신화, 왕조의 신화로 자연스럽게 포섭된다.

《류큐국유래기》에서 구다카지마 지역의 곡물 기원 신화, 다마구스쿠 지역의 곡물 기원 신화는 민간이나 지방의 의례 체계 및 신화적 관념을 왕조 혹은 왕 중심으로 의미화하는 위계화의 논리에 의해 문자화된 것이다. 구다카지마의 전승은 보리 미시쿄마 의례로, 다마구스쿠의 전승은 벼 미시쿄마 의례로 포섭되면서 그 의미가 획정되었다. 여러 유형의 곡물 기원 신화가 산재해 있는《류큐국유래기》는, '헌상'이라는 기제를 효과적으로 활용하면서 각 지역의 곡물 기원 신화를 '국왕을 중심으로 위계화된 류큐라는 세계 체계' 위에 배치하고 있다.

이런 배치가 무리 없이 이루어질 수 있었던 것은, 왕조가 문자화한 류큐라는 세계와 민간에서 구비 전승을 통해 구축되는 우주 사이에 '유로전'이라는 완충적인 전승 공간이 있었기 때문이다.《류큐국유래기》의 편찬에서 중요한 자료가 되었던 것은 각 지역에서 만든 '유래기'였다. 지역의 유래기란, 지역 구비 전승을 기반으로 하면서도 그 본질적 성격인 카오스와는 거리가 있다는 점에서 구비 전승과 구별된다. 유래기가 그려내는 세계는 지역의 유지, 즉 '고로古老'들에 의해 일차적으로 정리된 세계였던 것이다.

유로전의 세계는 구비 전승의 일차적 정비이고,《류큐국유래기》의 세계는 그 유로전의 세계를 체계화하고 정통화한 것이라고 말할 수 있다. 《류큐국유래기》는 지역 전승의 포섭이 적어도 곡물 기원 신화에서만큼은 국왕을 향한 '헌상'이라는 기제가 흔히 사용되었음을 보여준다. 상진왕 이후 이미 중앙집권화가 이루어지고 지역의 지배자들이 중앙의 귀족으로 상승한 이상, 지역의 토착 전승을 정비하는 지역 유력자들 역시 '질서화'의 지향은 중앙의 국왕일 수밖에 없었다.

왕조의 문헌 기록과 민간의 구비 전승은 유로전이라는 완충적 점이지대를 사이에 두었기 때문에 오히려 더 역동적으로 서로 영향을 주고받을 수 있었다. 민간의 전승은 유로전을 거쳐 국가적 기록 및 의례로 재편되고, 국가적 기록과 의례는 유로전을 매개로 지역 의례에 국가적 의미를 덧씌울 수 있었을 것이기 때문이다.

현재의 구비 전승이나 유적으로 확인되는 구다카지마와 다마구스쿠의 아마미쿠 신화, 또는 곡물 관련 기원 신화는, 이런 시각에서 보면 '순진무구'한 구비 전승 세계의 소산이라 말하기 어렵다. 류큐 왕국의 공식적 국가 의례가 거행되던 지역에서만큼은, 왕조의 전승과 민간의 전승, 왕조가 구축한 의례 세계와 민간의 의례적 우주 사이에 그 둘을 연결하는 커다란 통로 하나가 놓여 있었음에 틀림없다.

3

순행 의례의 변화와 신화의 재편

태양왕의 여정에서 농경왕의 여정으로

고류큐 시대, 구다카지마는 태양이 새롭게 태어나는 신화적 공간으로 상상되었다. 그래서 국왕의 구다카지마 행행은 왕의 영력 갱신을 선포하는 의례로 기능할 수 있었다. 또 구다카지마 행행은 항해를 포함하는 일정 덕에 해양 세력으로서의 국왕의 위엄과 능력을 내세울 수 있는 기회이기도 했다. 구다카지마 행행은 아지 중의 아지, 왕 중의 왕 중산의 태양왕을 위한 의례였던 것이다.

그런데 《중산세감》이나 《중산세보》, 《류큐국유래기》 등은 국왕의 구다카지마 행행을 보리 미시쿄마라는 농경의례로 규정하고 있다. 보리의 이삭이 패고 익기 시작하는 것을 기념하는 2월의 맥수제麥穗祭, 보리를 수확하는 3월의 맥대제麥大祭, 벼의 이삭이 달리고 수확하는 것을 각각 기념하는 5월 도수제稻穗祭와 6월 도대제稻大祭가 따로 있음에도 불구하고 첫 이삭이 맺힌 것을 기념하는 '미시쿄마'라는 별도의 의례가 거행되는 것을 어떻게 이해해야 할까?

이 책의 제3부에 따르면, 《중산세감》과 《중산세보》가 기록하고 있는 왕통 시조 신화의 양상은 류큐 국왕의 역할과 위상이 포괄적 세지의 소유자인 태양왕에서 합리적 권위에 기반하는 농경왕으로 변화해갔음을 보여준다. 이런 맥락에서라면, 태양왕의 영력 의례인 구다카지마 행행이 농경과 관련되는 보리 미시쿄마 의례로 변환된 것이라는 짐작이 가능하다. 태양왕 행행 여정의 한 지점이었던 다마구스쿠가 벼 미시쿄마의 주요 의례지로서 선택된 것 역시, 여러 농경 중에서도 특히 벼농사의 중요성이 강조된 시대적 배경이 작용했으리라는 추정을 보탤 수도 있어 보인다. 왕의 영력 재생 의례의 행선지였던 구다카지마와 그 여정 중의 하나였던 다마구스쿠가, 각각 미시쿄마라는 농경의례의 장소로 특화되었을 가능성이 높다.

지넨·구다카 행행의 여정

이 책의 1부에서 보았던, 《오모로소시》 권22의 〈지넨·구다카 행행할 때의 오모로〉를 다시 상기하자. 이 오모로는 《류큐국유래기》가 별도의 의례로 제시하고 있는 보리 미시쿄마 때의 구다카지마 행행과 벼 미시쿄마 때의 지넨·다마구스쿠 행행을 하나의 일정으로 보여주고 있다. 여기에서 행행은 슈리에서 요나바루, 사시키를 거쳐 세화 우타키, 구다카지마로 진행되고, 환로에 아마미쿠에 의한 곡물 시배지 지넨 웃카, 다마구스쿠의 야부사쓰와 아마쓰즈를 거치게 되어 있다. 구다카지마 행행이 먼저 이루어지고, 지넨과 다마구스쿠 행행이 나중에 진행되는 형태다.

　태양왕의 행행은 구다카지마에서 태양왕의 세지를 갱신하고, 그 세지를 환로의 영토에 퍼뜨리는 데 의미가 있었다. 행행 설행의 초기에는 구다카지마에 다녀온다는 것이 중요했을 터다. 그러다가 의례가 점차 정제되면서, 행행 의례의 의미를 구체화하는 의례의 지점들이 덧붙여졌던 듯하다. 예컨대 이 여정에 포함되어 있는 세화 우타키는 기코에오기미를 정점으로 하는 국가적 여성 사제 조직의 확립 이후 행행

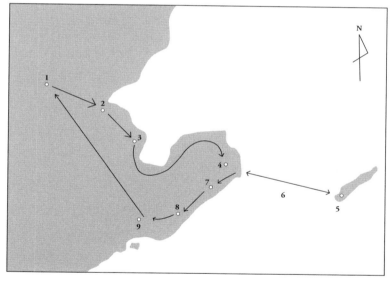

지넨 구다카 행행의 주요 지점들[104]

1=슈리성, 4=세화 우타키, 5=구다카지마의 호카마 우둔, 6=구다카지마와의 사이에 있는 바다, 7=지넨 웃카, 8=다마구스쿠 야부사쓰, 9=다마구스쿠 아마쓰즈. 스에쓰구 사토시末次智가 작성한 〈지넨·구다카 행행 때의 오모로〉 관계 지도'를 가필하였다. 상세 출처는 주석 참조.

의 지점으로 포함되었을 것이다. 류큐 국왕의 구다카지마 행행은 제1 상왕조의 상덕왕까지 거슬러 올라갈 수 있지만, 신임 기코에오기미의 탄생 장소로서의 세화 우타키는 제2 상왕조의 상진왕 이후에 성립된 개념이기 때문이다. 아마도 오모로에서 거론되는 행행의 여정은, 처음에는 구다카지마만을 목적지로 했다가 세월의 흐름과 함께 여러 지점들이 추가된 형태인 듯하다.

《중산세감》과 《중산세보》가 편찬되던 시기, 이미 이때에 구다카지마 행행은 보리 미시쿄마라는 농경의례의 모습을 지니고 있었다. 문헌은 곡물의 기원담과 구다카지마 행행을 연결지으면서, 구다카지마 행행을 보리의 기원을 기념하는 의례라고 규정했다. 애초에 태양왕의 영력 의례였던 행행이 농경왕 의례로 그 성격이 변화하면서, 기왕의 행선지였던 구다카지마는 보리 미시쿄마를 위한 의례 장소로 규정된 듯하다. 여기에 더하여, 벼농사의 기원지로 국가적 위상이 부여되었던 지넨 및 다마구스쿠의 몇몇 지점이 벼 미시쿄마를 위한 의례 장소로 부각되었을 터다.

동쪽으로의 여행, 아가리우마이東御廻り

오키나와 민속사회에는 류큐 왕국 시절의 성소聖所를 순례하는 '아가리우마이'라고 하는 행사가 있다. 동쪽을 뜻하는 '아가리'라는 말에서 알 수 있듯이, 오키나와섬 남단의 동쪽을 순례하는 행사다.[105] 오키나와섬의 북쪽 지역을 순례하는 행사로는 '나키진누부이今歸仁上り'라는 것이 있는데, 이 또한 류큐 왕국 시대로부터의 국가적 성소를 순례하

는 행사다. 흥미롭게도, 아가리우마이의 순례 지점은 〈지넨·구다카 행행 오모로〉의 행행 지점과 매우 유사하다. 아가리우마이는 〈지넨·구다카 행행 오모로〉에 드러나는 행행 지점에, 야하라즈카사와 우킨주·하인주가 덧붙어 있다.

야하라즈카사와 우킨주·하인주. 우리가 앞에서 보았던, 다마구스쿠 일대에 집중되어 있는 일련의 아마미쿠 유적에 포함되는 지점들이다. 야하라즈카사는 바다 건너 타계에서 온 아마미쿠가 섬에 상륙하여 첫 발을 내디딘 곳이고, 우킨주·하인주는 니라이 카나이에서 볍씨를 가지고 온 아마미쿠가 처음 볍씨를 심었다는 논밭의 수원지水源이다. 야하라즈카사와 우킨주·하인주는 모두, 아마미쿠가 볍씨를 처음으로 가져와 여기에 뿌렸다는 류큐의 도작稻作 기원 신화를 증명하는 장소들이다.

아마미쿠가 바다 저편에서 볍씨를 처음 가지고 와 뿌렸다는 벼농사 기원 신화와 관련되는 유적이 아가리우마이의 순례지에 더해져 있다는 사실, 또 아가리우마이가 보리 및 벼 미시쿄마를 근간으로 형성된 순행 의례라는 통설을 같이 놓고 본다면, 미시쿄마에서 아가리우마이로의 변천은 미시쿄마가 지니고 있던 농경의례적 측면이 강화되면서 관련 유적인 야하라즈카사 및 우킨주·하인주가 의례 지점으로 확장되었을 가능성에 힘을 더한다.

아가리우마이의 전신은 미시쿄마이고, 미시쿄마는 구다카지마로의 태양왕의 영력 재생 의례가 농경의례로 변화한 것이다. 다시 말해, 태양왕의 영력 재생 의례로서의 구다카지마 행행이 농경의례로서의 보리 미시쿄마와 벼 미시쿄마로 재편되고, 이것이 민간에 영향을 미쳐 아가리우마이를 낳았다고 짐작할 수 있다. 의례적 변화의 방향은 농경의례, 특히 벼농사 의례를 강조하는 쪽으로 이루어졌다고 말할 수 있다.

수도작水稲作 의례의 상징성과 현실성

〈시마우타〉라는 일본 대중가요가 있다. '섬 노래'라는 뜻이다. 오키나와
풍의 선율에, 오키나와 전투를 배경으로 한 가사가 얹혀 있다. 오키나
와 노래라기보다는, 오키나와를 소재로 한 일본 노래다. 노래는 오키나
와를 대표하는 꽃으로 대중적으로 널리 알려진 '데이고'로 시작된다.

데이고 꽃이 피어
바람을 부르고 태풍이 왔다네.
되풀이되는 슬픔은
섬을 지나는 파도와 같네.
우지 숲에서 당신과 만나,
우지 아래에서 영원히 헤어졌네.

섬 노래여, 바람을 타고
새와 함께 바다를 건너렴.
섬 노래여, 바람을 타고
전해주렴, 나의 눈물을.

데이고 꽃이 활짝 피면 태풍이 온다는 이야기가 있다고 한다. 데이
고가 활짝 피더니, 정말 태풍이 왔다. 오키나와 전투라는 크나큰 태풍
이. 노래의 화자는 '우지' 숲에서 '당신'을 만나고 '우지' 아래에서 그와
헤어졌다. 태풍과도 같은 전쟁을 겪으며 '당신'과 헤어지고, 되풀이되
는 슬픔에서 헤어나오지 못한 이가 이 노래의 화자다. 자신이 부르는

노래가 바다를 건너, 아마도 헤어진 '당신'에게 나의 소식을 전해줄 수 있기를 기원하는 것으로 1절이 끝난다.

'당신'을 만나고 헤어진 장소인 '우지'. '우지'란, 사탕수수밭을 가리키는 오키나와 말이다. 사탕수수는 오키나와의 대표적 경작물이다. 오키나와의 어디든, 시골에 가면 기다란 사탕수수밭이 여전히 지천이다. 바람이 불 때마다 사탕수수 잎들이 서로 스쳐 '자와와 자와와' 하는 소리를 낸다. 오키나와의 관광품 가게에 흑설탕으로 만든 과자들이 괜히 많은 게 아니다.

사탕수수는 오키나와 사람들에게 애증의 작물이라고 할 수 있다. 류큐 왕국이 망하고 오키나와현이 된 이후, 제국 일본은 국제적으로 높은 설탕 가격에 오키나와를 거대한 사탕수수밭으로 만들었다. 일본제국의 플랜테이션이다. 하지만 세계적으로 설탕 가격이 폭락하게 되고, 사탕수수에 의존하던 오키나와의 경제 상황은 급격히 나빠졌다. 오키나와 사람들이 하와이나 남미와 같은 해외로 노동력을 팔러 나가게 된 배경에는 이런 정황도 한몫했다.

오키나와 전역이 사탕수수밭으로 뒤덮이기 전, 류큐 사람들은 어떤 작물들을 주로 재배했을까? 동아시아의 여러 나라는 쌀 문화권으로 아우를 수 있다는 생각 때문인지, 류큐의 주된 농작물도 벼였으리라고 짐작하는 경우가 드물지 않다. 하지만, 오키나와는 대체적으로 강이 많지 않아 물이 풍부하지 않았다. 기후는 어떨지 몰라도, 물 사정 때문에라도 벼의 대규모 경작은 쉽지 않았다. 밭에서 잘 자라는 잡곡, 무슨무슨 '이모'라고 하는 고구마 종류의 뿌리 작물이 오키나와의 주된 작물들이었다. 벼농사가 없는 건 아니었지만, 벼농사를 위주로 한 지역은 이제나지마나 다마구스쿠, 야에야마의 몇몇 섬에 국한되었다.

그렇다면 왜, 왕조의 농경의례는 벼와 보리, 특히 벼 의례에 집중되었을까? 우선 생각해볼 수 있는 가능성은 의례에서의 벼의 상징성이다. 벼는 의례에 필요한, 신에게 바치는 신주神酒를 만드는 데 필수적인 작물이다. 에소 데다의 오모로에서 의례의 공간에 '신주'가 등장했었음을 상기하자. 노로가 입으로 씹은 생쌀을 원료로 의례주를 만드는 관습도 있다. 신주가 없다면, 다시 말해 그 원료가 되는 벼가 없다면 의례는 성공적으로 수행될 수 없다. 또, 지역별로 대표적인 경작물이 다를 때 국가적 풍요 기원 의례는 특정 작물만을 대상으로 해서는 곤란하다. 의례에 필요한 신주를 만드는 원료였던 벼가, 상징적 작물로 선택되었을 가능성도 생각해봄 직하다. 수도작이 발달했던 지넨·다마구스쿠 지역의 벼농사 관련 유적이 국가적 농경의례와 관련되는 지점으로 부각, 강화되고, 전래의 구다카 행행에 덧붙여 지넨·다마구스쿠 행행이 추가된 것이 아닐까?

농경의례의 강화는 역사적 차원에서도 이해할 수 있는 측면이 있다. 류큐 왕국의 경제적 기반이 해외 교역에서 내부 생산으로 전환되던 상황과 관련되어 있을 가능성이 있기 때문이다. 유럽이 주도하는 해상 무역 세력이 아시아까지 발을 뻗으며 점차 교역 시장을 상실했던 류큐 왕국은 이로 인한 경제력의 약화에 더하여 사쓰마 침입 이후에는 상납의 부담도 져야만 했다. 결국 류큐 왕조는 내부 생산력의 강화에 눈을 돌리지 않을 수 없었다. 야에야마나 미야코 등 이른바 사키시마[先島]에 대한 수탈이 심해졌고, 아울러 내부 증산을 위한 방책도 모색되었다. 국가적 농경의례의 재편 및 강화는, 이러한 상황과 무관해보이지 않는다.

향상현은 구다카지마 행행을 폐지하고 당직어사를 대신 보내는 것으로 의례를 개편하면서, 구다카지마를 곡물의 기원지로 여겨 국왕이 행행하는 것은 그 유래가 오래지 않은 근년의 일이라고 썼다. 구다카지마 행행 자체는 그 연원이 꽤 오래된 일임에도 향상현은 구마카지마 행행이 오래되지 않은 역사라고 말하고 있는 것이다. 아마도 향상현은, 구다카지마를 농경의 기원지로 여기는 보리 미시쿄마의 시행을 '근년'의 일로 지적했던 게 아닐까?

의례적 코스몰로지의 조정과 농경의례의 부각

태양왕으로서 류큐왕이 지니는 절대적 신성성은 그가 온축된 세지의 소유자라는 데 있었다. 태양왕은 세지를 갱신하는 의례를 통해 왕권의 신성성을 확보할 수 있었고, 포괄적이고 추상적이었던 태양왕의 세지는 특정한 기능에 국한되지 않았기에 더욱 강력한 권위를 확보할 수 있었다. 15세기 이전으로 거슬러 올라갈 수 있는 최초의 구다카지마 행행은 이러한 차원의 의례였다고 생각한다.

류큐 왕권의 신성성과 절대적 권위는 비단 농경의 풍요를 보장하는 데에 국한되지 않았다. 아지왕에서부터 발전해간 고류큐의 태양왕은 농경의 주재자가 아니라, 태양이 온누리에 빛을 밝히고 볕을 따뜻하게 내리쬐는 것처럼 자신에게 온축된 초월적인 힘, 세지를 왕국에 퍼뜨리는 존재였다. 그러한 세지의 독점, 왕의 권위는 여기에서 비롯된다. 고류큐 왕권의 특성은, 이런 신화적 논리가 왕권을 떠받치는 주요 이념 중의 하나였다는 것이다.

시대적 변화에 따라 왕권이 새롭게 규정될 필요가 있을 때, 왕조의 의례 체계 역시 재편 대상이 되었다. 외부의 침략에 의해 심각한 타격을 입은 왕권은 태양왕의 표상이 아닌, 혹은 태양왕의 표상에 부가될 다른 표상이 필요했던 것이다. 유교와 불교를 이미 수용하고 있었으나 의례적으로는 태양왕을 중심으로 하는 상징 체계를 전면에 내세웠던 류큐의 왕권은, 유교적 왕권론에 기반하여 농경왕의 표상을 새로이 구축하고 이에 따라 국가적 농경의례도 강화해갔던 것으로 보인다.

정치적 정황의 변화뿐만 아니라 경제적 여건의 변화도 이런 변천의 한 요인이 되었던 것 같다. 고류큐의 경제적 기반이던 해상 교역이 더 이상 이전의 성과를 얻지 못하게 되자, 왕조 내부의 농경이 산업적으로 중요해진 까닭이다. 사쓰마의 침입 이후 경제적 부담이 가중되면서, 내부 생산력의 촉진은 류큐 조정의 중요한 과제가 되기도 했다. 개혁가 채온이 실제적인 농업 진흥 정책을 펼친 것도 이런 맥락에서 이루어진 듯하다.

신화적 왕권론의 변화는 의례 체계의 재편을 수반했다. 지방 토착 의례에 대한 조정의 간섭이 이루어졌고, 왕조 의례도 재구축되었다. 17, 18세기 문헌이 기록하고 있는 류큐 곡물 기원 신화의 존재 양상은, 농경의례가 왕권과의 관련하에서 특화되고 지방의 여러 곡물 기원 신화가 왕조 의례 속으로 포획되어 재편되었음을 잘 보여준다. 류큐는 새로운 모색의 시기를 맞아, 농경의례의 조정 및 곡물 기원 신화의 재편을 왕권의 성격과 논리를 재구축하는 데 동원했던 것이다.

곡물이 표착했다는 구다카지마의 신화나 바다 건너의 초월적 이상향으로부터 신화적 존재가 벼이삭을 가져다주었다는 다마구스쿠의 전승은 포획되어 왕조의 농경의례 및 곡물 기원 신화로 재배치되었고, 농경의례에 맞추어 벼의 시배지와 잡곡의 시배지를 분리하되 왕권론과의 관련하에서 곡물의 기원을 설명하는《중산세감》이나《중산세보》형의 곡물 기원 신화가 적극적으로 재편되어 수용되었다.

물론, 근세 류큐의 의례 체제, 의례적 코스몰로지의 변화는 이것만으로 충분히 설명되지 않는다.《류큐국유래기》에 수록된 여러 '공사公事'의 기원은《류큐국유래기》가 편찬될 당시 류큐의 의례적 코스몰로지를 좀 더 입체적으로 보여준다. 중국적 의례, 토착적·신화적 논리에 따른 왕권 의례, 농경의례 등이 서로 어떤 관계를 맺으면서 의례적 우주를 형성했는지가 더 규명되어야 할 터이지만, 여기에서는 농경 신화의 재편과 농경의례의 강화를 지적하는 데에서 그친다.

5

왕권의 신화,
'시마'의
신화

마을 우주의 신화적 변동

왕권 신화와 민간 신화의 상호 관계

《류큐국유래기》와《류큐국구기》는 류큐의 민간 신화가 왕조 차원에서 정비된 사례를 보여준다. 두 책의 소재가 된 지방의 유래기와 유로전遺老傳은, 구비 전승의 신화가 지역 고로古老의 시각에서 정리된 것이었다. 민간의 구비 신화가 지배 집단의 문헌 신화로 포착된 경우다. 민간의 구비 신화를 원료로 한 국가적 차원의 신화가 성립되는 경로와 과정을 여기에서 엿볼 수 있다.《오모로소시》의 경우도 그렇다.《오모로소시》는 왕조 국가가 성립하기 이전부터 있었던 아지들을 위한 신화적 노래를 바탕으로 형성된 것이다.

그렇다고 해서 신화가 늘 이처럼 아래에서 위로 포섭되기만 하는 것은 아니다. 민간의 구비 전승이 왕조의 신화적 관념을 수용하여 변해가기도 한다. 민간의 신화가 고래古來의 '순수한' 전승이라는, '민족의 원형적 사유 체계'라는 낭만적 생각은 진실이 아니다. 신화는 상승과 하강과 수수授受가 교차하는 역동적 과정 속에서 특정 시기, 특정 집단의 신화로 형성되고 또 작동하는 역사적 산물이다.

의례적 공동체라고도 할 수 있는 민간의 마을 공동체는 류큐 왕조의 국가적 의례 체제를 구성하는 단위이기도 했다. 국가적 의례를 통로로 하여 시마 공동체의 신화는 왕조의 신화와 이어질 수밖에 없었다. 다시 말해 마을의 신화는 류큐 왕권 신화의 자장 속에서 지속되는 한편 또 재편되기도 해온 신화다.

고우리지마古宇利島의 인류 기원 신화의 '단절된 하늘'

고우리지마라는 섬이 있다. 오키나와 본도 북부, 운텐항을 마주 보고 있는 조그만 섬이다. 예전에는 배를 타고 오갈 수밖에 없었지만, 몇 년 전에 다리가 놓여 이제는 왕래가 쉬워졌다. 이곳에는 다음과 같은 인류 기원 신화가 전해진다. 일찍이 이하 후유가 소개하기도 해서 이미 유명한 이야기다.

고우리지마에는 벌거벗은 남녀 한 쌍이 있었다. 밥으로는 하늘에서 떨어지는 떡을 먹고 살았다. 먹고 남은 떡을 함부로 하던 두 사람은, 나이를 먹고 머리를 쓰게 되자 또 배가 고파지면 먹을 요량으로 선반에 보관해두었다.

"이들은 물건을 소중히 여기니 하늘에서 떡을 내려주지 않아도 자신의 힘으로 일을 해서 살아갈 수 있을 것이다."

하늘의 신은 이렇게 생각하고 더 이상 떡을 내려주지 않게 되었다. 배가 고프니 떡을 내려주십사고 기원해보았지만, 두 사람에게 떨어지는 떡은 더 이상 없었다. 어쩔 수 없이 두 사람은 바다에 가서 조개를 줍거나 고기를 잡거나 해서 그것을 먹고 살았다.

어느 날, 두 사람은 바다에서 이전에는 못 보던 것을 보았다. 동물이 교미하는 모습을 본 것이다. 두 사람은 그것을 못 본 척 했지만 그 후로 그것을 본떠 재미있게 지냈다. 그러자 그 둘은 부끄러움을 알게 되어 그 후로 몸을 가리게 되었다. 나뭇잎으로 허리를 둘러 치부를 감추었다.

고우리지마는 이 두 사람으로부터 점점 퍼져서 된 것이다. 이 두 명의 신에게는 지금 고우리지마에 있는 우타키에서 제사를 지낸다고 한다. 옛날에는 백미를 바쳐서 배향했으나, 지금은 술로 배향한다.[106]

이하 후유는 이들로부터 번성하여 오키나와 서른여섯 섬의 주민이 되었다는 말까지 덧붙인다.[107] 고우리지마를 배경으로 하는 고우리지마의 시조 신화이지만, 이하 후유의 말대로라면 이 이야기는 오키나와의 인류 기원에 대한 이야기인 셈이다. 사실 이 이야기는 고우리지마에서만이 아니라 오키나와에 어떻게 사람이 생겨났는가를 설명하는 설화로 여러 지역에서 전승되고 있다. 특정 지역의 배타적 전승이 아닌, 이른바 '광포 설화'다.

오키나와의 마을 시조 신화 가운데에는 최초의 남녀 한 쌍의 결합으로부터 자손이 번성하여 마을이 만들어졌다는 이야기가 많다. 구다카지마의 시조 신화만 하더라도, 그 섬에 처음 건너온 남녀로부터 자손이 늘어나 구다카지마가 이루어졌다는 내용이다. 이하 후유가 소개한 고우리지마의 신화는 이런 마을 시조 신화와 그 구성이 유사하다. 세상에 처음 존재했던 최초의 남녀 사이에서 자손이 태어났고, 그들로부터 또 자손들이 퍼져 고우리지마가 이루어졌다는 내용이기 때문이다. 하지만 고우리지마의 신화는 인류의 시조가 되는 최초 남녀의 등장, 그 둘의 결합으로 인한 출산과 인류의 번성 사이에 일반적인 마을 시조 신화에서는 찾아보기 힘든 서사 단락이 존재한다는 점에서 특이하다. 하늘에서 내려오는 떡을 먹으면서 살 수 있는 '신화적 낙원', 그리고 그 낙원의 '상실'에 대해 이야기하는 단락이, 두 남녀의 결합과 후손의 출산이라는 결말 앞에 등장한다.

낙원과 낙원의 상실을 주제로 하는 이러한 단락은 기독교 신화로 유명한 에덴동산을 연상시킨다. 벌거벗은 남녀 한 쌍, 낙원, 어떤 행위로 인한 그 낙원의 상실, 상실 이후 부끄러움을 알게 되어 치부를 가리게 된 남녀 등등의 화소에서 에덴동산의 아담과 하와를 떠올리는 것은 무리가 아니다. 이하 후유 역시 이 신화를 소개하면서 그 유사성을 지적했다.[108] 이 유사성은 기독교 신화가 오키나와 신화에 영향을 준 탓이 아니겠는가 하는 짐작에서 성급하게 오키나와에서의 기독교 수용과 이로 인한 신화적 영향 관계를 따져 묻고자 하는 이들도 있을 것이다. 교회를 설립하고 성서를 가르치기도 했던 이하 후유의 행적을 떠올리면 이런 물음이 난데없지는 않다.

하지만 이 책의 관심사는 신화소나 신화적 삽화의 유사성이 어떤 연유에서 발생한 것인가를 따지려는 데 있지 않다. 전파나 영향 관계를 따지는 것보다 더 중요한 것은 고우리지마 시조 신화가 지니는 오키나와 시조 신화로서의 특이성, 즉 다른 마을에서 흔히 볼 수 있는 시조 신화에는 없는 낙원 상실 단락의 개입이 지니는 의미를 따져 묻는 것이다. 태초의 낙원과 낙원 상실의 이야기는, 신화의 의미 혹은 내적 논리의 면에서 그것이 없는 시조 신화와 어떻게 다른가?

마을 우주의 신화적 논리

태초의 남녀로부터 인류 내지는 마을이 시작되었다고 하면서도 낙원 상실의 삽화가 없는 마을 시조 신화를 보자. 한 쌍의 남녀로부터 자손이 번성하여 마을이 이루어졌다는 내용의 마을 시조 신화는 보통 세 가지 화제에 대해 말한다. 어떤 남녀가 결합했는가 하는 결합 주체, 남녀가 결합하게 된 계기가 무엇인가 하는 결합 계기, 남녀가 결합하여 어떤 존재를 낳았는가 하는 결합의 결과가 그것이다.

마을 시조 신화는 보통 결합의 주체에 대해, 두 남녀가 어디에서 왔는가 하는 점과 두 남녀가 어떤 관계에 있는가 하는 점을 이야기한다. 남녀는 하늘에서 내려오기도 하고, 바다 저 멀리 어느 섬에서 오기도 하고, 간혹 어디에서 왔는지 아예 언급이 되지 않기도 한다. 마을이 홍수나 전쟁 등으로 멸절한 이후 살아남은 남녀인 경우도 적지 않다. 또 다른 세부 화제로 들 수 있는 남녀의 관계는, 그 남녀가 남매라고 이야기하는 경우가 압도적으로 많다. 신이 남매를 내려 보냈다거나, 다른 섬에서 남매가 건너왔다거나 하는 이야기가 있고, 마을 멸절 이후에 살아남은 한 쌍의 남녀는 대부분 남매이다. '남매혼'이라는 보편적인 신화적 주제가 여기에서도 나타난다.

어떤 계기로 남녀가 결합을 하게 되었는가는 크게 두 가지로 이야기된다. 주로 하늘에서 내려온 남녀나 남매인 경우, 결합은 신의 명령에 의한 것이다. 애초에 신이 인간을 번성시키라는 의무를 주고 남녀/남매를 내려 보내는 경우가 많다. 최초의 남녀 스스로가 신격인 경우, 결합의 계기는 별달리 나타나지 않고 출현과 결합이 자연스럽게 이어지기도 한다. 두 번째 유형은 한 쌍의 남녀가 동물의 교미를 보고 그것을 흉내 내어 결합이 이루어졌다고 하는 유형이다. 남녀의 육체적 결합이 생득적 지식이 아니라 동물 세계의 모방으로 학습된 것이라는 생각이 흥미롭다.

마을 시조 신화이니만큼, 결합의 결과는 사실 뻔하다. 시조가 되는 남녀가 마을을 이룰 자손을 낳는 것이 그 결과다. 그러나 그 자손이 어떤 과정을 거쳐 태어났는가에 대한 설명이 덧붙는다. 순조롭게 자손들이 태어났다고 하는 이야기도 없지 않지만, 자손 출산까지의 과정이 순탄치 않았다고 하는 이야기들이 많다. 한 쌍의 남녀는 물고기나 지네와 같은 '이물異物'을 낳는 몇 번의 실패를 거치고서야 드디어 사람 자손을 낳는다.

사실 시조가 되는 남녀가 이물을 낳았다는 화소는 낯선 신화소는 아니다. 특히 남매혼을 주제로 하는 신화는, 종종 남매가 결합하여 처음 낳은 것이 인간이 아닌 이물이었다고 하는 경우가 많다. 남매 사이에서 인간이 아닌 이물이 태어났다는, 남매혼 신화의 이물 출산 모티프는 일반적으로 남매혼이 필연적으로 내포할 수밖에 없는 근친상간의 문제와 결부되어 해석되어 왔다. 이물 출산이라는 부정적인 결과는 근친상간 금지의 윤리적 입법을 어긴 데 따른 비정상적 결과라는 것이다.

하지만 오키나와의 시조 신화는 최초의 남녀가 남매로 설정되는 경우는 흔하나, 근친상간의 문제가 딜레마로 부각되는 경우는 찾기 어렵다. 보통의 남매혼 신화에서 이 문제가 매우 중요하게 다루어지는 것과 대조적이다. 보통의 남매혼 신화는, 근친상간의 윤리적 문제를 피하기 위해 '천의天意', 즉 '하늘의 뜻'을 동원한다. 남매임에도 불구하고 둘이 육체적으로 결합해도 되는지를 하늘에게 묻는 단락을 포함하는 것이다. 그러나 오키나와 시조 신화에는 이러한 단락이 없다. 근친상간이 아예 문제시되지 않는 것이다. 게다가 오키나와 시조 신화에서 이물 출산은 최초의 남녀가 남매가 아닌 경우에도 생겨나는 결합의 결과다.

그렇다면, 최초의 남녀 사이에서 이물을 출산했다는 것은 무엇을 의미하는 걸까? 야에야마제도의 하테루마波照間섬에서 전해지는 이야기는 그 해답에 이르는 중요한 실마리를 제공해준다.

옛날 하테루마에는 온 몸에 털이 가득 나 있고 인간의 도덕심이라고는 없는, 마치 원시인과 같은 사람들이 번성해 있었다. 이에 신은 섬 사람들을 모두 없애려고 기름 비를 내렸다. 이때 하테루마에는 매우 마음씨가 착한 여자와 남자 두 사람이 있었다. 신은 이 두 사람이 기름 비를 맞지 않게 하려고 커다란 솥을 뒤집어 씌웠다. 기름 비로 섬 사람이 모두 죽고 두 사람만이 남게 되자, 두 사람은 서로 좋아하는 사이가 되었다.

이윽고 여자가 임신하자, 두 사람은 해안가 바위 밑에 자리를 잡고 출산하였다. 그런데 태어난 것은 사람이 아니라 맹독을 가진 물고기였다. 안되겠다 싶어 두 사람은 다음 출산 때에는 물가에서 올라와 밭 옆에 돌을 쌓고 한쪽 지붕만 있는 집을 지었다. 그러나 여기에서 태어난 것은 지네였다. 그러자 두 사람은 어떻게든 인간이 태어나게 해달라고 울며 빌었다. 마침 그들 눈에 가을 밤 하늘에 놓인 네모 형태의 별 네 개가 들어왔다. 두 사람은 고개를 끄덕였다.

"아아, 과연 그렇구나! 이렇게 사각 집을 지어야 사람이 태어날 거야!"

두 사람은 사각 집을 짓고 띠를 베어 사각 형태의 지붕을 얹었다. 여기에서 처음으로 인간 아이가 태어났다.[109]

하테루마 인류의 멸망 이후 살아남은 남녀는 남매는 아니다. 그럼에도 두 사람은 사람이 아닌 이물을 낳는다. 적어도 이 신화에서는 이물 출산의 원인이 근친상간이지는 않다. 두 사람이 이물을 낳다가 드디어 인간을 낳게 된 것은 두 사람이 인간이 살 만한 사각 집을 지었기 때문이다. 그렇다면 그들이 이물을 낳은 것은, 그들이 출산한 장소가 제대로 된 집이 아니었기 때문이라는 말이 된다. 다시 말해 근친상간의 윤리를 근거로 성적인 결합이 금지되는 남매가 육체적인 관계를 맺었기 때문에 이물이 태어난 것이 아니라, 두 사람의 출산에 준비되어야 할 제대로 된 '집'이 지어지지 않았기 때문에 인간이 아닌 이물이 태어났다는 말이다.

시조가 되는 남녀가 결합하여 인간 자손들을 낳아 마을이 번성했다는 마을 시조 신화는 기본적으로 그 신화가 전승되는 '마을 우주'의 근간을 설명하는 이야기이다. 신화의 주인공이면서 믿음의 대상인 시조와, 그들을 시조로 믿는 마을 사람들이 조상과 자손이라는 긴밀한 관계에 있다는 것을 증명하는 이야기인 것이다. 그 조상들은 흔히 마을 의례의 대상이 되기 마련이라, 조상이 자손인 우리들을 돌보아줄 것이라는 마을 사람들의 소망이 깃들기도 한다.

여기에다, 결합의 주체와 결합의 계기, 결합의 결과로 이루어지는 신화 구성 요소가 여러 가지로 변주되면서 여러 의미가 덧붙는다. 시조인 남녀가 남매라는 것은, 남성 닛추와 여성 니간을 주축으로 이루어지는 오키나와 마을 공동체의 구성 원리를 연상케 하는 신화적 장치다. 닛추는 보통 마을 종가宗家 니야根屋의 남성이, 니간은 니야의 여성이 맡는바, 닛추와 니간은 흔히 같은 가문의 남매지간인 셈이다. 남매가 주축이 되어 돌아가는 현재의 마을은, 남매로부터 마을이 번성했다는 시조 신화를 통해 그 구성의 원리가 정당화된다. 조상과 자손이라는 혈연관계로 설정된 시조와 마을 사람들의 유대감은, 한 쌍의 시조 역시 피를 나눈 남매였다는 신화적 설정을 통해 더욱 강화되기도할 것이다. 가령 천혜숙에 따르면, 남매는 원래 한 부모에 근원을 두고분화된 양태이기에, 이들의 결합은 완전한 하나로의 통합이라는 신화적 인식을 내포하게 된다.[110]

결합의 계기가 신의 명령이나 동물의 교미 목격으로 구체화되는 것도 예사롭게 보아 넘길 것이 아니다. 여기에서 남녀의 결합은, 인간의 생물학적 욕망에 따른 것이 아니라는 데 주목하고 싶다. 신의 명령에 의해 남녀의 결합이 이루어질 때, 그것은 신성한 의무가 된다. 또 그것이 동물의 교미를 따라한 것일 때, 그것은 암수의 결합으로 번식하는 자연 원리의 재현으로 규정된다. 그리고 그 결합은, 아무렇게나 이루어져서도 안 되는 일이다. 신화는 성심을 다해 '집'을 지은 후에라야 이물이 아닌 인간이 태어날 수 있었다고 말한다. 모름지기 후손을 낳는 일은 단순한 결합만으로 부족한, 성심을 다해 행해야 할 중요한 일인 것이다. 남녀의 결합을 욕망이 아닌 의무와 윤리로 규정하는 것, 마을 공동체의 유지와 지속을 위한 신화의 기능적 의미가 여기에서 간취된다.

'천天', 독점과 단절

결국, 태초 남녀의 결합으로 인해 사람들이 생겨났고 그들이 마을 공동체를 이루었다는 오키나와의 일반적 마을 시조 신화는 마을 구성의 핵심적 원리를 밝히는 신화라고 말할 수 있을 것이다. 그렇다면, 고우리지마의 시조 신화는 어떠한가? 고우리지마의 시조 신화도 일반적인 마을 시조 신화의 구성 요소를 지니고는 있다. 하늘에서 내려온 남녀가, 동물의 교미를 보고, 자손을 낳아 마을이 번성한다. 여타의 마을 시조 신화가 지니는 담론적 기능을, 고우리지마 신화 역시 지니고 있다고 말할 수 있다.

그러나 문제는, 고우리지마 시조 신화에는 다른 시조 신화들에서는 찾아보기 어려운 특이한 요소, 즉 낙원 상실 단락이 개입되어 있다는 것이다. 이 단락의 의미가 심상치 않다. 이 신화를 소개했던 이하 후유는, 이 신화에서 '본능에서 분리되는, 노동에서 시작되는 인문의 서광'을 읽어냈다.[11] 이하 후유는 이 신화에서 태초 남녀의 '노동'이라는 행위에 주목하고, 이것이 '본능과의 분리'이자 인간이 세계에 인간으로서의 흔적을 남기는 '인문'의 시작을 나타낸다고 보았던 것이다. 이하 후유가 지적한 대로, 낙원 상실의 단락은 '분리' 이후 인간의 인문적 삶의 방식에 대한 이야기이다.

그러나 그 '분리'의 의미에 대해서는 조금 다르게 이해할 수도 있을 듯하다. 하늘에서 내려오는 떡을 먹으며 살던 남녀가 이제 더 이상 그런 떡을 기대할 수 없게 되었다는 것은, 떡을 내려주던 하늘[天]과 떡을 받아먹던 남녀 사이의 단절이다. 지상의 남녀 한 쌍은 떡을 매개로 하늘과 연결되어 있었기에, 떡이 더 이상 내려오지 않게 되었다는 것은 그들이 더 이상 하늘과 직접적으로 이어져 있지 않다는 뜻이 된다. 하늘과의 단절 이후, 남녀는 이제 그 이전과는 전혀 다른 삶의 조건에 처한다. 일하지 않아도 하늘에서 내려오는 떡을 먹으며 살 수 있던 남녀는 이제 직접 일을 하여 먹을 것을 구하지 않을 수 없었고, 자연계의 동물들처럼 암수 교합으로 자손을 낳게 되었으며, 그러나 동물들과는 달리 벌거벗은 몸을 부끄러워하며 가리는 존재가 되었다. 노동과, 후손의 생산과, 자연과 구분되는 인문적 매너를 갖추게 된 것이다.

하늘과의 단절 이후 노동을 통해 삶을 지속시키고, 남녀 교합을 통해 사회를 유지할 구성원을 번식시키며, 몸을 가리는 인문적 매너를 갖추게 된 최초 남녀의 삶의 방식은, 현재의 후손들이 살아가는 그것에 포개진다. 다시 말해 고우리지마 시조 신화의 낙원 상실 단락은, 현재의 삶의 방식이 무엇인가를 규정하고 그 연유를 하늘과 단절된 태초의 사건을 통해 해명하는 신화라고 할 수 있다.

고우리지마의 인류 시조 신화는 태초 남녀의 교합에 의한 후손의 출산이라는 기본적이고 일반적인 마을 시조 신화의 구성에 '하늘과의 단절'이라는 단락을 더함으로써, 마을 우주의 구성 원리에 국한되지 않고 보편적 인류의 삶에 대해 이야기한다. 고우리지마의 시조 이야기가 오키나와 전역에 퍼질 수 있었던 데에는, 사람의 삶이라는 보편적 주제를 다루는 낙원 상실의 단락이 적지 않은 역할을 하지 않았을까 싶다. 결국, 고우리지마의 인류 시조 신화는 인간은 왜 노동해야 하는가, 인간은 자연계의 다른 동물들과 어떻게 같고 다른가 하는 보편적 문제의식을 태초의 시간으로 거슬러 올라가 해명하는 담론이라는 점에서 일반적인, 마을 단위의 시조 신화와 변별된다.

고우리지마의 인류 시조 신화는 신화에 구축되어 있는 신화적 우주 질서의 양상에 있어서도 마을 시조 신화와 차이를 보인다. 마을 시조 신화의 우주는 조상과 후손의 원형 반복 관계를 근간으로 동세대 후손들 상호의 상징적인 혈연적 유대 관계가 보완되어 이루어지는, 신화 공동체 '내부'에 국한되는 우주이다. 이른바 '성聖'과 '속俗'이라는 개념으로 보자면, 마을 우주는 성과 속이 공동체 내부에서 발생하고 순환하는 질서 체계로 이루어져 있다. 일반적인 마을 시조 신화에서 신이 된 조상의 공간과 인간의 공간은 구분되기는 하되 단절되어 있다고는 할 수 없다. 인간은 죽어서 조상의 공간으로 가 그곳에서 그 역시 조상이 되며, 조상 역시 의례의 특정 기간 동안 자손들의 공간을 방문한다. 특정한 시공간에서만 그러한 것도 아니다. 조상의 삶을 원형적으로 반복하는 삶을 지향하는 마을 사람들의 삶 자체가, 조상과 긴밀하게 연결되어 있다.

이에 비해 고우리지마의 인류 시조 신화에서는 시조와 그 후손들로 이루어진 인류 집단의 '외부'에, '하늘[天]'이라는 초월적 존재가 자리하고 있다. 현재 인류의 삶의 방식은 '하늘'과 단절되어 형성된 것이다. 요컨대 인간의 세상은 '속俗'의 세계이며, '속'과 단절된 외부에 '하늘'로 구체화되는 '성聖'의 세계가 자리한다. 그리고 외부의 그 '하늘'은 인간에게 노동하지 않고도 먹고살 수 있는 '떡'을 내려줄 수 있는 공간이다. '속俗'의 세계가 바라는 복록의 소재지로서의 '하늘'이, 외부의 '성'의 공간으로 분리되어 자리하고 있는 것이다.

요약하자면, 고우리지마 인류 시조 신화의 특징적 서사 단락은 하늘과 인간의 분리를 말한다는 점에서 특징적이다. 마을 시조 신화에서는 찾아보기 어려운 이러한 분리의 서사는, 인간 세계와 단절되어 있는 외부적 '하늘'이라는 신화적 개념을 형성하고 있다. '조상의 세계'로서의 초월적 타계를 믿는 인류 시조 신화와는 달리, 하늘이라는 단절된 초월 공간을 설정하고 있다는 점에서 마을 시조 신화와 구별되는 것이다.

고우리지마의 인류 시조 신화에서 '단절된' 초월 공간으로 나타나는 '하늘'은, 왕권의 신화가 '데다'를 둘러싼 신화적 논리를 독점할 때 창안했을 것으로 보이는 수직적 공간인 천天과 일치한다. 이것이 우연의 일치이기만 할까? '시마' 신화, 즉 민간의 마을 신화에 등장하는 천 개념은, 류큐 왕권을 배경으로 형성된 천 개념과 전혀 무관한 것일까?

왕권이 초월성을 독점할 때 창안된 수직적 타계인 천天은 시마 사회의 입장에서 보면 직접적 소통이 가능하지 않은 타계다. 데다코인 국왕이 개입할 때에라야 하늘의 초월성은 국왕이 갱신하는 세지의 형태로 시마 사회에 구현될 수 있다. 국왕에게 독점된 단절된 타계. 고우리지마의 인류 시조 신화는, 그 타계 관념을 동원하여 인간적 삶의 전범을 내세운 신화일 수 있다.

2

천天 관념의 전용轉用과 논리

다케토미지마竹富島의 창조 신화

류큐 왕권의 신화적 개념이 마을 신화에 수용되면서, 나아가 그것이
전용되기도 했을 가능성을 보여주는 신화가 있다. 이제, 야에야마제도
의 다케토미지마로 가보자.

야에야마제도의 중심지를 꼽으라면 역시 이시가키지마石垣島섬이
다. 예로부터 행정의 중심지였고, 오키나와 본섬과 야에야마제도를 잇
는 항공편이 드나드는 공항도 이시가키지마섬에 있다. 섬의 크기로도
아열대 원시림으로 유명한 이리오모테지마섬西表島에 버금간다.

다케토미지마는 이시가키지마 가까이에 위치한 작은 섬이다. 이 섬
에도 오키나와의 여느 곳처럼 성소聖所 우타키를 중심으로 하는 우타
키 신앙이 있다. 예로부터 '무야마六嶽', 즉 여섯 우타키가 믿어져왔다
고 한다. 여기에 '신미 우타키淸明御嶽', '구니나카 우나키國仲御嶽(후이나

온)'를 더해 여덟 우타키라는 뜻의 '야야마八嶽'라고 하고, 다시 여기에 '니시투 우타키西塘御嶽(니시투 온)'을 포함하여 '구누야마九嶽'라 한다. 아홉 우타키라는 뜻이다. 이 아홉 우타키가, 다케토미지마 우타키 신앙 및 의례의 핵심을 이룬다.

흥미로운 것은 여섯 우타키에는 포함되지 않고 여덟 우타키 안에 드는 '신미 우타키'의 기원에 대한 신화다.

옛날, 틴 가나시天加那志 大明神가 신미 가나시淸明加那志와 오모토 사마 두 신을 하늘에서 내려보냈다. 신미 가나시는 인간이 살 섬을 만들라는 명을, 오모토 사마는 산을 만들라는 명을 받았다.

신미 가나시는 넓은 바다 가운데 솟아오른 작은 바위를 발견하고 그곳에 내려왔다. 그 바위를 중심으로 부근의 돌이며 모래흙을 쌓아올려 만들어진 것이 오늘날의 다케토미지마섬이다. 오모토 사마는 오모토야마大本山를 쌓고 그 정상에 살았다.

그 후 오모토 사마의 제안으로 두 신은 협력하여 이시가키지마石垣島를 만들었고, 또 차례차례 섬을 만들어 모두 여덟 섬을 만들었다. 이것이 곧 야에야마섬八重山島이다. 신미 가나시와 오모토 사마 두 신을 제사지내는 곳이 다케토미지마 중앙의 신미 우타키淸明御嶽다. 사람들은 이곳을 무투 우간元御嶽이라 부른다. 신미 가나시는 최초로 하늘에서 내려온 신이기 때문에, 기우제나 다른 의례를 행할 때 우선 이 신을 모신 다음에 행한다.[112]

이 신화에 따르면, 다케토미지마는 '틴 가나시', 즉 천신의 명령으로 만들어진 곳이다. 천신의 명령에 의해 '신미 가나시'와 '오모토 사마'라는 두 신이 지상에 하강하여 다케토미지마를 만들었다고 한다. 이 신화는 다케토미지마뿐만이 아니라 야에야마의 여덟 섬에 대해서 언급하고 있다. 다케토미지마를 만든 신이 이시가키지마를 비롯한 야에야마의 여러 섬을 만들었다는 것이다. 여기에서 다케토미지마는 천신의 명령에 의해 신들이 하강하여 만든 신성 공간으로 의미화되며, 나아가 야에야마의 여러 섬들 중에서도 처음으로 만들어진 곳이라는 점에서 야에야마제도를 이루는 여러 섬들 가운데 시원적 의미가 있는 것으로 자리매김된다.

위의 신화가 흥미로운 것은 전승 집단이 뚜렷한 다케토미지마의 우타키 신화임에도 불구하고, 서술의 초점이 집단 내부에 맞추어질 뿐만 아니라 그 시각이 외부로도 확장된다는 점이다. 보통 창세신화는 전승 집단 내부가 아닌 그 외부의 집단이나 세계에 대해서는 관심이 없다. 신성성이나 초월적 힘의 근원이 자리하는 공간이 상정된다 할지라도, 그곳은 전승 집단의 신화적 우주 내부에 자리한다는 점에서 외부 같아 보이지만 외부라 할 수 없기에, 역시 신화적 진술의 초점은 전승 집단 내부에 맞춰져 있다고 할 수 있다. 그런데 위의 신화는 다케토미지마를 만든 신들이 차례차례로 만든 섬들이 야에야마가 되었다고 하여, 야에야마의 다른 섬들을 의식하면서 다케토미지마의 상대적 태초성을 드러내고 있다.

다케토미지마 우타키 재편의 역사

이러한 특이성은 어떻게 이해해야 할까? 해답의 실마리는 위 신화와

의례적으로 결부되어 있는 신미 우타키가 다케토미지마 우타키 신앙 체계에서 차지하는 위상에서 찾을 수 있을 듯하다. 다케토미지마에서 신미 우타키는 구니나카 우타키(후이나온)와 함께 여덟 우타키인 야야마에는 포함되지만, 무야마라고 하는 여섯 우타키에는 포함되지 않는다. 신미 우타키와 구니나카 우타키, 그리고 아홉 우타키(구누야마)에만 포함되는 니시투 우타키는 중요한 여섯 우타키에 더해진, 여섯 우타키와는 성격과 위상이 다른 우타키라는 뜻이다.

여섯 우타키에 포함되지 않는 세 우타키의 성격은 구니나카 우타키와 니시투 우타키를 통해 비교적 선명하게 파악된다. 유래에 따르면, 구니나카 우타키는 류큐 왕조가 제향하던 우타키 중의 하나인 소노햔園比屋武 우타키, 슈리성 정문 근처에 아직도 남아 있는 그 우타키의 분사分社다. 다케토미지마 출신으로 슈리 왕부에 등용되어 소노햔 우타키를 만들었던 니시토西塘라는 사람이 있는데, 그가 다케토미지마에 귀향하면서 만든 배소라고 한다. 니시투 우타키도 이 니시토와 관계가 있다. 니시투 우타키는, 니시토의 사후 그의 묘가 우타키로 받들어진 것이다. 다시 말해 구니나카 우타키와 니시투 우타키는 류큐국, 즉 슈리 왕부와의 관계 속에서 다케토미지마에 새롭게 등장한 우타키였다.

원래 다케토미지마는 류큐 왕국과 밀접한 관련이 있는 섬이었다. 야에야마 지역을 다스리기 위한 구라모토藏元—류큐 왕조의 이도離島 행정청—가 처음 설치된 곳이 다케토미지마였을 정도다. 슈리 조정에서 공을 세운 니시토가 다케토미지마의 지방관인 가시라쇼쿠頭職에 임명되어 귀향한 후, 슈리 조정이 파견한 만비키윤추滿挽與人가 소환되고 구라모토가 설치된 것이다(1524). 그런데 다케토미지마는 토지가 협소하고 사람이 적어 왕래하기 불편하다는 이유로, 구라모토는 나중에 이시가키石垣로 옮겨졌다(1543). 야에야마의 행정적 중심지는 처음부터 이시가키지마였던 것이 아니라, 애초에는 다케토미지마였던 것이다.

이런 역사적 사실을 염두에 두고 신미 우타키의 신화를 다시 읽어보면, 다케토미지마부터 만들어지고 그다음에 이시가키지마가 만들어졌다는 내용은 예사롭지 않다. 야에야마의 중심이 원래는 다케토미지마였다는 인식이, 다케토미지마가 이시가키지마를 비롯한 다른 섬들보다 먼저 만들어졌다는 상대적 태초성으로 드러난 것은 아닐까라는 생각을 해볼 수 있기 때문이다. 신미 우타키는, 구니나카 우타키나 니시투 우타키처럼 류큐국 슈리 왕부와의 관계하에서 등장한 새로운 우타키일 가능성이 높다.

다케토미지마의 여섯 우타키는 다케토미지마의 여러 마을에서 수호신에 대한 신앙적 필요에 따라 형성된 것이다. 그런데 그 무야마를 근간으로 하던 다케토미지마의 우타키 신앙은 슈리 조정의 편입이라는 새로운 역사적 국면에서 전환점을 맞이한다. 류큐국 우타키의 분사인 구니나카 우타키가 설립되면서, 무야마를 중심으로 하던 신앙적 환경에 변화가 생긴 것이다. 이러한 상황에서 기존의 우타키 신앙은 이식된 류큐 왕국의 신앙에 대해 어떻게 대응했을까?

다케토미지마 사람들은 기존의 여섯 우타키에 이식된 우타키를 수용하는 방식을 취했다. 그 수용을 위해 동원된 것이 새로운 우타키인 신미 우타키였다. 다케토미 사람들은 외부에서 이식된 구니나카 우타키에 신미 우타키를 더해 우타키 체제에 포함시키고, 다케토미지마라는 전승 집단의 우주를 태초의 시간으로 돌아가 새롭게 정립하였다. 신미 우타키를 중심으로 다케토미지마의 일원성을 강조하는 동시에 야에야마를 신화의 시야에 포섭하면서 다케토미지마의 상대적 우월성을 드러내는 것은, 류큐 왕국의 지배와 함께 야에야마의 중심지였다가 이내 이시가키지마에 그 지위를 내주고 만 다케토미지마의 자기중심적 세계 인식이 신화화된 결과다.

다케토미지마라는 내부를 명시하면서 그 외부에 눈을 돌리는 신미 우타키 신화의 특이성은, 이러한 배경이 만들어낸 것이다. 여섯 우타키의 세계에서 여덟 우타키의 세계로, 다시 아홉 우타키의 세계로 정비되어간 것이 다케토미지마 우타키 신앙의 역사다.

'천'의 전유轉有

다케토미지마의 신앙 세계가 류큐 왕국의 지배와 함께 이식된 우타키를 수용할 수 있었던 것은 신미 우타키와 같은 중재적 우타키를 스스로 만들어낼 수 있었기 때문이었다. 신미 우타키 신화는 류큐국 슈리 조정과의 관계 속에서 다케토미지마의 현재를 새롭게 규정하는 담론으로 기능했다. 이러한 담론과 신앙을 가능케 한 주요한 신화적 관념은, 다름 아닌 '천'이라는 초월성이었다. 신미 우타키 신화에서 신미 가나시와 오모토 사마는 '최초로 하늘에서 내려온 신'이라는 것으로 그 신성성이 확인된다. 그들의 신성성은 '천'이라는 초월적 외부에 기대어 발현되었던 것이다.

무야마 우타키의 신격들은 그 신성성의 근원이 이와는 좀 다르다. 무야마 우타키 신들의 유래지는 구체적 지명으로 나타나며, 그들의 신성성은 그들을 신으로 모시는 집단에게 발휘한 신격으로서의 역할로 확인된다. 다시 말해 그들의 신성성은 집단 내부에서 형성된 것이다.

무야마에 포함되지 않는 세 우타키 중에서 구니나카 우타키와 니시투 우타키 신격의 신성성은 슈리 왕부의 권위에서 비롯되는 것이다. 슈리 왕부와의 관계 속에서 다케토미지마의 현재를 새롭게 규정하는 담론으로 기능하는 신미 우타키 신화에서, 신성성은 '천'이라는 초월적 외부에 기대어 발현된다. 무야마를 주축으로 하는 우타키 신앙 집단이 슈리 왕부와 관계하게 되면서 슈리 왕부에서 비롯되는 신성성—구니나카 우타키 및 니시투 우타키—을 받아들일 때, 다케토미지마의 신화적 질서를 조정하고 재정립하기 위해 형성된 우타키 신화에 '천'이라는 초월적 외부가 등장하는 것이다.

신성성의 원천으로서 초월적 외부인 '천天'이 등장한다는 점에서 고우리지마 인류 시조 신화나 신미 우타키 창조 신화는 유사한 면모를 지닌다. 마을이라는 제한된 집단을 벗어나 널리 퍼진 인류 시조 이야기로 전승되는 신화에서, 그리고 외부 정치 세력과의 관련하에서 다케토미지마라는 공동체의 위상을 규정하는 우타키 신화에서 공히 초월적인 외부로서의 '천'이 나타나고 있는 것이다. 왕조 국가라는 정치적 상위 집단이 등장하여 마을의 자체 완결성과 폐쇄성이 더 이상 가능하지 않게 된 현실에서 형성 또는 재편되었을 것으로 여겨지는 신화가 공통적으로 '천'이라는 개념을 드러내고 있다는 사실은 무엇을 의미하는가. 구비 창세신화에 나타나는 이러한 개념이, 오키나와의 신화사적 측면에서 보면 비교적 후대의 것임을 보여주는 하나의 단서이지는 않을까?

고우리지마의 신화는 천 개념을 수용하면서도 그것이 마을 공동체와 단절된 타계라는 인식을 보여준다. 이에 반해 다케토미지마의 신미 우타키 신화는 천 개념을 적극적으로 공동체 내부의 초월성으로 끌어들인다. 다케토미지마의 우타키 신앙과 류큐 왕권에서 이식된 우타키 신앙을 중재한 것은 신미 우타키 신이 지닌 하늘에 기반한 신성성이 었고, 또 그것은 야에야마 지역에서의 다케토미지마의 상대적 우월성을 강조하는 데 활용되고 있다.

류큐 왕권의 절대성이 실감되던 오키나와 본섬 주변 지역의 신화와, 왕권의 중심과는 멀리 떨어진 주변부 신화 사이의 차이 중의 하나가 이것인지도 모르겠다. 고우리지마의 '천'은 왕권이 독점하여 가져가버린 그것에 가깝고, 다케토미지마의 '천'은 왕권이 독점한 그것을 모방하여 형성된 것일지는 모르나 내부의 것으로 전유되어 있다. 류큐 왕국의 신화 세계에서 '천'은 균질하지 않은, 이처럼 다양한 스펙트럼을 형성하고 있다. 왕권 신화의 신화적 관념 중의 하나인 '천'이 왕조 사회를 지배할 때, 민간의 구비 전승은 그 개념을 다양한 방식으로 수용했다고 말할 수 있으리라.

마을과 왕조 '사이'의 공동체와 신화

'시마' 사회의 층위와 사키시마先島

'시마'는 '섬'이라는 뜻이다. 하지만 오키나와 민속 사회에서 '시마'는 또 다른 의미를 지니기도 한다. 한 개인이 실감하는 지역 공동체의 단위, 흔히 '마을'이라고 하는 공동체를 일컫는 말 역시 '시마'다. 오키나와 기층 사회의 공동체 신화는 바로 이 '시마'라는 마을 공동체를 중심으로 향유되어왔다.

'시마'를 배경으로 전승되던 오키나와 기층의 신화는, 류큐국의 통치 체제가 정비되면서 새로운 상황을 맞는다. 각 마을의 사제인 '노로'들이 '기코에오기미'를 정점으로 하는 국가적 사제 조직으로 편입되면서, 왕조의 국가 의례와 마을 의례의 접점이 생겨나게 되었다. 오키나와 본도에서 멀리 떨어져 있던, '사키시마先島'라고 하는 미야코제도와 야에야마제도 역시 이러한 상황을 피해가지 못했다. 미야코제도에는 '미

야코 오오아무宮古 大阿母'가, 야에야마제도에는 '야에야마 오오아무八
重山 大阿母'가 임명되어 토착 의례 체계의 왕조 의례 체계로의 편입이
시도되었다.

'오오아무'라고 하는 대표 사제가 임명됨으로써, 각자 나름의 의례
체계와 신앙 세계를 이루면서 병존하던 '시마'라는 마을 공동체들은
이제 '미야코'와 '야에야마'라는 공동체적 집단으로 '호명'되는 상황을
맞게 된 것이다. 정치적이고 행정적인 복속에 결부된 의례적 차원의
호명과 더불어, 이전에는 없던 공동체가 새롭게 부각되었다. 생활의
실제적 공동체인 '시마'와, 실재하기는 하나 '시마'의 한 생활인의 입장
에서는 추상적으로 인지되는 왕조 국가 '사이'에 '미야코'와 '야에야마'
라는 또다른 층위의 공동체가 생겨난 것이다.

미야코와 야에야마의 구비 전승 가운데에는 각기 미야코와 야에야
마라는 세계의 시작을 말하는 창세신화가 있다. 미야코니, 야에야마니
하는 세계가 하나의 공동체로 형성되고 부각된 것은 류큐 왕조의 등
장과 호명 이후다. 그러니 미야코와 야에야마의 '시작'에 대해 말하는
창세신화 역시, 두 지역 신화사의 서두에 자리하는 신화가 아니라 호
명에 의한 공동체의 형성 이후라는 시기에 성립된 신화일 수밖에 없
다. 이런 까닭에, 시마와 왕조 국가 '사이'에서 형성된 공동체의 기원을
말하는 창세신화에는 왕조의 그림자가 짙게 드리워져 있다.

미야코 창세신화의 형성과 재편

미야코지마 지방의 고문서 가운데,《미야코지마기사사차宮古島記事仕

次》(1748)라는 문서가 있다. 그 서두에 미야코지마가 어떻게 시작되었는가를 말하는 신탁神託이 실려 있는데, 다음은 그 기록을 몇 단락으로 나누어 옮긴 것이다.

(가)고전古傳에 이르기를, 옛날 신탁을 듣건대 미야코지마의 상고上古에 고이쓰노古意角라는 남신이 천제에게 아뢰어 "하계에 섬을 세우고 중생을 제도하여 수호신이 되겠다"는 서약을 했다고 한다. 천제가 느끼는 바가 있어 하늘의 바위 끝을 꺾어 주며 말씀하셨다. "너는 바다로 내려가 풍수가 좋은 곳에 이 돌을 던져 넣어라." 은혜를 감사히 여기고 바위를 받아 내려와 너른 바다에 던져 넣으니, 그 돌이 응고하여 섬 모양이 생겨났다. 천제는 또 적토赤土를 내려주었다.

(나)고이쓰노는 "제게 갖추어지지 않은 것이 있다"라고 아뢰었다. "너는 육근오체六根五體를 갖추었거늘 또 무슨 부족함이 있겠느냐?"라고 천제가 묻자, 고이쓰노는 "무릇 양이 있으면 음이 있고, 음이 있으면 양이 있습니다"라고 아뢰었다. 천제는 과연 그러하다고 여겨 고이타마姑依玉라는 여신을 주기로 했다. 이렇게 해서 두 신은 이 땅에 내려와 수호신이 되어 모든 유정무정有情無情을 낳고, 그 후 양신陽神과 음신陰神을 낳아 소다치노 카미宗達神, 가다마노 카미嘉玉神라 이름 붙였다.

(다)이 섬은 적토만 있어서 곡식 종자가 번성하기 어려웠기 때문에 기근에 이르는 경우가 종종 있었다. 천제는 가여워서 흑토를 내려주었다. 이때부터 오곡이 풍성하고 먹을 것이 많아졌다.

(라) 소다치노 카미, 가다마노 카미가 십여 세가 되었을 무렵, 어디서 왔는지 모르는 유락遊樂의 남녀가 있었는데 용모가 아름다웠다. 고이쓰노와 고이타마가 "너희들은 어디에서 왔는가" 하고 묻자, "땅 속에서 화생하여 부모가 없습니다. 그래서 유락신遊樂神이 되었습니다"라고 대답하였다. 남신은 붉은 잎으로 몸을 장식하고 있었으므로 기소노 카미木莊神라 하고, 여신은 푸른 풀로 몸을 장식하고 있어서 후사소노 카미草莊神라 했다. 고이쓰노와 고이타마는 이를 매우 기뻐하여 후사소노 카미를 소다치노 카미에게 보내고, 기소노 카미는 가다마노 카미에게 보냈다. 소다치노 카미는 남자이므로 동쪽 땅을 주어 히가시나카소네東仲宗根라 이름하고, 가다마노 카미는 여자이므로 서쪽 땅을 주어 니시나카소네西仲宗根라 불렀다. 두 신의 덕이 넓고 컸기에 인물이 화육化育하였다. 소다치의 자식은 요나오시노 마누시世直眞主라는 이름의 남신이고, 기소의 자식은 소이마라 쓰카사素意麻娘司라는 여신이다. 이 두 신이 부부가 되어 자손이 번성하였다.……

(가)는 미야코섬이 어떻게 생겨났는지를, (나)는 인류와 만물은 또 어떻게 생겨났는지를, 그리고 (다)는 오곡이 어떻게 번성하게 되었는지를 말하고 있다. 그 뒤를 이은 (라)는, 정치적 군장과 종교적 사제의 기원에 대한 것이다. '마누시'는 정치적 지배자를, '쓰카사'는 여성 사제를 가리키는 말이다. 흥미롭게도, 이 신화의 네 가지 주제는 류큐 왕조의 창세신화를 구성하는 네 요소와 겹친다.

각각의 주제가 표현되는 양상도 비슷하다. 고이쓰노는 천제의 명을 받고 하늘의 사물을 가지고 내려와 류큐섬을 만든 아마미쿠와 겹치고, 세상의 만물을 낳은 고이쓰노와 고이타마는 천제의 아들딸, 혹은 아마미쿠와 시네리쿠 한 쌍을 상기시킨다. 오곡의 기원을 아마미쿠가 가져온 천상의 오곡 종자로 설명하는 류큐 왕조의 신화와는 달리 위의 신화는 오곡 풍요의 기원을 하늘에서 내려준 흑토로 설명하지만, 곡물을 먹을거리로 누리게 된 풍요로운 현재의 신화적 연원을 하늘에 둔다는 점에서는 공통적이다. 태초의 남녀가 낳은 아이들이 각기 정치적 수장과 정치적 사제가 된다는 점도 비슷한 면모다.

이런 유사성이 어디에서 비롯되었는가 하는 문제는, 이 신화가 다름아닌 하리미즈漲水 우타키의 신화이기도 하다는 데에서 해답의 실마리를 찾을 수 있다. 하리미즈 우타키는 미야코지마의 행정적 중심지인 히라라平良의 항구 하리미즈에 자리한 우타키로, 류큐 왕국의 국가 사전祀典 체제에 편입되었던 미야코지마 우타키 가운데에서도 가장 중심이 되는 곳이기도 했다. 미야코지마를 통일하고 류큐 왕조에 입공하여 그 지위를 인정받았던 영웅 나카소네 토요미야仲宗根豊見親가 중건했다는 기록이 남아 있기도 하다.[113] 하리미즈 우타키는, 미야코지마가 류큐에 복속되어 하리미즈 항구와 그 인접 지역이 지방 행정의 중심지가 될 때 부각된 우타키인 것으로 보인다. 요컨대, 하리미즈 우타키는 '시마'와 '국가' 사이의 공동체인 미야코의 부각과 그 궤를 같이 하는 우타키다. 하리미즈 우타키를 '미야코지마'라는 세계의 중심에 두는 위의 신화 역시, 그 사이의 공동체가 부각된 이후의 신화일 터다.

미야코지마의 창세신화와 류큐 왕조 창세신화 사이의 유사성은, 지극히 의도적인 우타키 신화 재편의 결과물로 보인다. 미야코지마라는 '사이'의 집단이 새롭게 부각되어 집단의 공동체성과 신성한 역사를 구성해야 할 때, 미야코지마의 식자들은 왕조의 창세신화를 모방하여 그 성스러운 태초를 이야기하는 방법을 택했다. 창세신화의 재편을 통해 집단의 정체성을 구축하려는 왕조 창세신화의 방법이, 여기에서도 재현되었던 것이다.

물론, 이전에는 없던 하리미즈 우타키가 이 시기에 이르러 새롭게 형성된 것은 아니다. 하리미즈 우타키의 유래담으로는 다음과 같은 이야기가 문헌과 구비에 두루 전한다.

옛날, 어떤 부부가 딸과 함께 살고 있었는데 밤마다 딸아이의 방에 정체 모를 청년이 찾아오는 것을 알게 되었다. 부모의 기지로 청년의 옷자락에 실을 꿴 바늘을 꽂아 두었다가 그 실을 따라 가봤더니, 하리미즈 우타키에 큰 뱀이 몸에 바늘을 꽂은 채 또아리를 틀고 있었다. 그 청년은 다름 아닌 사신蛇神이었던 것이다. 임신한 딸아이가 자식을 출산했는데, 그 자식들은 하리미즈 우타키의 아버지를 따라가 역시 신이 되었다.

우리나라에서는 '야래자 설화', 일본에서는 '삼륜산三輪山 설화'라고 하는, 여러 지역에서 볼 수 있는 설화 유형이다. 이런 신화를 품고 있던 하리미즈 우타키를 미야코의 통일 영웅 나카소네 토요미야가 자신의 위상을 강화하는 특별한 기능과 의미를 지닌 우타키로 재정비하고, 이후 '미야코'라는 '사이'의 공동체를 실재화하는 신화가 류큐 창세신화를 모방한 미야코 창세신화의 형태로 덧붙여진 듯하다.

야에야마 창세신화의 형성과 재편

다케토미지마 다음으로 야에야마제도의 행정적 중심지가 된 이시가키지마에서는 다음과 같은 설화가 채록되었다.

A. ㈎옛날, 아주 아주 옛날의 일이다. 데단太陽 가나시가 아만 신을 불러 말했다. "너는 하늘 아래로 내려가서 섬을 만들라." 아만 신은 들은 대로 섬 만들기를 시작했다. 아만 신은 데단 가나시에게 섬을 만들 흙과 돌을 잔뜩 받았다. 하늘에 있는 일곱 자尺 다리 위에서 섬이 생길 만한 바다에 그것들을 던져 떨어뜨리고 하늘의 창으로 섞자, 보고 있는 동안에 섬이 생겨났다. 이 섬이 지금의 야에야마 이시가키지마라고 한다.

㈏이 섬에는 아단阿트 나무가 무성하여 향기로운 열매가 맺혔으나, 그것을 먹을 인간이나 동물은 아직 만들어지지 않고 있었다. 그로부터 훌쩍 시간이 지난 후, 아단 나무가 우거진 구멍 안에 소라게를 만들었는데, 신기하게도 아만 신이 "가부리-"라고 큰 소리를 내며 땅 위를 돌아다녔더니 소라게가 아단 나무의 열매를 먹고 살아가게 되었다. 어느새 섬 여기저기에는 소라게가 살게 되었다. 하늘 아래의 일을 걱정하던 데단 가나시는 하늘 아래에 소라게만으로는 적막하다고 생각해서 얼마 후 인간이 태어날 수 있도록 사람 종자를 내려보냈다. 그러자 옥같이 아름다운 젊은 남녀가 "가부리-"라고 말하며 소라게가 나온 그 구멍으로부터 생겨났다. 지상에 등장한 두 사람의 젊은이는 새빨갛게 익은 아단 열매를 발견했다. 배가 고팠던 두 사람은 그것을 게걸스레 먹었다. 아단 나무는 두 사람에게 생명의 나무가 된 것이다.

데단 가나시는 두 사람을 연못가에 세우고 서로 반대 방향으로 연못가를 돌아오라고 했다. 두 젊은이가 그 말대로 연못가를 돌다가 서로 부딪혀 생각지도 않게 껴안게 되고 말았다. 그래서 두 사람은 부부의 연을 맺고 세 명의 남자 아이와 두 명의 여자 아이를 낳았다. 그 후 세월이 흐름에 따라 야에야마에는 인간이 늘어갔다.

(다)야에야마의 풍년제 때 아단의 새싹 중에서 흰 부분으로 즙을 내어 신전에 바치거나, 또 오본お盆 때 불단에 아단 열매를 올리는 관습은 사람들이 신에게 감사하는 마음에서 지금까지도 남아 있어서 그런 것이다.[114]

위 신화는 크게 (가), (나), (다) 세 단락으로 나누어 볼 수 있다. (다) 단락은 위의 설화가 제의와 결부된 신화임을 보증하는 단락이고, 창세신화로서의 서사는 (가), (나)에 집중되어 있다. (가)는 이시가키지마라는 신화적 공간의 창조를, (나)는 이시가키지마뿐만 아니라 야에야마 전체에 인간이 늘어나게 된 유래를 말하고 있다. 그런데, 이시가키지마에는 다음과 같은 신화가 전승되기도 한다.

B. 시마의 시초 때, 아단이 자생하여 번성하자 뒤이어 소라게가 나무 뿌리 밑에서 구멍을 내고 "카뿌리–"라고 말하며 나타났다. 다음으로 그 구멍에서 "카뿌리–"라고 외치며 인간 남녀 두 사람이 나타났다. 두 사람이 배고픔을 느껴 아자네부라를 보았는데 커다란 나무 열매가 익어 있어 그것을 따 먹었다. 이후 그것을 먹으며 목숨을 이어 자손이 번창하였다.[115]

앞에서 본 A신화와 비교할 때, B신화는 (가)와 (다) 단락 없이 (나) 단락만 제시되어 있다. 그런데 아단, 소라게, 구멍에서 나온 최초의 남녀 등의 모티프로 구성된 두 신화는 '원인자–출현자' 구조로 이루어지는 동아시아의 전형적인 시조 신화와 유사한 형태이면서[116] 동시에 태초의 남녀로부터 자손이 번창했다는 시조 신화의 일반적 형태에도 가까운 모습이다.

그렇다면 앞에서 본 A신화는, B와 같은 시조 신화를 근간으로 '야에야마'라는 새롭게 형성된 세계의 기원을 이야기하는 창세신화로 재편된 것이 아닌가 짐작해볼 수 있을 것이다. 즉, (가), (나), (다) 단락으로 이루어진 창세신화의 근간은 (나)의 시조 신화 단락에 있고, 세계의 공간적 배경이 어떻게 만들어졌는가를 말하는 (가)와 이야기의 신화성을 보증하는 (다)가 결합되어 A와 같은 야에야마의 창세신화가 형성되었으리라고 가늠해보는 것이다.

삶의 터전인 물리적 공간의 기원과 인류의 기원을 차례로 기술하는 것은 류큐 왕조의 창세신화 각 편에 두루 나타나는 특징이었다. 마을이라는 실감의 공동체와는 성격이 다른 추상적 국가 공동체인 류큐 왕조는, '국가'라는 '세계'를 공간의 기원, 인류의 기원, 문화의 기원 등의 측면에서 구체적으로 제시하며 신화적 질서를 구축하고 신성성을 확보해나갔다. 야에야마의 창세신화가 시조 신화에 공간 형성의 (가) 단락을 덧붙여 형성되었다고 본다면, 이는 '야에야마'라는 공동체 역시 일상에서 실감하는 공동체가 아니었기에 선택된 신화 재편의 방법이었다고 말할 수 있다.

사실 (가)는 류큐 왕조의 창세신화에 나타나는 공간의 창조 단락과 매우 흡사하다. 태양신의 명령에 의해 '아만'이라는 신이 섬을 만들었다는 (가)는, 데다 하치로쿠=데다 이치로의 명에 의해 하늘에서 내려온 '아마미쿠'가 섬을 만들었다는 《오모로소시》의 왕조 창세신화와도 겹친다. 류큐 왕조의 호명에 의해 형성된 '야에야마'라는 공동체의 창세신화에서 발견되는 류큐 왕조 신화의 신화적 논리와 서사적 모티프는, 이 창세신화에 짙게 드리워진 류큐 왕조 신화의 그림자이기도 하다.

게다가 (나)에서 최초의 남녀가 연못을 돌아 서로 만난다는 화소는, 일본 신화의 이자나키와 이자나미를 떠올리게도 한다. 민간에서 전해지는 신화의 원시성이나 태초성을 믿는 낭만적 시각에서라면 일본 신화의 원형이나 고형을 야에야마에서 찾았다고 감탄할 수도 있겠지만, 이 이야기가 주제로 삼는 태초의 공간에 대한 인식이 류큐 왕권이라는 외부의 자극하에 생겨난 것임을 고려하면 오히려 반대 방향의 영향을 가늠하는 게 타당해 보인다. B신화와 같은 시조 신화가 외부를 의식한 결과, A신화가 형성되었으리라고 보는 것이다.

오키나와 구비 설화 연구의 대가인 엔도 쇼지遠藤庄司는 구라모토가 설치되었던 이시가키지마의 구비 설화 가운데에는 야에야마제도 독자의 이야기 유형뿐만 아니라 오키나와 본도로부터 전래된 이야기 유형이 있음을 지적하고 있다.[117] 주변 여러 섬들과는 다르게, 오키나와 본섬과의 교류가 직접적이었을 이시가키지마의 구비 전승 세계에 외부의 영향이 있었음을 보여주는 또 하나의 사례다.

'시마'의 창세신화는 보통 시조 신화이기 일쑤이며, 그 시조 신화는 조상과 후손, 성聖과 속俗의 순환 논리에 의해 내부 완결적 구조를 이루는 세계를 구현하는 것이 일반적이다. 그러나 신화 전승의 범위가 마을을 넘어서거나 외부 정치권력의 개입으로 마을 공동체의 정치적 위상 및 신화적 질서가 조정될 필요가 제기될 때, 기원에 대한 신화는 '현재'의 문제를 외부의 초월적 존재인 '천' 개념을 도입하며 재편되는 경향을 보인다고 생각된다. 일상의 실감을 벗어나는 범주의 정치적 공동체, 이를테면 이시가키지마의 한 '시마'에 사는 이들에게 다가오는

'야에야마'와 같은 공동체가 외부 정치권력의 자극에 의해 구성되는 역사적 정황에 이르러서는, 그 외부 권력의 정전화된 창세신화의 구성 요소와 내적 논리를 모방하는 신화 재편 양상이 엿보이기도 한다.

요컨대 오키나와의 창세신화는 전승 집단의 '현재'를 설명하고 규정해야 할 필요에 의해 호출되는 담론의 한 형식으로서, 전승 집단의 범주와 성격에 따라 상호 영향을 주고받으면서도 동시에 서로 다른 신화적 논리를 구축해왔다고 말할 수 있을 것이다. '시마 사회'의 구비 신화를 이해하려고 할 때, 그 사회를 지배했던 류큐 왕권의 신화를 알아야 하는 이유가 여기에 있다. 오늘날 오키나와의 시마 사회에 남아 있는 신화는 류큐의 시대를 살아낸, 류큐의 시대에 재편된 신화다.

에필로그

모든 권력은 권력의 절대성을 위한 논리를 필요로 한다. 지배나 통치의 정당성은 여기에서 성립되고 또 강화되기 때문이다. 왕권도 예외가 아니다. 중세 이후 동아시아의 여러 나라는 유교적 천명론에 기반한 왕권론을 발전시켜왔고, 이는 동아시아 문명권의 보편적 왕권론이기도 했다. 류큐 왕권 역시 이런 왕권론을 수용했다. 추상적이고 철학적인 관념으로서의 '천天'과 이를 토대로 하는 천명론은 이미 고류큐 시기에 유입되어 있었다. 게다가 류큐 왕권은 동아시아 왕권의 종교적 기반 가운데 하나였던 불교도 수용하고 있었다. 류큐 국왕은 불승과 함께 들어온 불교를 받아들여 비호했고, 왕가를 위한 사찰을 건립했다. 고류큐 시기에 만들어져 오늘날까지 남아 있는 여러 금석문은, 류큐가 왕권론의 측면에서도 동아시아 문명권의 동질적 일원이었음을 증명하고 있다.

그러나 류큐, 특히 고류큐 왕권론의 핵심적 축은 '데다'라는 표상과 '세지'라는 초월적 힘에 대한 관념으로 구성된, 토착의 신앙 체계에서 비롯된 신화적 논리였다. 아지와 구스쿠의 시대에 아지 지배자의 상징이었던 '데다'의 표상이 국왕의 '데다론'으로 상승하고, 외부에서 유입된 사유의 영향을 수용하여 '데다코'로 대표되는 신화적 왕권론이 구축되었다. 류큐 조정의 특징적 면모라고 여겨졌던 여성 사제 조직도, 이러한 왕권론에 따른 것이다.

고류큐 왕권론에서 중요한 부분을 차지했던 신화적 논리는 고류큐 시대에 '신화'라는 언어 텍스트로 형상화된 것이 거의 남아 있지 않다. 고류큐의 시대나 그 이전의 아지 시대에, 신화적 사고나 신화적 논리는 '말로 된 이야기'로 표현되지는 않았을지 모른다. 그것은 의례나 습속과 같은 표상 체계로 구현되었고, '말'이라는 표현 수단을 통할 때는 종종 의례에서 구연되는 노래 형태로서 암시되었다. 신화적 관념은 정제된 형태의 의례 가요나 의례의 제차, 구스쿠나 성의 배치 등으로 구현되었을 것이니, 남아 있지 않은 게 아니라 애초부터 없었다고 보는 편이 더 타당할지도 모른다.

구구절절, 서사적 합리성과 논리를 갖추며 무엇인가를 설명하고 증명하는 '이야기'로서의 '신화'는, 신화적 사유에 기반하는 표상 체계가 예전의 힘을 잃었을 때 비로소 등장했다. 예컨대 17세기 이후《중산세감》과《중산세보》가 '신화'라는 이야기 방식을 활용하여 과거를 재구성하는 적극적 기획을 실행할 수 있었던 데에는, 류큐 왕권을 떠받쳤던 신화적 코스몰로지가 일찍이 서사적 논리를 갖춘 언어 형태로 고정된 바가 없다는 사실이 오히려 긍정적으로 작용했을 수 있다. 태양왕의 신화적 논리와 의례, 오모로와 같은 비서사적 노래 등으로 채워져 있던 왕권 신화의 세계는 신화 서사의 측면에서는 오히려 거의 비어 있는 공간이었기에, 기획과 재편의 여지가 충분했을 것이기 때문이다. 현재의 문제적 상황을 인식하고 미래로 나아가기 위한 '방향'을 제시하기 위해 '시원' 혹은 '태초'라는 신화적 관념의 조건을 빌려온 다음, 당면한 현재의 문제 해결과 꿈꾸는 미래에 걸맞게 서사를 구성하거나 만들어내는 것. 그 결과가 17세기 이후 문자화된 류큐의 왕권 신화다.

신화적 사유와 논리는 그 연원이 깊다. 그러나 그것의 언어적 표현으로서의 신화 서사는 신화적 사유나 관념, 논리에 비해서는 상대적으로 늦은 시기의 소산이다. 신화 '서사'의 풍요로움은, 신화적 표상 체계가 지니는 사회적 힘에 반비례하며 사실적 합리성의 위세에 비례한다. 적어도, 류큐에서는 그렇다.

류큐 왕국의 시마 사회에서 전승된 신화 역시 그렇다. 민간의 신화는 왕권의 신화와 무관한, 변화를 야기하는 '역사'라는 바이러스로부터 차단된 무균 상태의 신화가 아니다. 데다코를 표상으로 하는 류큐 왕국의 신화적 코스몰로지가 마을 우주와 마을 사람들의 삶에 그림자를 드리울 때, 왕국의 우주와 마을 우주의 통로를 만들어내는 신화 서사가 등장하기도 했다. 물론 그 통로의 넓이, 통로의 모양 등등은 마을이 처한 정치적 위치, 마을 우주의 종교적 특징 등에 따라 달리 나타나지만 말이다.

류큐 왕국의 신화는 역사적 장르다. 이 말은, 신화가 역사의 문학적 서술이라는 뜻은 아니다. '아마미쿠가 천상에서 오키나와로 내려왔다'라는 신화를, '문화적으로 발전된 곳에서 오키나와로 도래한 이주자 집단이 있었다'라는 역사로 읽을 수 있다는 입장과는 거리가 멀다. 류큐 신화가 역사적 장르인 까닭은 역사 속에서 현실을 살아내기 위해 고군분투해온 여러 집단의 사유, 여러 집단의 사고방식이 류큐 신화를 탄생시켰기 때문이다. 류큐 왕국에는 다양한 집단과 그 집단이 상상해낸 다양한 신화적 우주가 자리하고 있었고, 그 우주가 다른 우주와 대면할 때 발생하는 우주의 조정은 신화라는 서사 방식으로 출현하곤 했다. 반복하건대, 류큐의 신화가 역사적 장르인 까닭은, 그 신화가 현실과의 부단한 작용 속에서 형성된 역사적 산물이라는 데 있다. 무엇보다 이야기로서의 신화는, 역사적 맥락과 필연적으로 엮여 있는 역사적 갈래다.

류큐 왕국에 존재했던 여러 집단의 신화는 신화적 서사를 생산하고 향유하는 집단에서라면 권력의 신화나 신화적 우주가 일방향적으로 수용되지는 않았다는 실제 사례다. 류큐 왕권은 신화적 논리에 기반한 코스몰로지를 구축하고 그에 따른 통치 행위를 수행했고, 류큐 왕국의 시공 속에 존재했던 다양한 집단들은 다양한 방식과 논리로 그들의 신화를 생산해냈다. 신화를 생성할 수 있는 힘을 지니고 있는 집단에게 작동하는 권력의 신화는, 일방적 이데올로기로 작동하기 어려웠다.

오키나와의 역사적 상흔에 주목해온 작가 메도루마 슌目取真俊은 그의 에세이집 《오키나와 전후 제로zero년》이라는 책(한국에서는 《오키나와의 눈물》이라는 제목으로 번역되었다)에서, 오키나와의 전통 종교가 오키나와 사람들이 천황제의 권위를 받아들이고 그것에 동화되는 데 영향을 주었으리라고 짐작한다. 메도루마는, 오키나와 각지의 신들을 일본 전역의 지역신들과 같은 위상에 놓고 그 신들의 중심에 천황이라는 신이 있다는 식으로 사고하게 되면 지역에 대한 애향심이 천황으로 대표되는 일본이라는 국가에 대한 애국심으로 변질될 수 있다는 위험성을 경고하고 있다.[118] 국가 신화의 수용이 일방적이고 무비판적으로 이루어질 수 있음을 경계하는 입장일 터다.

메도루마가 염려하는 천황제와 오키나와 사이의 관계는 류큐 왕국 시대의 류큐 왕권과 시마 사회와의 관계와 유사해 보인다. 그런데 류큐 왕국의 신화는, 왕조와 시마 사회의 종교적 유사성이 류큐 왕조의 권위가 아래의 시마 사회로 퍼져나가는 데 긍정적으로 작용했지만 시마 사회가 왕권의 신화적 코스몰로지를 일방적으로 수용하지는 않았다는 선례를 보여준다. 시마 사회는 류큐 왕권의 신화적 우주에 완전히 동화되지는 않았다.

그렇다고 해서 메도루마의 염려가 기우라고 말할 수 있을까? 오늘날의 오키나와는 여전히 그런 신화를 생성해내는 힘을 지니고 있을까? 신화적 논리와 신화적 관념이 힘을 잃은 시대에 현재의 충격을 조정하며 꿈꾸는 미래를 제시하는, 류큐 왕국의 신화와 같은 자생적 신화 생산은 불가능하지 않을까?

여기서부터, 오늘날의 신화에 대한 또 다른 탐구가 필요할 것이다. 신화와 이데올로기는, 아마도 이 지점에서부터 변별될 수 있으리라 믿는다. 류큐 왕국의 신화, 즉 류큐의 왕권 신화와 시마 사회를 비롯한 여러 집단의 신화는, '나'의 현실, 우리의 현실을 평가하는 기준이, 때로는 모델이, 경우에 따라서는 새로운 상상력의 힌트가 될 수 있다. 류큐 왕국의 신화는 그저 '옛 것'이 아니라, '지금 여기'의 신화를 보는 하나의 렌즈다.

참고문헌

1. 자료

鄭秉哲 外 編著, 김용의 역,《유로설전》, 전남대학교 출판부, 2010.
정진희,《오키나와 옛이야기》, 보고사, 2013.

嘉手納宗德 編譯,《球陽外卷 遺老說傳 原文 讀み下し》(沖繩文化史料集成6), 角川書店, 1978.
球陽研究會 編,《球陽 原文編》(沖繩文化史料集成5) 再版, 角川書店, 1978(初版 1974).
比嘉実 編,《尙家本《おもろさうし》》, 法政大學沖繩文化研究所, 1993.
外間守善 校注,《おもろさうし》, 巖波書店, 2000.
外間守善・西鄕信綱 校注,《おもろさうし―日本思想大系18》, 岩波書店, 1972.
外間守善・波照間永吉,《定本 琉球國由來記》, 角川書店, 1997.
外間守善・波照間永吉,《定本おもろさうし》, 角川書店, 2002.
遠藤庄治・山下欣一・福田晃,《日本傳說大系》15. 東京: みずうみ書房, 1989.
宜野座嗣剛,《全譯 琉球神道記》, 東洋圖書出版, 1987.
塚田清策,《琉球國碑文記》, 財團法人學術書出版會, 1970.
沖繩古語大辭典編集委員會 編,《沖繩古語大辭典》, 角川書店, 1995.
沖繩縣教育委員會 編,《蔡鐸本 中山世譜》, 沖繩縣教育委員會, 1973.(영인본)
沖繩縣教育廳文化課 編,《重新校正 中山世鑑》全六卷, 沖繩縣教育委員會, 1982(序, 卷一)/1983(卷二,
　　卷三, 卷四, 卷五).(영인본)

沖繩縣教育廳文化課 編,《蔡溫本 中山世譜》(正卷), 沖繩縣教育委員會, 1986.(영인본)

横山重,《琉球史料叢書》第三卷, 東京美術, 1972.

2. 국내 논저

김화경, 〈일본신화의 역사와 구조〉,《구비문학연구》12, 2000.

김화경, 〈한·일 신화의 비교 연구—일본 서남 제도의 일광 감응 신화를 중심으로 한
　　고찰〉,《구비문학연구》14, 2002.

김화경,《일본의 신화》, 문학과지성사, 2002.

김희영, 〈오키나와 '아가리우마이'의 연구〉, 전남대 대학원 박사학위논문, 2014.

노성환,《한일왕권신화》, 울산대학교출판부, 1995.

東洋史學會 편,《東亞史上의 王權》, 한울아카데미, 1993.

양수지, 〈류큐의 왕권과 그의 상징물〉,《동북아문화연구》23, 2010.

이정숙, 〈동아시아 역사 속에서의 정치와 신화〉,《기호학연구》15, 한국기호학회,
　　2004.

이하 후유, 전성곤 역,《고류큐의 정치》, 지만지, 2010.

정재서, 〈禪讓인가? 簒奪인가?—고대 중국의 왕권신화에 대한 해체론적 접근〉,《中國語
　　文學》54, 2009.

———, 〈양속기兩屬期 류큐琉球 개벽신화의 재편과 그 의미〉,《아시아문화연구》16, 경
　　원대학교 아시아문화연구소, 2009.

———, 〈오키나와 거인 전승의 설화적 위상과 성격〉,《구비문학연구》32, 2011.

———, 〈오키나와 창세신화의 재편 양상과 신화적 논리〉,《구비문학연구》33, 2011.

———, 〈17·18세기 류큐琉球 곡물 기원 신화의 재편과 류큐 왕권의 논리〉,《대동문화
　　연구》80, 2012.

———, 〈오키나와 미륵·석가 경쟁담의 실제〉, 심재관 외,《석가와 미륵의 경쟁담》, 씨
　　아이알, 2013.

———, 〈17·18세기 류큐 사서 소재 왕통 시조 신화와 왕권의 논리〉,《비교문화연구》
　　35. 2014.

———, 〈류큐 국왕 신화의 문헌 기록과 구비 전승〉,《인문과학연구》42, 2014.

─────, 〈류큐 관찬 노래집 《오모로소시おもろさうし》와 수록 오모로에 대한 기초적 고찰〉, 《민족문화연구》73, 고려대학교 민족문화연구원, 2016.

조동일, 《동아시아 구비서사시의 양상과 변천》, 문학과지성사, 1997.

조현설, 〈고려건국신화 《고려세계》의 신화사적 의미〉, 《고전문학연구》17, 한국고전문학회, 2000.

─────, 〈동아시아 창세신화 연구(1)─남매혼 신화와 근친상간금지의 윤리학〉, 《구비문학연구》11, 한국구비문학회, 2000.

─────, 《동아시아 건국 신화의 역사와 논리》, 문학과지성사, 2003.

천혜숙, 〈남매혼 신화와 반신화〉, 《계명어문학》4, 계명어문학회, 1988.

하우봉 외, 《朝鮮과 琉球》, 아르케, 1999.

허남춘, 〈琉球 오모로사우시의 고대·중세 서사시적 특성─한국의 중심부와 주변부 제주 신화와의 대비를 적용하여〉, 《비교민속학》47, 비교민속학회, 2012.

3. 국외서

講座《日本の神話》編集部 編, 《日本神話と琉球》, 有精堂, 1977.

鎌倉芳太郎, 《沖繩文化の遺寶》, 巖波書店, 2005.

高良倉吉, 《琉球王國の構造》, 吉川弘文館, 1987.

高良倉吉, 〈向象賢の論理〉, 琉球新報社 編, 《新琉球史-近世編(上)》, 琉球新報社, 1989.

高良倉吉, 《琉球王國》, 巖波書店, 1993.

宮城榮昌, 《琉球使者の江戶上り》, 第一書房, 1982.

吉成直樹·福寬美, 〈琉球王權の性格と《おもろさうし》〉, 《沖繩文化研究》30, 法政大學沖繩文化研究所, 2004.

大林太良, 〈察度王の三つの傳說〉, 《東アジアの王權神話》, 弘文堂, 1984.

渡名喜明, 〈古琉球王權のメッセージ〉, 《新沖繩文學》85, 1990.8.

渡名喜明·田場由美雄·豊見山和行, 〈鼎談-琉球王權の特質を探る〉, 《新沖繩文學》85, 1990.9., 沖繩タイムス社, 20-44.

島村幸一, 〈《おもろさうし》の「ふし名」について〉, 《沖繩文化研究》10, 法政大學沖繩文化研究所, 1983.

島村幸一,〈オモロの表現〉,《沖縄文化研究》18, 法政大學沖縄文化研究所, 1992.

島村幸一,《《尚家本おもろさうし》刊行に寄せて〉,《沖縄文化研究》21, 法政大學沖縄文化研究所, 1995.

島村幸一,《《おもろさうし》と琉球文学》, 笠間書院, 2010.

島村幸一,《おもろさうし》(コレクション日本歌人選 056), 笠間書院, 2012.

島村幸一,〈《おもろさうし》選詳解(1)〉,《立正大学文学部研究紀要》30, 2014.

島村幸一,〈《おもろさうし》選詳解(2)〉,《立正大学文学部研究紀要》31, 2015.

得能壽美,《近世八重山の民衆生活史》, 榕樹書林, 2007.

馬淵東一,〈沖縄の穀物起原說話〉,《馬淵東一著作集》第二卷, 社會思想社, 1974.

末次智,《琉球の王權と神話-《おもろさうし》の研究》, 第一書房, 1995.

末次智,〈歷史敍述と歷史書〉,《琉球文學, 沖縄の文學》, 巖波書店, 1996.

末次智,〈十八世紀初頭のオモロ儀禮〉,《日本文學》6, 2001.

末次智,《琉球宮廷歌謠論》, 森話社, 2012.

糸數兼治,〈蔡溫の思想とその時代〉, 琉球新報社 編,《新琉球史-近世編(下)》四版, 琉球新報社, 1992(初版 1990).

牧野清,《八重山のお嶽》, あ~まん企劃, 1990.

目取眞俊,〈癒しの共同體·天皇制·宗教〉,《沖縄〈戰後〉ゼロ年》, NHK出版, 2005.

武部拓磨,《《おもろさうし》にみる王權正當化の論理〉,《沖縄文化》43-2(106), 2009.

保坂達雄,〈《佐銘川大ぬし由來記》の傳承世界〉,《口承文藝研究》35, 2012.

比嘉康雄,《神々の古層②-女が男を守るクニ[久高島の年中行事Ⅱ]》, ニライ社, 1990.

比嘉實,〈地方おもろ成立の周邊-地方おもろと文學との出逢い〉,《沖縄文化研究》4, 法政大學沖縄文化研究所, 1977.

比嘉實,《古琉球の世界》, 三一書房, 1982.

比嘉實,〈琉球王國·王權思想の形成過程〉, 島尻勝太郎·嘉手納宗德·渡口真清三先生古稀記念論集刊行委員会 編,《球陽論叢》, ひるぎ社, 1986.

比嘉實,〈琉球王統譜·信號の思想史的研究-禪襄論受容の思想的背景〉,《沖縄文化研究》16, 法政大學沖縄文化研究所, 1990.

比嘉實,《古琉球の思想》, 沖縄タイムス社, 1991.

山下欣一,《南島民間神話の研究》, 第一書房, 2003.

上江洲安亨,〈首里城の歷史〉, 국립고궁박물관 편,《류큐왕국의 보물》, 홍시, 2014.

小島瓔禮, 〈首里城-王權を讚える神々〉, 谷川健一 編, 《日本の神々-神社と聖地》13, 白水社, 2000.

小島瓔禮, 〈琉球の王權儀禮〉, 網野善彦外編, 《巖波講座 天皇と王權を考える 第5卷 王權と儀禮》, 巖波書店, 2002.

小島毅, 〈天道・革命・隱逸-朱子學的王權論をめぐって〉, 《天皇と王權-宗教と權威》, 巖波書店, 2002.

小峯和明, 〈《遺老傳》から《遺老說傳》へ-琉球の說話と歷史記述〉, 《文學》第9卷第3號, 巖波書店, 1998.夏.

小峯和明, 〈尙巴志の物語-三山統一神話の再檢証〉, 《國文學解釋と鑑賞》第71卷10號, 至文堂, 2006. 10.

小山和行, 〈《御新下り》の歷史的 構造-聞得大君卽位祭儀をめぐって-〉, 《沖繩文化研究》14, 法政大學 沖繩文化研究所, 1988.

小山和行, 〈琉球國王とオナリ神〉, 《沖繩學》11, 2008.

小山和行, 〈《おもろさうし》にみる神話, 傳承, 他界觀〉, 《沖繩文化研究》42, 法政大學沖繩文化研究所, 2015.

小野重朗, 〈おもろの歌體とその發生〉, 《國文學 解釋と鑑賞》47-1, 1982.

小此木敏明, 〈《中山世鑑》における《保元物語》の再構成〉, 《立正大學國語國文》6, 2007.

松本孝三, 〈南島の大人伝承─佐敷町 糸満市の資料を中心に〉, 《奄美沖繩民間文藝研究》20, 1997.

松永明, 〈《おもろさうし》の詞書〉, 《沖繩學》10, 2007.

松永明, 〈君手摩りの百果報事で託宣されたおもろの特徵〉, 《沖繩學》11, 2008.

松永明, 〈オモロの囃子詞〉, 《沖繩文化研究》42, 法政大學 沖繩文化研究所, 2015.

首里城研究グル―プ, 《首里城入門-その建築と歷史》, ひるぎ社, 1989.

安里進, 《グスク・共同體・村》, 榕樹書林, 1998.

玉城政美, 〈おもろの構造〉, 《沖繩文化研究》3, 法政大學 沖繩文化研究所, 1976.

玉城政美, 〈名人オモロをめぐって〉, 《琉球大學法文學部紀要 國文學論集》22, 1978.

玉城政美, 〈オモロの歌形〉, 《琉球大學法文學部紀要 國文學論集》25, 1981.

玉城政美, 《南島歌謠論》, 砂子屋書房, 1991.

外間守善, 《南島の神歌》, 中央公論社, 1994.

外間守善, 《南島文學論》, 角川書店, 1995.

外間守善, 《古典を読む おもろさうし》, 巖波書店, 1998.

湧上元雄・大城秀子, 《沖繩の聖地-拜所と御願》, むぎ社, 1997.

湧上元雄, 《沖繩民俗文化論》, 榕樹書林, 2000.

遠藤庄治,《沖縄の民話研究》, NPO法人沖縄傳承話資料センター, 2010.

原田信之,〈琉球王朝始祖傳說-第二尙氏尙圓王を中心に〉,《說話‧傳承學》8, 2000.

原田信之,〈察度王統と我如古大主-琉球王朝始祖傳說をめぐって〉,《新見公立短期大學紀要》23, 2002.

原田信之,〈奧間大親と察度王〉,《傳承文化の展望》(福田晃古稀記念論集刊行委員會 編), 東京: 三弥井書店, 2003.

原田信之,〈沖縄縣佐敷町の第一尙氏史蹟群とその傳承〉,《新見公立短期大學紀要》25, 2004.

琉球新報社 編,《新琉球史-古琉球編》, 琉球新報社, 1991.

伊藤陽壽,《〈危機の時代〉の沖縄-現代を寫す鑑, 十七世紀の琉球》, 新典社, 2009.

伊從勉,《琉球祭祀空間の研究—カミとヒトの環境学》, 中央公論美術出版, 2005.

伊波普猷,《琉球の神話》,《古琉球》, 外間守善 校訂, 岩波書店, 2000.

赤嶺守,《琉球王國》, 講談社, 2004.

田名眞之,《沖縄近世史の諸相》, ひるぎ社, 1992.

前城直子,〈《中山世鑑》所傳琉球開闢神話の史料批判的研究〉,《沖縄文化》42, 沖縄文化協會, 1974.

佐藤亮,《琉球王國を導いた宰相》, ボーダーインク, 2016.

竹内重雄,〈おもろさうしの叙事性〉,《沖縄文化研究》42, 法政大學 沖縄文化研究所, 2015.

中松弥秀,《神と村》, 梟社, 1990.

中村哲,〈琉球王國形成の思想〉,《沖縄文化研究》1, 法政大學沖縄文化研究所, 1974.

池宮正治,《琉球文學論》, 沖縄タイムズ社, 1976.

池宮正治,〈王統繼承の論理〉,《琉球文學論の方法》, 三一書房, 1982.

池宮正治,〈《おもろさうし》の成立〉,《國文學 解釋と鑑賞》47-1, 1982.

池宮正治,〈琉球史書に見る說話的表現〉,《說話文學研究》32, 說話文學會, 1997.

池宮正治,〈琉球の歷史敍述〉,《文學》第9卷第3號, 巖波書店, 1998.

池宮正治,〈おもろの表現-適合調和する讚歌〉,《日本東洋文化論集》10, 2004.

池宮正治,〈琉球國王の神號と《おもろさうし》〉,《日本東洋文化論集》11, 2005.

池宮正治,〈琉球文學の中世-史歌としての《おもろさうし》〉,《中世文學》51, 2006.

池宮正治,〈《おもろさうし》における靈力の諸相と表現〉,《日本東洋文化論集》12, 2006.

池宮正治,《琉球文学総論-池宮正治著作選集1》, 笠間書院, 2015.

知名定寬,〈沖縄の太陽信仰と王權〉, 窪德忠先生沖縄調査二十年記念論文集刊行委員會 編,《沖縄の宗教と民俗》, 第一書房, 1988.

知名定寛,《琉球佛教史の研究》, 榕樹書林, 2008.

眞榮田義見,《蔡溫 傳記と思想》, 文教圖書, 1976.

眞榮平房敬,《首里城物語》, ひるぎ社, 1997.

眞下厚,《聲の神話》, 瑞木書房, 2003.

沖繩縣文化振興會公文書管理部 史料編集室 編,《槪說 沖繩の歷史と文化》, 沖繩縣敎育委員會, 2000.

波照間永吉,〈沖繩の船航海・祭祀〉,《東北學》5, 東北文化研究センター, 2001.

波照間永吉 編,《琉球の歷史と文化-《おもろさうし》の世界》, 角川學藝出版, 2007.

波照間永吉,〈書評-島村幸一 著 《《おもろさうし》と琉球文学》〉, International Journal of Okinawan Studies, v.1 no.2, 2010.

豊見山和行,《琉球王國の外交と王權》, 吉川弘文館, 2004.

和田久德,《琉球王國の形成》, 榕樹書林, 2006.

後田多敦,《琉球の國家祭祀制度》, Mugen, 2009.

Gregory Smits, *Vision of Ryukyu*, Honolulu: University of Hawai'i Press, 1999

Gregory Smits,〈Romanticizing the Ryukyuan Past: Origins of the Myth of Ryukyuan Pacifism〉,《國際沖繩研究》1, 2010.

주석

1 小峯和明, 〈尙巴志の物語−三山統一神話の再檢証〉, 《國文學解釋と鑑賞》 第71卷10號, 至文堂, 2006, 10쪽.

2 《おもろさうし》 第十二, 671수(第十五, 1069수와 중복). 후렴구의 행 구분 및 번역은 島村幸一, 《おもろさうし》(コレクション日本歌人選 056), 笠間書院, 2012, 58쪽 참조.

3 명문의 전문은 塚田淸策, 〈鐘銘(首里博物館所藏)〉, 《琉球國碑文記》, 財團法人學術書出版會, 1970, 62쪽을 볼 것.

4 《球陽》 卷三, 〈尙圓王〉條 附紀.(180)

5 《球陽》 卷四, 〈尙淸王〉條.(201~202)

6 《中山世鑑》 卷一, 〈琉球開闢之事〉條.(5b~6a)

7 '이시키 도마리'는 시라타루 부부가 치성을 올려 곡식 항아리를 얻었다는 곳이다. 현재에도 하얀 조약돌이 펼쳐져 있는 해안에 그 지명이 남아 있다.

8 오키나와 말로는 '닛추'. 마을 공동체를 대표하는 인물로, 대대로 이어지는 '니야根屋'의 남성 후계자를 가리킨다.

6 《遺老說傳》 外卷二.(52~53) 번역은 鄭秉哲 外 編著, 김용의 역, 《유로설전》, 전남대학교 출판부, 2010, 176~181쪽 참조. 번역문을 몇 군데 윤문하고 주석을 붙였다.

10 《おもろさうし》 第二十二, 1529~1546수.

11 아래의 내용은 湧上元雄, 《沖繩の聖地─拜所と御願》, むぎ社, 1997, 134~143쪽을 위주로 정리한 것이다. 湧上元雄은 〈聞得大君御新下り日記〉, 《女官御双紙》, 《琉球國由來記》 등의 일차 자료를 거명하고 있다. 그 밖에 참고할 수 있는 자료는 19세기의 것으로 짐

작되고 있는 《聞得大君御殿立御城御規式之御次第》(류큐대학도서관 이하후유 문고 소장)다. 오아라오리 절차를 더 상세하게 다루고 있는 글로 小山和行, 〈〈御新下り〉の歷史的 構造-聞得大君卽位祭儀をめぐって-〉도 참고할 수 있다.

12 玉城政美, 《南島歌謠論》, 砂子屋書房, 1991의 제7장 〈神女の來訪と王權〉 참조.

13 《中山世譜》(蔡溫本) 卷六, 〈尙宣威王〉條(67).

14 波照間永吉, 《琉球の歷史と文化《おもろさうし》の世界》, 角川學藝出版, 2007, 48쪽.

15 《球陽》 卷三, 〈尙眞王〉條(190).

16 가나시는 존칭의 접미사로, 왕이나 아지, 고급 신녀와 같은 인물을 지칭할 때 붙인다.

17 《遺老說傳》 外附卷(69).

18 玉城政美, 〈〈おもろ〉について〉, 沖繩文學全集編集委員會 編, 《沖繩文學全集》 第20卷, 國書刊行會, 1991, 80쪽.

19 원각사는 상진왕 때 건립된 절로, 류큐 임제종의 총본산이자 제2 상왕조의 보리사 菩提寺(선조의 위패를 안치하여 명복을 기원하는 절)이다.

20 원각사의 맞은 편에는 원감지圓鑑池라는 인공 연못이 있다. 변재천당은 연못 한가운데 자리한 인공섬에 자리한 건축물로, 원래 조선에서 온 대장경을 보관하기 위해 축조되었다고 한다.

21 전쟁 이전의 류큐 왕국의 문화재는 앞서 말한 가마쿠라 요시타로의 사진 자료를 통해 확인할 수 있는 것이 많다. 鎌倉芳太郎, 《沖繩文化の遺寶》, 巖波書店, 1982를 참조할 것. 두 권으로 분책 가운데 하나가 사진 자료다.

22 《세조실록》, 세조 8년 2월 16일.

23 眞榮平房敬, 《首里城物語》, ひるぎ社, 1997, 28~29쪽.

24 앞의 책, 29~30쪽.

25 上江洲安亨, 〈首里城の歷史〉, 국립고궁박물관 편, 《류큐왕국의 보물》, 홍시, 2014, 268쪽 참조.

26 池宮正治, 〈靈力の種類〉, 《琉球文學総論-池宮正治著作選集1》, 笠間書院, 2015, 103~107쪽 참조.

27 上江洲安亨, 앞의 글, 267~268쪽 참조.

28 琉球國者, 南海勝地而鍾三韓之秀, 以大明爲輔車, 以日域爲唇齒, 在此二中間, 湧出之蓬萊島也. 以舟楫爲萬國之津梁(…) 전문은 塚田淸策, 《琉球國碑文記》, 財團法人學術書出版會, 1970, 62쪽 참조.

29 小島瓔禮, 〈琉球の王權儀禮〉, 《王權と儀禮》(巖波講座 天皇と王權を考える 第5卷), 巖波書店, 2002, 169쪽.

30 슈리성의 입지와 배치는 근세 류큐의 중국화에 따른 풍수의 논리에 의한 것으로 설명되기도 한다. 赤嶺守, 《琉球王國》, 講談社, 2004, 120~122쪽. 원래부터 풍수를 따져 건축되었다기보다, 후대에 풍수론에 따른 해석이 덧붙여진 듯하다. 중국 유학 후 채온이 슈리성을 풍수의 관점에서 풀이한 것에 대해서는 首里城研究グループ, 《首里城入門-その建築と歷史》, ひるぎ社, 1989, 38~39쪽 참조.

31 '마을'은 '시마嶋'를, '지방'은 '구니國'의 번역어로 쓴 것이다. '시마'는 섬을 가리키기도 하지만 자연발생적인 마을 공동체가 스스로의 공동체를 지칭하는 단어이기도 하기에 '마을'로 옮겼다. '구니'는 왕조나 국가의 뜻이라기보다 그보다는 하위의 정치적 공동체를 지시하기 때문에 '지방'으로 옮겼다.

32 '모리'도 '우타키'와 같은 뜻이다. 류큐어 발음으로는 '무이'.

33 《中山世鑑》卷一, 〈琉球開闢之事〉(1a~3a).

34 순이 요 임금의 섭정이 되고 나서 변경으로 내쫓은 인물들. 제곡 씨, 소목 씨, 전욱 씨, 진운 씨.

35 공자가 노나라 재상이 되었을 때 국정을 어지럽혔다 하여 처단한 인물.

36 《中山世鑑》卷一, 〈琉球開闢之事〉.(3a~5b)

37 직역을 하면 문장의 호응이 자연스럽지 않아 괄호 안의 표현을 필자 임의로 넣었다. 원문에는 이에 해당하는 표현이 없다.

38 《中山世鑑》卷一, 〈琉球開闢之事〉(5b~6a).

39 《中山世譜》(蔡鐸本) 卷之一, 〈總論〉(246).

40 《中山世譜》(蔡溫本) 卷一, 〈歷代總紀〉(12).

41 《中山世譜》(蔡鐸本) 卷之一, 〈總論〉(246~247).

42 《中山世譜》(蔡溫本) 卷一, 〈歷代總紀〉(13).

43 《中山世譜》(蔡溫本) 卷一, 〈歷代總紀〉(13).

44 원문은 宜野座嗣剛, 《全譯 琉球神道記》, 東洋圖書出版, 1987, 222쪽 참조.

45 《おもろさうし》第十, 512수. 번역은 池宮正治, 〈沖繩の創世神話について〉, 《琉球文學論》, 沖繩タイムス社, 1976을 참고하여 우리말로 옮겼다.

46 앞의 글, 101~102쪽.

47 《中山世鑑》卷一, 〈琉球開闢之事〉(6b).

48 기타바타케 지카후사北畠親房, 남기학 옮김, 《신황정통기》. 소명출판, 2008, 11쪽.

49 前城直子, 〈《中山世鑑》所傳琉球開闢神話の史料批判的研究〉, 《沖繩文化》42, 沖繩文化協會, 1974.

50 앞의 글, 34쪽.

51 Gregory Smits, Vision of Ryukyu, Honolulu: University of Hawai'i Press, 1999, 51쪽.

52 《中山世鑑》總論, 〈琉球國中山王世繼總論〉(13b). 향상현은 류큐국이 일본에 조공한 지가 백여 년이나 되었는데, 상녕왕이 여러 부덕으로 '사대지성事大之誠'을 잃었기 때문에 사쓰마 태수가 군사를 보내 류큐를 정벌하게 했다고 쓰고 있다.

53 《태조실록》1년 1월 12일, 3년 9월 9일, 7년 2월 16일 및 《정종실록》2년 10월 15일 기사 참조.

54 塚田清策, 《琉球國碑文記》, 財團法人學術書出版會, 1970, 98쪽. 한자와 가나로 기록된 비문과 그 이면의 한문 비문 전문은 같은 책의 96~99쪽 참조. 상청왕 시기의 또 다른 비문(〈添繼御門之北之碑文〉) 또한 상청왕을 '태조 순천'으로부터의 21세 왕손으로 지명하고 있다. 같은 책, 100쪽. 이 시기 왕조의 태조는 '순천'이었음이 새삼 확인된다.

55 앞의 책, 87쪽.

56 《中山世鑑》卷一(33b~34a).

57 《中山世譜》(蔡溫本) 卷三, 〈舜天王〉附紀(23).

58 末次智, 《琉球の王權と神話—《おもろさうし》の研究》, 第一書房, 1995, 219쪽.

59 《中山世譜》(蔡溫本) 卷三, 〈英祖王〉條 附紀(25).

60 정진희, 《오키나와 옛이야기》, 보고사, 2013, 157쪽.

61 앞의 책, 158쪽.

62 《中山世譜》(蔡溫本) 卷三, 〈英祖王〉附(26).

63 《中山世譜》(蔡溫本) 卷三, 〈察度王〉附紀(29).

64 《中山世譜》(蔡溫本) 卷三, 〈察度王〉附紀(29~30).

65 《中山世譜》(蔡溫本) 卷三, 〈察度王〉附紀(30).

66 《中山世譜》(蔡溫本) 卷三, 〈察度王〉附紀(30).

67 《中山世譜》(蔡溫本) 卷三, 〈察度王〉附紀(30).

68 《中山世譜》(蔡溫本) 卷三, 〈察度王〉紀(34).

69 保坂達雄, 〈〈佐銘川大ぬし由來記〉の傳承世界〉, 《口承文藝研究》35, 2012, 79~80쪽 참조.

70 《中山世譜》(蔡溫本) 卷四, 〈尙思紹王〉 附紀(38).

71 《中山世譜》(蔡溫本) 卷四, 〈尙巴志王〉 附紀(42~43).

72 《中山世譜》(蔡鐸本) 卷之三, 〈尙巴志王〉 附記(170~171).

73 《中山世譜》(蔡鐸本) 卷之三, 〈尙巴志王〉 附記(171).

74 《中山世譜》(蔡鐸本) 卷之三, 〈尙巴志王〉 附記(171~172).

75 《中山世譜》(蔡溫本) 卷四, 〈尙巴志王〉 附紀(43).

76 小峯和明, 〈尙巴志の物語-三山統一神話の再檢証〉,《國文學解釋と鑑賞》71-10, 2006 참조.

77 《中山世鑑》 卷四, 〈成化六年庚寅尙圓御卽位〉(1a~1b).

78 《中山世鑑》 卷四, 〈成化六年庚寅尙圓御卽位〉(1b~2b).

79 原田信之, 〈琉球王朝始祖傳說-第二尙氏尙圓王を中心に〉,《說話·傳承學》8, 2000, 78쪽.

80 《中山世鑑》 卷四, 〈成化六年庚寅尙圓御卽位〉(3a).

81 《中山世譜》(蔡溫本) 卷六, 〈尙圓王〉 附紀(62~63).

82 《中山世譜》(蔡溫本) 卷六, 〈尙圓王〉 附紀(63).

83 《中山世譜》(蔡溫本) 卷三, 〈舜天王〉 附紀(24).

84 《中山世鑑》 卷二, 〈大元至正十年庚寅察度王御卽位〉. (18b-19a)

85 《中山世譜》(蔡溫本) 卷四, 〈尙巴志王〉 附紀(43).

86 《中山世鑑》 卷三, 〈永樂二十年壬寅尙巴志御卽位〉(12b~13a).

87 정진희,《오키나와 옛이야기》, 보고사, 2013, 172쪽.

88 앞의 책, 176쪽.

89 《中山世譜》(蔡溫本) 卷六, 〈尙圓王〉(61).

90 허남춘, 〈琉球 오모로사우시의 고대·중세 서사시적 특성-한국의 중심부와 주변부 제주 신화와의 대비를 적용하여〉,《비교민속학》47, 비교민속학회, 2012.

91 정진희,《오키나와 옛이야기》, 보고사, 2013, 118쪽.

92 앞의 책, 같은 쪽.

93 小峯和明, 〈〈遺老傳〉から《遺老說傳》へ〉,《文學》9-3, 巖波書店, 1998, 28~29쪽.

94 《琉球國由來記》卷一, 〈行幸于久高島〉(29).

95 《琉球國由來記》卷三, 〈五穀〉(90).

96 《琉球國由來記》卷一, 〈行幸于久高島〉(29).

97 《琉球國由來記》卷十三, 〈知念間切〉(302~303).

98 《琉球國由來記》卷三, 〈田·陸田〉(82).

99 《琉球國由來記》卷十三,〈知念間切〉(303).

100 《琉球國由來記》卷一,〈行幸于久高島〉(29).

101 《琉球國舊記》卷之四,〈水田·陸田〉(76).

102 《琉球國由來記》卷三,〈田·陸田〉(82).

103 《琉球國由來記》卷十三(308, 310~311).

104 末次智,《琉球の王權と神話──《おもろさうし》の研究》, 第一書房, 1995, 103쪽.

105 아가리우마이에 대해서는 김희영,〈오키나와沖繩 '아가리우마이東御廻り'의 연구〉, 전남대학교 대학원 일어일문학과 박사학위논문, 2014 참조.

106 遠藤庄治·山下欣一·福田晃,《日本傳說大系》15, みずうみ書房, 1989, 90~91쪽.

107 伊波普猷,〈琉球の神話〉,《古琉球》, 外間守善 校訂, 巖波書店, 2000, 391~392쪽.

108 伊波普猷, 앞의 책, 392~393쪽.

109 정진희,《오키나와 옛이야기》, 60~61쪽의 신화를 윤문하여 옮겼다.

110 천혜숙,〈남매혼 신화와 반신화〉,《계명어문학》4, 계명어문학회, 1988 참조.

111 伊波普猷, 앞의 책, 392~393쪽.

112 원문은 遠藤庄治·山下欣一·福田晃,《日本傳說大系》15, みずうみ書房, 1989, 73쪽 참조.

113 미야코의 또 다른 고문서인《우타키 유래기御嶽由來記》(1705)의〈하리미즈 우타키 변재천녀漲水御嶽辯才天女〉항목 참조. 여기에는 고이쓰노 신과 고이타마 신의 창세 신화, 야래자 신화와 함께 나카소네 토요미야와 하리미즈 우타키의 관계가 차례로 제시되어 있다. 대략적 내용은 정진희,《제주도와 미야코지마 신화의 비교 연구》, 서울대학교 박사학위논문, 2008, 71~72쪽 참조.

114 원문은 遠藤庄治·山下欣一·福田晃,《日本傳說大系》15, みずうみ書房, 1989, 68~69쪽 참조.

115 원문은 앞의 책, 70쪽 참조.

116 '원인자─출현자' 구조의 시조 신화에 대해서는 조현설,《동아시아 건국신화의 역사와 논리》, 문학과지성사, 2003 참조.

117 遠藤庄治,〈主要民話の分布〉,《沖繩の民話研究》, NPO法人沖繩傳承話資料センター, 2010, 169쪽.

118 目取眞俊,〈癒しの共同體·天皇制·宗教〉,《沖繩〈戰後〉ゼロ年》, NHK出版, 2005.

찾아보기

신화로 읽는 류큐琉球 왕국

- ⊙ 2019년 8월 27일 초판 1쇄 인쇄
- ⊙ 2019년 8월 30일 초판 1쇄 발행
- ⊙ 지은이   정진희
- ⊙ 펴낸이   박혜숙
- ⊙ 디자인   김정연
- ⊙ 펴낸곳   도서출판 푸른역사
     우) 03044 서울시 종로구 자하문로8길 13
     전화: 02)720-8921(편집부) 02)720-8920(영업부)
     팩스: 02)720-9887
     전자우편: 2013history@naver.com
     등록: 1997년 2월 14일 제13-483호

ISBN   979-11-5612-149-7 93900

·잘못 만들어진 책은 교환해드립니다.